O INCANDESCENTE

Do autor:

Os cinco sentidos

Notícias do mundo

Hominescências

MICHEL SERRES

O INCANDESCENTE

Tradução
EDGARD DE ASSIS CARVALHO
MARIZA PERASSI BOSCO

BERTRAND BRASIL

Título original: *L'Incandescent*

Capa: Evelyn Grumach

Editoração: DFL

2005
Impresso no Brasil
Printed in Brazil

CIP-Brasil. Catalogação-na-fonte
Sindicato Nacional dos Editores de Livros, RJ

S51i Serres, Michel, 1930-
O incandescente/Michel Serres; tradução Edgard de Assis Carvalho, Mariza Perassi Bosco. — Rio de Janeiro: Bertrand Brasil, 2005
308p.

Tradução de: L'incandescent
ISBN 85-286-1144-2

1. Filosofia francesa. 2. Humanismo. I. Título.

CDD – 194
05-2519 CDU – 1 (44)

EDITORA BERTRAND BRASIL LTDA.
Rua Argentina, 171 — 1º andar — São Cristóvão
20921-380 — Rio de Janeiro — RJ
Tel.: (0XX21) 2585-2070 — Fax: (0XX21) 2585-2087

Para E. Marguerite

SUMÁRIO

Memória e Esquecimento

A Grande Narrativa 11

Natureza e Cultura

O Incandescente 59
A Metafísica 89
Sua Cultura 115

Acesso ao Universal

Seus Nomes 151
O Mal 181
O Universal 229

A Grande Narrativa

Cronopedia 291

Solicitação às Universidades 305

MEMÓRIA E ESQUECIMENTO

A Grande Narrativa

Localizados no fim de um caminho que avança pela floresta adentro, solidamente instalados sobre um outeiro coberto de vegetação, rodeados por um curso de água torrencial que resvala pela montanha, uma fazenda e seus anexos estendem-se sobre um anfiteatro dominado pelas geleiras. Sob o sol da manhã e a imobilidade do ar, essa vista, essa paisagem, essa cena revelam-me por meio de uma epifania extática a presença quieta das coisas em seu exato lugar. Nesse cenário, o espaço transparente e amplo parece dissipar o tempo como se ele estivesse momentaneamente suspenso.

Incursão na duração

Diante da porta da casa construída sob a paisagem alpina, uma menina pequena de três anos de idade brinca; no dia anterior ela havia recebido como presente de aniversário uma boneca de cor bege rosado, vestida com calças verdes. Atrás da menina, a imperturbável fachada da casa, com seus dintéis de pedra, ainda brilha com a dispendiosa pintura ocre remanescente da época abundante da colheita de sete anos atrás. O avô construiu o galpão metálico à esquerda do corpo principal da propriedade, edificada no começo do século passado, sobre as ruínas de um antigo moinho construído no mesmo lugar onde antes havia um antigo mosteiro erguido sobre o mesmo terreno em que havia existido um templo — que não nos lembramos se era romano ou gaulês — diante dos rochedos deslocados por uma perigosa e agitada torrente, cujo curso milenar se perde nas profundezas dos estratos jurássicos das montanhas cobertas por neves consideradas eternas que encobrem o horizonte semicircular.

O brinquedo sai da loja; a menininha deixa de balbuciar e agora já fala; a pintura data de épocas recentes, de clima ameno, e a nova construção de tempos anteriores aos anos quentes em que as geleiras começaram a recuar, o moinho é do século passado, o mosteiro da alta Idade Média, as velhas pedras de antes de Jesus Cristo, a cheia de mais de mil anos, a montanha do Terciário... Como em estágios sucessivos, distingo o frágil brinquedo e a delicada criança que saltita e corre diante da porta aberta, o galpão simples situado diante das pesadas pedras, a casa diante do rio e este diante do alto e milenar paredão negro, sob o brilho ofuscante do sol, estrela multimilenar.

Posso me lembrar facilmente do momento em que a garotinha começou a brincar com a boneca e de quando o pai pintou a fachada da casa. Quando foi que os primeiros ocupantes desse lugar erigiram essas pedras? Para saber isso é preciso um pouco mais de conhecimento. Desde quando a torrente resvala, a geleira escoa por suas fendas, a montanha atinge três mil metros de altitude e o sol brilha? Por meio de datações doravante exatas, o saber responde a questões relativas à minha percepção para depois alimentá-la e, por fim, confundi-la: das profundezas das montanhas e do alto dos céus cai sobre meus ombros uma sucessão temporal que corre como uma cascata em minha direção, um velho que está próximo de sua morte.

Pequenas plataformas de espaço-tempo

Em alguns dias, já faltará um braço à boneca de roupas rasgadas; dentro de dois anos a criança deverá sair pela manhã em direção à escola. Os muros da fazenda permanecerão de pé; durante toda sua vida a menina acreditará que eles são imóveis ou pelo menos duráveis. Seu pai, que os rebocou porque percebeu que eles se deterioravam, acreditava desde a infância que a montanha era algo estável. Encostado nas rochas que considerava imóveis, ele constata que as pedras se desfazem com o tempo; repara as fendas instáveis com a ajuda de blocos de pedra extraídos do paredão próximo; ele constrói com o material inerte e resistente que extrai da pedreira escavada em largura, altura e profundidade. Diante da fazenda, que acredita ser eterna, a menina já censura a si mesma por ter estragado o brinquedo que segura em suas mãos e que, por vezes, leva até a boca.

Atrás da criança, o muro; atrás do pai, a montanha: cada um deles percebe a estabilidade duas vezes; diante da roupinha rasgada da boneca ou da fachada descascada da casa, cada um deles percebe o movimento duas vezes. Filha e pai acreditam movimentar-se sobre uma espécie de plataforma, sobre uma pequena escala de espaço e de tempo, cuja existência efetiva-se respectivamente aquém e além deles.

A *rosa e o jardineiro*

Em sua pequena plataforma particular, com o dorso voltado para o espaço e observando o tempo, cada um deles poderia dizer, como Fontenelle,[1] que uma rosa jamais se lembra de ter visto um jardineiro morrer. O jardineiro vê a rosa nascer, desabrochar, murchar e, em seguida, desaparecer, num curto espaço de tempo. Se a flor pudesse ver ou sentir, ela admiraria os lentíssimos deslocamentos do cultivador que, em sua ilusão, se apresenta como algo estável e permanente. A menina acredita que a fazenda não se move, seu pai e toda sua linhagem sempre souberam que as montanhas não podem ser erguidas, nem deslocadas. Condenadas à usura e à decadência, essas duas vidas, cuja duração é tão rápida quanto a das rosas, defrontam-se em sua origem com a estabilidade espacial na qual a casa e a montanha desempenham, pode-se dizer, o papel do jardineiro; ouso afirmar que estamos diante de duas escalas de espaço e de tempo. Sentados sobre uma das sólidas margens do rio, pai e filha observam seu curso. Diante da construção que nunca se altera, as rosas perdem suas pétalas; a casa é edificada, deteriora-se e desmorona diante do perfeito paredão cuja rocha se encurva e se erode sob um sol eterno: em cada uma dessas instâncias, em diferentes escalas de espaço e tempo, estabelece-se a mesma ilusão da rosa em relação ao jardineiro.

A escala sobre a qual vivem essas gerações não ultrapassa as tradições de suas famílias; um historiador seria, porém, capaz de datar as construções — a fazenda, o moinho, o claustro e o templo, restos, traços e marcas deixados por homens desaparecidos —, às quais ele poderia acrescentar mais algumas posições. Cada uma delas conserva apenas uma memória humana lacunar, com freqüência de cunho prático, deixada por vezes em signos escritos ou em alguns objetos artesanais. Podemos designar toda nossa história como: a ilusão da rosa em relação ao jardineiro. Assim como a criança, acreditamos inocentemente que os empreendimentos civilizatórios desenvolvem-se na extensão de um mundo invariante que os acolhe, em suma, num espaço geográfico local ou global cujo desenvolvimento condiciona a duração curta ou longa da pré-história e da história, como se fosse o cenário de um teatro no qual a ação irá se desenvolver. Um geólogo pode, porém, datá-lo, pois ele segue um curso semelhante ao da torrente.

---

[1] Bernard le Bovier de Fontenelle (Rouen, 1657 – Paris, 1757), filósofo e poeta francês. Suas idéias anunciavam o espírito filosófico do século XVIII. (N.Ts.)

A *torrente e o Grande Cânion*

Diante da corrente furiosa que arrasta consigo rochas, pedregulhos e areias, também afirmamos inocentemente que a torrente desprende as aluviões das montanhas que nos parecem estáveis no espaço; falamos de erosão como se um fluxo ativo utilizasse uma base passiva sempre presente, como se fosse um canal de escoamento incomum sobre o maciço. Não, a água corre e podemos dizer que a falésia também, pois os blocos de pedra e as areias que a compõem deslizam em tantas escalas e níveis como o fazem a água e a história dos homens. Os sólidos escoam tanto quanto os líquidos; sendo, porém, um pouco mais duros e resistentes, eles levam mais tempo para isso. Se pudesse perceber, a montanha veria as coisas nascerem e desaparecerem diante de si e, ouso dizer, acreditaria que um novo realinhamento poderia ocorrer. Enquanto isso, ela passa por fluxões, aumenta em altura, sofre erosão e desaparece. Tudo isso ocorre num espaço de tempo em que o sol muda tão pouco quanto o jardineiro para suas rosas: um vulcão jamais assistiu ao envelhecimento de uma estrela. Quando o universo como um todo penetra no tempo, desdobram-se milhões de níveis e centenas de etapas da história constituída por enredos fugazes.

O rio Colorado corre nas profundezas de suas gargantas vermelhas e, junto com ele, escoam também os cristais coletados nos diversos extratos das falésias do cânion. Do lado sul dessa fenda espetacular ou diante da modesta fazenda em que a criança brinca, você não assiste a dois espetáculos diferentes num espaço semelhante, mas a uma sucessão de milhares de pontos de água que jorram em diversos ritmos. Sem qualquer espanto, seus olhos abertos seguem aquele que sobe e se expande sobre o fundo do rio, mas os outros descem cada vez mais lentamente sem que você possa percebê-los diretamente. Convido-o a enxergá-los, não imóveis, mas lentos. Imitando Galileu eu diria com prazer: "Entretanto, todas essas falésias vermelhas se deslocam naturalmente como um rio." Às datações do historiador e do geólogo juntam-se as do geofísico e do químico, que, ao descobrirem, por exemplo, como o urânio se transforma em chumbo, podem calcular a idade da Terra: quatro bilhões de anos; sucede-se a elas a datação do astrofísico que contabiliza a idade do Universo, treze bilhões a partir do *big-bang*, se é que ele aconteceu mesmo, e calcula o fim de todo o processo no que ele denomina *big-crunch*, catástrofe terminal no aniquilamento pontual. Não posso mais contemplar sol, estrelas e paisagem sem que o maravilhoso fluxo da corrente de seus tempos envolva meus olhos e meu corpo. Sim, o saber nutre e confunde o sentido da percepção visual do mundo exterior.

Assim como Copérnico e Galileu com sua ciência mecânica mudaram nossa antiga percepção dos movimentos terrestres em torno do sol, também você doravante contempla maravilhado essa nova metamorfose na duração, uma sucessão de relógios escalonados cujas engrenagens, umas imensamente lentas — estrelas e montanhas — outras prodigiosamente rápidas — menina e boneca — contabilizam o tempo. Cada uma delas em seu ritmo, ou melhor, em seu tempo, presta-se ao prazer do olhar e à privação quase imóvel do sentido da visão.

Abra novamente os olhos. Você verá menos o espaço do que o tempo. Verá menos objetos dispostos sobre uma extensão familiar, rios, rochas, picos ou sol, do que cursos de ritmos diferentes, trabalhos efêmeros, casas seculares, margens e rochedos milenares, astros multimilenares. Enquanto a representação comum fazia desaparecer o tempo no interior do espaço, dissolvia-o, ou ainda melhor, dissimulava-o da mesma forma que um mágico oculta um vôo de pombos sob um lenço branco, enquanto a cena teatral da representação tornava difícil para Santo Agostinho e Bergson, assim como para seus sucessores, o exercício da visão direta, a intuição ou o pensamento sobre a duração, essa série que agora se desdobra faz surgir diante de mim, da casa da fazenda ou do Grande Cânion, milhões de fluxos, uns fulgurantes, outros de infinita lentidão. Tudo isso faz desaparecer, dissolve e dissimula a extensão subjacente ao surgimento de tantos ritmos crônicos.

Mosaico, marchetaria

O espaço aparece agora como um mosaico temporal constituído de tempos e ritmos diversos. A criança corre e deixa sua boneca entre os muros da casa e as rochas sedimentares; vamos traduzir: em alguns segundos, três anos decorrem lentamente entre dois séculos e dez milhões de anos. Ela vai saltar para os braços de seu pai ou agarrar-se às saias de sua mãe, que logo pela manhã se interrogarão sobre o clima e irão trabalhar o solo durante todo o dia, extrair-lhe as pedras, cuidar da terra, manejar o arado, semear e colher os grãos, tirar o leite das vacas, recolher os ovos das galinhas e utilizar o fuzil para caçar o cabrito montês. Suas práticas metódicas, cotidianas, sazonais, anuais e existenciais religam os diversos tempos do inerte, do imemorial, do ser vivo domesticado ou selvagem e do técnico, ferro e pó, antigo ou recente. Eles se movimentam dentro de um espaço? Com certeza, mas ao longo das arestas temporais de seus gestos rápidos ou lentos eles também se ligam, num tipo de rede aleatória ou regular, a essa multiplicidade compósita de ritmos mais ou menos extensos ou rápidos: casa, terra e rocha, trigo, vacas e galinhas, arado, ancinho e machado agrupados de maneira fractal ou inteiramente mesclados e turbilhonantes, cada um deles pertencente a idades ou datas diferentes. Ao acreditarmos que atuamos em um espaço estável, nós mortais tecemos cotidianamente em tramas e entrelaçamentos o efêmero com o milenar, o lento com o fulminante, esboçamos alguns traços fugidios sobre a tapeçaria multimilenar. O espaço configura-se então como uma marchetaria do tempo.

A *escada de Jacó,*[2] *a catedral submersa,*[3] Heráclito

Sob meus olhos, uma vasta e irisada extensão se amplia e se estreita na medida em que se entranha nas montanhas e constelações; quando alcança a casa, a menina e a mim mesmo, seu tempo se acelera de maneira fulminante. Ela recobre as fluxões indefinidas dos ritmos. O tempo se perde no espaço que, por sua vez, submerge no tempo da mesma maneira que a legendária catedral sob o oceano.

Somos levados por essa inundação para uma escala cujos níveis sobem e descem o Universo da mesma forma que a escada de Jacó. Esse fantástico dilúvio carrega consigo os muros de nossas frágeis cápsulas espaciais. A fazenda situada nas montanhas alpinas e o Grande Cânion se inundam de tempo. Os líquidos correm, os sólidos desmoronam. Toda a natureza que nasce e morre entra na inundação produzida pela torrente. O espaço da antiga representação desmorona sob a irresistível força dessas águas.

Tudo vem a ser. Expressão iniciadora de Heráclito[4] na qual jamais havíamos acreditado. Imaginamos que os vales e os rios, os relógios pen-

[2] Jacó viu em sonhos uma escada apoiada sobre a terra, cujo topo tocava o céu, e os anjos do Senhor subiam e desciam sobre ela e o próprio Senhor estava sobre ela. Ao despertar do sonho Jacó disse: "(...) Não há aqui outra coisa senão a Casa de Deus e a porta do céu." (*Gênesis*, XXVIII. 12). (N.Ts.)

[3] Claude Debussy (1862-1918), compositor francês, musicou um poema de Mallarmé, "*La Cathédral Engloutie*, que descreve uma catedral mítica que emerge do oceano uma vez por ano. Os sons da música e dos sinos sugerem fantasias sobre as profundezas do mar, com seus vitrais de corais, anêmonas e peixes coloridos. (N.Ts.)

[4] Heráclito de Éfeso (544 a.C. – 474 a.C.). Os fragmentos XLV e XLVI de Diógenes Laércio explicam a referência feita pelo autor no início do parágrafo: "Tudo vem a ser segundo a necessidade e os seres conciliam-se através de antagonismos; tudo tem alma e está repleto de divindades." *Em Heráclito: fragmentos contextualizados*, tradução de Alexandre Costa, Rio de Janeiro, Difel, 2002, p. 99. (N.Ts.)

durados nas paredes das casas, o coração e o pulso batendo em meio à tonicidade muscular e um esqueleto sólido são coisas que sempre existiram em qualquer lugar. Em suma, o espaço de representação encontrava-se semeado por alguns marcadores de tempo. Não reconhecíamos a universalidade da expressão heraclitiana. Hoje a aceitamos. Em conseqüência disso, nossa percepção passa a constatar uma superabundância do tempo. O tempo devora a percepção. Com a visão obliterada, você não crê em seus olhos.

Fora do confinamento da pequena plataforma na qual nós e nossa filosofia nos mantínhamos bloqueados, essa nova liberdade completa de maneira extraordinária a saída do espaço platônico da velha caverna: o prisioneiro libertado apenas somava à sua percepção anterior uma terceira dimensão que dava profundidade às imagens planas habitualmente enxergadas por ele na parte posterior da gruta. Quanto a nós, ganhamos milhares, milhões de níveis ao longo da duração universal e irreversível. À angústia pascaliana diante do silêncio infinito das extensões cósmicas, sucede o maravilhamento de quem flutua de corpo e alma numa duração em que ritmos e distâncias proliferam de maneira quase infinita, desafiando a intuição tanto na formação das coisas quanto na brevidade do momento.

Imagino um ser vivo cujo coração batesse muito lentamente para perceber essa aresta de montanha como uma vaga gigante, cujas rochas desmoronadas se assemelhassem a gotículas de água do mar escorrendo sobre seu flanco, e um outro cuja respiração rápida lhe permitisse vivenciar como num clarão rápido e intenso o nascimento e, em seguida, o desmoronamento dos mundos.

Incursão no tempo dos seres vivos

Diante da fazenda e da menina, vejo as vacas mugirem e ouço o canto ostentatório do galo; aves de rapina voam sobre o Grande Cânion, víboras silvam entre as pedras e a vegetação ressequida. Tudo isso que descrevi supõe que eu esteja de pé, diante de diversas cenas, uma rural, as outras mais preciosas para os geólogos e os transeuntes, supõe que eu permaneça de pé diante de uma extensão organizada no espaço que constitui o cenário de minha visão. Continuo ainda a assistir a representações.

Quem sou eu e o que vejo? Quem são esses seres vivos, plantas, animais, cogumelos, algas e monocelulares que habitam em mim sem que eu os veja? Eles constituem uma variedade de emanações de tempo cujo devir se dá em meio a tantas outras. A minha, mais antiga que a da menina, sem dúvida vai se esgotar antes da dela. Quanto a mim, conto apenas como mais um degrau, um outro nível dessa escada universal de Jacó. Costuma-se dizer que nossos organismos possuem uma idade; já passei o tempo das rosas e a menina mal acabou de atingi-lo; minha esperança de vida é igual à da boneca de porcelana; que assim seja.

Meu cérebro, para falar apenas dele, é composto de algumas partes mais velhas, à maneira reptiliana, de outras mais novas, como as que os chimpanzés e bonobos desenvolveram, e ainda de outras incomparavelmente mais recentes. Poder-se-ia datar meu cérebro camada por camada, da mesma maneira que se faz com as falésias, cujos diversos estratos penetram cada vez mais no passado. Da mesma forma, com certeza meu ADN apareceu com a união de meus pais que o construíram em sua própria estrutura, como se constroem os castelos de cartas, mas isso há mais de três bilhões de anos; mais velhos ainda, os átomos que me compõem e que os compõem remontam à fabricação do hidrogênio e do carbono pela energia galáctica do Universo.

Quem sou eu? Não apenas o nível evolutivo da escala que indica a idade e o estado civil, mas também os níveis sucessivos de uma boa parte de sua extensão. Meu tempo se expande sobre a duração do mundo; mais que isso, mergulho por inteiro em seu tempo. Composto de ritmos variados, meu corpo passa do efêmero a milhões de séculos, em suma, sou tão velho que minha vida e a história quase não têm importância.

Logo poderemos, e já podemos agora, distinguir entre nossas condutas e pensamentos os que datam da própria formação das células, que ocorreu há bilhões de anos, da formação de nossa medula espinhal, há centenas de milhões, de algumas que são contemporâneas da hominização e de tantas outras que, enfim, remontam apenas ao século passado ou à manhã de ontem. Ultrapassamos de longe nossa história. Nossos gestos, sensações, desejos, intuições e sentimentos podem, a qualquer momento, conectar em tempo real datas infinitas e incomparáveis como as dos gestos dos agricultores. Esses tempos de colossal diversidade fazem com que mergulhemos até o pescoço, como indivíduos e como comunidade, numa velhice compatível com a velhice do mundo; imersos nessa trajetória descendente atingimos diretamente apenas o ponto crítico da história e dos obstáculos que marcam o tempo de nossa existência.

Nosso corpo compreende inteiramente essa escala porque é ela que o forma; ele sobe ou desce quase integralmente por ela porque sabe avaliá-la. Tanto a história que começa com a escrita quanto a própria duração de minha vida se reduzem a alguns deslocamentos entre esses inumeráveis níveis. Em vista disso, qual o peso das chamadas ciências humanas que se referem apenas a esses sutis episódios? Alguns miligramas em relação a milhares de toneladas? Nossa história preocupa-se apenas com sutilezas?

As vacas, o galo e o lobo, os pinheiros e as samambaias que vivem nas encostas também sobem e descem essa grande escala tanto quanto nós. A vida é tão antiga quanto o corpo é obsoleto.

Velho recém-nascido

Ao meditar novamente sobre meu corpo e o corpo de minha neta e considerar o tempo interminável que foi necessário para que nossas dezenas de milhares de bilhões de células aparecessem independentemente, para que se reproduzissem e se diferenciassem, para viver em conjunto e constituir pluricelulares de diversos domínios, assim como tecidos originais, órgãos específicos e funções diversas, encaixados como as bonecas russas, se contar os ritmos que precisaram ser observados para que, por algum tempo, fosse viável chegar a uma simbiose entre os obstáculos e predadores, acrescidos do gigantesco exército de defesa imunológica e da longa cadeia de moléculas que precisaram construir para reproduzir, sem muitos erros, um organismo adulto semelhante igualmente importante, posso avaliar, pela brevidade de sua duração, a extraordinária dificuldade dessa combinação. Inversamente, apesar da multiplicidade de impedimentos que ela contém, surpreende-me o fato de que esse agrupamento dure, mesmo que pouco. Se para cada um de nós ele se resume rapidamente a nove meses de gestação, esse turbilhão vertiginoso, essa obra-prima contingente, requer bilhões de anos de tentativas, erros e mortes acrescidos dessa gestação rápida e bem-sucedida, para durar apenas algumas décadas e perpetuar-se por meio da procriação. Avalio simultaneamente sua longa resistência e sua fragilidade fugaz. Três anos ou setenta e dois: quanta juventude, quanta fugacidade em relação ao imenso arcaísmo e à lentidão de nossa composição.

Novos e velhos, hoje nos tornamos especialistas nesse tempo gigantesco. Ao fazer variar essas duas operações, seleção e mutação, sabemos como explorá-las empiricamente ou nos laboratórios. Imitamos a natureza da vida, quero dizer, a maneira de nascer dos corpos, ao projetar nosso delírio de velocidade sobre essa lentidão multimilenar. As biotecnologias sincronizam doravante os tempos da evolução, das ontogêneses e filogêneses. Quem somos nós? Seres vivos velhos e novos que neste momento têm a audácia de juntar ativamente o tempo evolutivo ao tempo da história. Em virtude dessa razão indubitável, a história muda de velocidade, embora jamais se acelere plenamente.

No passado nossa história era proveniente da vida; agora é a vida que entra na história.

De senectute: *a igualdade dos seres vivos diante do tempo*

Quando os Antigos escreviam *De senectute* [sobre a velhice] ou quando um tagarela vaidoso declamava o *L' Art d'être grand-père*[5] [A arte de ser avô], apenas lamentavam ou exaltavam o curto tempo inscrito nos registros das cidades, ritmado pelos tremores de seus membros. Além disso, ao avaliar a esperança de vida antiga e recente, seus cálculos rapidamente se interrompiam: *de brevitate vitae* [sobre a brevidade da vida].[6]

Lagópodes e cervídeos, mato e junco, a extensão dessas existências dura menos que um piscar de olhos em relação à duração da vida, contabilizada em relação às moléculas e átomos, cujo fluxo nos atravessa a todos e que em mim brilha e arde. *De senectute vitae* [Sobre a velhice da vida], aí reside a verdadeira velhice comum aos moribundos e aos recém-nascidos, às netas, às avós, aos animais e às plantas, aos amigos e inimigos, todos portadores de um ADN, iguais em relação ao tempo, em duas frações próximas, uma mínima, sua idade individual, a outra muito maior, o intervalo vivido desde que sua espécie apareceu. Não levo em conta o pensamento, as emoções, nem as culturas simultaneamente limitadas e fascinantes.

Alinhamo-nos todos juntos sobre uma outra escala ou dispersamo-nos sobre o tronco e os galhos das árvores que já há alguns séculos foram esboçados à porfia pelos naturalistas e dinamizados por Darwin. Com cer-

[5] O poema "L'Art d'être grand-père", publicado em 1877, constitui o testamento poético de Victor Hugo (Besançon, 1802 – Paris, 1885). É dedicado a seus netos Georges e Jeanne, filhos de Charles Hugo, que na ocasião tinham 15 anos. Victor Hugo, "L'Art d'être grand-père", Paris, Flammarion, 1985. (N.Ts.)

[6] Michel Serres refere-se ao texto de Sêneca (I a.C. – 65 d.C.) "Sobre a brevidade da vida", tradução, introdução e notas de William Li, São Paulo, Nova Alexandria, 1993. (N.Ts.)

teza, essa duração diferenciada traz consigo a brevidade de nossas idades. O corvo comum que voa da esquerda para a direita atravessando o terrapleno da fazenda alpina, o crocodilo dos pântanos da Luisiana, o celacanto, peixe raro dos oceanos, há muito me precedem pelas bifurcações dessa árvore cuja origem se estende a um tempo muito anterior à minha. Repito que essa diferença de idade entre gêneros provoca apenas uma pequena ruptura nessa velhice universal, que pode ser contabilizada nas moléculas e átomos e que me torna igual ou mais ou menos contemporâneo de todos os seres vivos e, em particular, de meus primos mamíferos, assim como de Lucy,[7] de Homero, e de minha neta. *De senectute omnium vivorum* [Sobre a velhice de todos os seres vivos]. Tão nova quanto eterna, essa igualdade, ao menos estatística, de todos os seres vivos em relação ao tempo bem que requer uma declaração solene.

Ao lado dessa velhice comum, as distâncias entre minha velhice individual e mesmo a da história reduzem-se a uma margem estreita. As diferenças com as quais assamos o pão de nossos ódios cotidianos, de nossos desafetos carnais e de nossos pequenos saberes reduzem-se a uma duração imperceptível; as influências históricas pesam pouco ao lado das causas imensamente grandes que constituem este ou aquele neurônio cuja excitação colabora para a percepção ou a emoção. As condições da diversidade cultural ou individual se reduzem subitamente a diferenciais efêmeros. Somos quase tão velhos quanto a Terra. Recentes e rigorosos, nossos marcadores de tempo reconduzem-nos à natureza, dado que a vida nasceu há bilhões de anos. Aqui estamos todos, imersos em uma mesma areia movediça. Essa igualdade natural bem que requer uma declaração universal.

Incursão no momento

Inversamente, o que dizer da brevidade do instante? O que tenho agora em minha mão? Os ruídos intensos da cascata e as rajadas da brisa, pequenas percepções não analisadas, mas redutíveis a tantos nanoinstantes quantos os séculos que a imensidão do passado traz consigo. O ventre de uma mulher grávida conhece um milhão de reações bioquímicas

[7] Descoberta por Donald Johanson em 1974, a metade desse esqueleto data de três milhões de anos. O nome Lucy rende homenagem a uma canção dos Beatles "Lucy no céu dos diamantes". (N.Ts.)

por segundo; enquanto escrevo esta palavra, meu organismo produz quase o mesmo número. O inumerável brota do instante como de uma cornucópia da abundância. Celebrado pelos antigos moralistas, repetido por uma dezena de papagaios de imitação, esse momento em que falo e que se afasta de mim é suficiente para a matéria, a vida e o pensamento criarem infinitas partículas, multiplicarem outras tantas células, matá-las pela apoptose e conceberem os sistemas de Metafísica. O instante depende da escala: basta que Gargântua[8] dê um só espirro para que milhões de peripécias liliputianas[9] ocorram por toda extensão do pequeno teatro que fica banhado pelas gotículas de sua saliva.

Não compreenderemos nada do céu, da Terra, da vida e, enfim, de nós mesmos se continuarmos a usar como referência para nossas percepções o tempo transitório da história e a construir nossa cultura sobre sua brevidade; isso contribuirá igualmente para que o momento presente se revele interminável. Duas mudanças de escala desvelam "dois infinitos de grandeza e pequenez" que se encontram na duração.

Um conhecimento e sua correspondente experiência acabam de transformar nossos ensinamentos sobre a consciência interna do tempo: doravante sabemos que nosso organismo comporta dezenas de relógios cardíacos, digestivos, nervosos e moleculares, todos conturbados por defasagens horárias ao final de um longo vôo através das longitudes. Como pensar o instante e a duração sem nos referirmos a esse mal-estar interno, circulatório e existencial, cujo aparecimento indica o núcleo orgânico no qual nossa relação com o tempo ou com a soma das durações indicadas pelos referidos relógios se constrói? Bergson, Husserl ou Heidegger desconheciam esse fato por nunca terem sobrevoado qualquer oceano? Esses relógios não desempenham no tempo o mesmo papel que a bússola e a orientação possuem no espaço? Defasagem horária: a desordem se apodera desses perenes instrumentos de medida.

[8] Françoise Rabelais (1490-1553), *Gargântua e Pantagruel*, tradução de David Jardim Junior, Belo Horizonte, Itatiaia, 2003. (N.Ts.)

[9] Referência ao país imaginário de Lilipute, criado por Jonathan Swift (1667-1745) nas *Viagens de Gulliver*. (N.Ts.)

Incursão no tempo da sensibilidade

A escala de datação muda para os elementos da paisagem inerte e para os componentes do corpo vivo; assim como muda para qualquer sensação, quero dizer, para qualquer relação entre o corpo e as coisas. Nesse fim de primavera, ao redor da fazenda, as pradarias alpinas irrompem em cores escarlates e alaranjadas, em amarelos-claros e azuis; lírios, crisântemos, soldanelas alpinas, aquilégias, anêmonas, gencianas, pulsatilas, campânulas e azaléias destacam as tonalidades do espectro em meio ao verde da vegetação. Minha cabeça que há muito tempo contempla essa exuberância constela-se de pixels. Melhor ainda, meu corpo banqueteia-se com tudo isso; mais do que nutrido, repleto.

O prazer da música é decorrente de milhões de anos atrás, quando nossos ancestrais se dirigiam uns aos outros por meio de cantilenas; ele nos conduz até mesmo para o exterior de nossa espécie, como pode ser verificado nos complexos fraseados dos canários-da-terra e nas melodias inventadas pelos colibris; nesses tempos, antes mesmo do advento do discurso, esses pássaros já emitiam e percebiam o sentido. O buquê de cores configura-se de maneira ainda mais original, quando se remonta a eras multimilenares em direção a esse *Universo bacterial,* descrito de maneira tão agradável pela bióloga Lynn Margulis,[10] quando surgiram os primeiros pigmentos carotênicos constitutivos da rodopsina de nossos olhos, as primeiras bactérias cor de ferrugem e água-marinha, violáceas, púrpuras, amarelas, alaranjadas, que sorviam a claridade pelo filtro das cores; assim como elas, minha visão se sacia plenamente com tudo isso.

De quando datam os neurônios mais recentes, que constituem o centro de tratamento dessas mesmas cores, entranhados em alguma parte do cérebro que os especialistas denominam "o complexo V4, conhecido por gyrus fusiforme",[11] comum aos macacos reso e também a todos os seres humanos? As pradarias luxuosamente ornamentadas que se estendem em cores que vão do vermelho ao violeta provocam em mim prazeres carnais advindos de uma duração cuja extensão o próprio Darwin nem sequer suspeitava. Fascinado até a vertigem devido a esse mergulho vertical, meu

[10] Lynn Margulis, da Universidade de Boston, juntamente com James Lovelock, foi criadora da Hipótese de Gaia de fundamental importância para os movimentos ecológicos planetários. (N.T.)

[11] O gyrus fusiforme designa uma região do córtex associada aos processos visuais. (N.Ts.)

prazer me conduz a centenas de milhões de anos atrás. Em comparação, as sensações que ele evoca só fornecem a Marcel Proust as anamneses de um tempo recentemente perdido.

Costuma-se dizer que os sentidos abrem o corpo para o mundo; não, eles fazem com que penetremos na duração imemorial de espaços há muito tempo perdidos. O empirismo vale para eras arcaicas e universos desaparecidos. Quando nós o colocamos sob as condições iniciais da ciência moderna, sem saber evocamos uma série de milhões de anos.

Comédia natural e humana

Diante da fazenda ancestral, dirijo agora a palavra à minha neta e vejo-a nadar em minha direção com gestos largos de braços e pernas, como se estivesse contra a corrente. Deixando-me flutuar em sua direção, começo a contar a ela o nascimento da Grande Narrativa cuja duração constituída de flores, rios, glaciais, montes, sóis e maravilhas acabo de explorar restrospectivamente. Ela talvez compreenda minha pressa em narrar-lhe tudo antes de morrer; com a boca aberta de admiração, deixa sua boneca de lado. A fé de Dante e Beatriz alçou a eterna *Divina comédia* para outros mundos; Balzac, Beatriz e a história situaram a efêmera *Comédia humana* na província e na cidade de Paris. Minha neta, o saber deste dia e eu somos narradores dessa *Comédia natural e universal* que se efetiva por meio da ampla contingência dos tempos. A paisagem, nós, o paredão e o antílope imergimos todos na Grande Narrativa.

A questão é a seguinte: a partir do *big-bang*, se é que ele aconteceu mesmo, os primeiros átomos que compõem as coisas inertes e os seres vivos começaram a constituir-se; a partir do momento em que os planetas esfriaram e que nossa Terra se tornou um reservatório de matérias ainda mais pesadas de que se formam nossos tecidos e ossos; desde que, há quatro bilhões de anos, uma singular molécula de ácido começou a se replicar em moléculas iguais a ela mesma e, posteriormente, a se transformar em mutante; desde que os primeiros seres vivos começaram a colonizar a face da Terra, a evoluir constantemente deixando atrás de si um número considerável de espécies fósseis que nenhum dos nossos contemporâneos jamais conheceu; desde que uma jovem chamada Lucy surgiu nas savanas do leste africano e, sem o saber, prometeu à futura humanidade frenéticas viagens por todos os continentes emergentes e por culturas e línguas contingentes e divergentes; desde que algumas tribos da América doSul e do Oriente Médio inventaram o cultivo do milho e do trigo, sem esquecer do respeitado patriarca que plantou as videiras ou do índio herói que fermentou a cerveja e, pela primeira vez, domesticou seres vivos tão minúsculos quanto a levedura; desde que as escrituras começaram a ser balbuciadas e que algumas tribos começaram a fazer versos nas línguas gregas ou itálicas, a partir desses momentos, o tronco comum da grande narrativa começou a crescer sob nossos olhos para indicar uma amplitude temporal inesperada, real e comum a um humanismo finalmente digno desse nome, porque dele podem participar todas as línguas e culturas que se originavam dele. Esse humanismo é único e universal porque se encontra escrito na língua enciclopédica de todas as ciências e pode ser traduzido em cada uma das línguas vernaculares, sem particularismos ou imperialismo.

O *buquê conjunto de todas as Grandes Narrativas*

Teríamos, entretanto, uma concepção restrita e mesmo falsa desse humanismo se o considerássemos linear e dirigido apenas a nós, como se desempenhássemos o papel de objetivo e fim de todas as coisas, mesmo que isso remeta à finalidade ou ao antropocentrismo. Esse humanismo irrompe e se bifurca de infinitas maneiras contingentes como uma floração prodigiosa que certamente conduz ao nosso presente, aqui e agora, diante dessa antiga fazenda, na companhia de minha neta e igualmente a tantas existências diferentes quantas são as galáxias, os buracos negros ou a poeira das estrelas presentes no espaço, os seres vivos nas florestas pluviais e nos oceanos, os homens e mulheres, as culturas e línguas no planeta, os gladíolos, as abelhas zunidoras e as jovenzinhas charmosas que constituem os nossos contemporâneos no Universo.

A fácil trajetória segue apenas um caminho, isso porque cada bifurcação conduz a uma ramificação ou tronco comuns, tão difícil quando o caminho de Eurídice ao voltar dos Infernos; como em um labirinto, o retorno encontra milhares de bifurcações; ele tem extrema dificuldade em reconhecer e escolher seu caminho entre todos os caminhos que compõem o frenético buquê que se expande e se multiplica. Essa fantástica diferença entre a trajetória única de ida e os inumeráveis retornos possíveis explica-se pela aparência caótica do processo. Quando se avança ele é imprevisível, quando se regressa ele se torna determinista. Esta é a maior e a mais verídica de todas as narrativas. Como todas, ela torna manifesto o tempo contingente do caos.

Modo de usar

No texto precedente e nos seguintes, utilizo-me do termo incursão para respeitar a dupla tradição das ciências e dos mitos. Os arqueólogos, geofísicos e paleontólogos realizam escavações para descobrir nas profundezas os estratos arcaicos e os fósseis; as epopéias de Dante, Enéas ou Ulisses fazem o mesmo; penetram sob a terra, nos Infernos à procura das sombras ancestrais. Todo esse belo mundo caminha em direção ao passado, antes de atingir a luminosidade atual. Ao esboçarem a árvore das espécies vivas, a história natural, a biologia e a teoria evolutiva confirmam esse movimento rumo ao fundo dessas escavações: descemos nelas em busca do tronco e das raízes arcaicas ou subimos em direção às futuras ramificações.

A imagem do rio e a arborescência de seus afluentes, cuja água corre como o tempo, invertem o sentido desse movimento: o fluxo e as aluviões descem em direção à foz que ainda não foi atingida e os marinheiros, por vezes, retornam às fontes primordiais. Sob a Ponte Mirabeau, o rio Sena corre de sua nascente rumo ao mar, assim como a lembrança rumo à esperança. A árvore das espécies segue em direção às suas múltiplas ramificações, mas o rio necessita de seus tributários para formar sua bacia, de modo que, sob o ângulo das bifurcações em forma de leque, os dois esquemas invertem seu curso. A terra e a planta não correm nem fluem no mesmo sentido que a água.

A língua não domina facilmente o embaraço causado por essa dupla metáfora segundo a qual a subida ou as descidas de um rio, que variam de acordo com a espessura de uma falésia ou a altura de uma árvore, se dirigem ambas ao passado. Sim, ao descrever minha incursão no tempo, eu retorno a ele.

Natureza, a recém-nascida

As múltiplas bifurcações desse gigantesco buquê refazem nossos conceitos. Por boas razões tínhamos abandonado o termo natureza. Alguns afirmam ser necessário respeitá-la e não violá-la como se ela fosse uma virgem: prosopopéia ou alegoria, estátuas de Flora ou de Pomona[12] que ornam as aléias dos jardins, como conservar sem rir a aparência enganosa dos mitos? Quanto mais se acredita que silenos e dríades pululam sobre os arbustos, quanto mais se ouve Júpiter trovejar nos raios, mais se restaura o politeísmo. Brevemente irei revelar como nos dias atuais o politeísmo ressurgiu entre nós.

Desde seu desaparecimento que, sem dúvida, ocorreu após a Renascença, essa Natureza personificada adquiriu o status de entidade. Ao passar de deidade a conceito, o que também é algo facilmente passível de crítica, a natureza passou a significar o conjunto das propriedades essenciais de um ser ou de uma coisa; ao definir a natureza desse modo, a metafísica afirmava que conhecia sua realidade antes mesmo de analisar suas propriedades. Pior que isso, essa natureza abundante transformou-se no conjunto dos seres existentes, representado pelo equilíbrio geral do mundo e do Universo, novamente reconhecidos antes mesmo que fosse feita qualquer averiguação. Zombando dessas imagens, fantasmas, abstrações ou generalidades, o século XX abandonou prudentemente o uso desse termo.

Havíamos, porém, esquecido do significado do particípio futuro *naturus*, no feminino *natura*, cuja raiz vem do verbo latino *nascor*, o que vai nascer, o que está nascendo ou prestes a nascer, o próprio processo de nascimento, de emergência ou de inovação. Natureza, a recém-nascida.

Repassemos a Grande Narrativa. Ao longo de seu percurso contingente florescem milhares e milhares de bifurcações imprevisíveis. Nas cercanias de cada uma delas surge uma surpreendente emergência por vezes quase improvável: o próprio *big-bang*, se é que ele existiu, o cozimento dos elementos materiais na fornalha das galáxias, as estrelas, os infinitos objetos do Universo astrofísico, os incontáveis acontecimentos que condicionam o resfriamento de um determinado planeta, o bombardeamento de milhares de asteróides, o advento da água sobre a terra, as rupturas das placas tectônicas, o vulcanismo, a concatenação de um ARN, a explosão do Cambriano, as cinco erradicações das espécies, a torrente desordenada das mutações, nossos ancestrais de seis a sete milhões de anos, suas primeiras caminhadas bípedes, o fogo, a saída da África, a navegação, o trigo, o boi, o asno, a maçã e o vinho, a invenção do amor cortês pelos trovadores ocitanos... Quando em meu caminho escolho direções novas que

[12] Flora e Pomona são esculturas de Aristide Maillol (1861-1944). (N.Ts.)

tenham pelo menos um pouco a ver comigo, milhares de outros como eu escolheriam uma maneira diferente.

Pode então a natureza ser definida exclusivamente como uma integral das bifurcações em questão? Um somatório de nascimentos. Conseqüentemente, mesmo a natureza humana fica mais fácil de ser definida, ou mesmo pesquisada sistematicamente, como a integral definida dos entrecruzamentos que na Grande Narrativa conduziram à formação do *sapiens sapiens*. Quanto à natureza, ela poderia ser definida como a integral indefinida de todas as bifurcações conhecidas e futuras no explosivo buquê da Grande Narrativa.

De onde viemos? Desse buquê, dessa Grande Narrativa, de um subconjunto de seus ramos, de uma série finita de suas emergências contingentes. Quem somos nós? O resultado temporário desse subconjunto.

Por que derramar lágrimas sobre o esquecimento relativo das narrativas curtas que ocorreram há apenas quatro milênios, quando acabamos de ganhar uma narrativa de treze bilhões de anos? Por que lamentar a perda de uma cultura local, quando a nova se estende à comunidade dos homens e as antigas e singulares humanidades religam-se a um humanismo finalmente próximo de seu sentido universal?

Os *espectros religiosos*: *o santo e o sagrado*

Com respeito ao humanismo, este livro de filosofia da natureza trata dela própria, da vida e do homem, três conceitos sem definição; fala deles sem ideologia, sem nenhum tabu, ou nenhuma forma de sagrado, uma vez que ele os define seguindo as linhas da Grande Narrativa.

Inversamente, as angústias que, por exemplo, hoje são difundidas a partir da química e das biotecnologias restauram as antigas e já abandonadas representações da "Natureza", da "Vida" e do "Homem", que se tornam menos definidas e mais sagradas à medida que esses temores crescem. Elas aconselham a não tocar o "Homem", nem violar a "Vida" ou a "Natureza", cujos mitos retornam como espectros. As ciências riem deles e transgridem alegremente os tabus e o sagrado. Certamente, essa nova desconfiança é decorrente dos abusos internos, dos escândalos econômicos e financeiros que, de longe, ou mesmo de perto, lhes dizem respeito, mas, sobretudo, de uma fonte totalmente diferente, difícil de ser descoberta e que, de bom grado, denomino deslocamento contemporâneo do religioso.

Bergson afirmava que o coletivo fabrica seus deuses quase que mecanicamente. A antropologia ensina que, no passado, as religiões arcaicas politeístas os inventaram e os modelaram em meio à violência e ao sacrifício, em particular o humano. O mecanismo da apoteose, por exemplo, consiste em divinizar um imperador morto: os deuses nascem dos cadáveres e dos assassinatos. As religiões monoteístas modernas distinguem-se das precedentes por exigirem a cessação dos sacrifícios humanos.

Matanças desse gênero predominam hoje em nossa sociedade que, a qualquer hora do dia, exibe mortos e cadáveres a milhões de telespectadores. Continuamos a afirmar que nossas mídias representam a violência; não, a violência constitui a essência das imagens e mensagens mediáticas. Sem as chamas do terror e da piedade elas não conseguiriam atrair ninguém. Esses espetáculos retomam com surpreendente precisão os ritos das religiões arcaicas, ainda mais facilmente porque, quando condenam esses tipos de sacrifícios, as religiões modernas perdem terreno e audiência. Com certeza, elas promoveram e generalizaram a mediação, em particular o cristianismo; quando por sua vez, nossas sociedades civis inventaram as máquinas e as instituições eficazes dessa mediação, as chamadas mídias se impregnaram do religioso retornando, porém, a um passado um pouco longínquo voltado para o arcaísmo sacrificial. Em conseqüência disso, literalmente convertidas por essa violência produtora de deuses, mitos e tabus, nossas sociedades se apegam a tudo o que destrói as estátuas que elas próprias esculpem.

Temos consciência de que vivemos em uma época politeísta em que um terror sagrado semelhante ao das religiões arcaicas invadiu nossos coletivos, certamente avançados em relação às ciências, às técnicas e à razão, mas que também retornaram a eras primitivas? No passado e até quase recentemente, a dominante religião monoteísta encontrava-se mesclada às batalhas anticiências, porque havia conservado a aparência enganosa dessa violência sacrificial doravante difundida numa sociedade em que as mídias desempenham o papel de mediador e produzem estátuas e tabus civis, o que antes era reservado às igrejas. Deslocado, o religioso não é mais encontrado nos lugares esperados, nos confessionários e nos templos, ele surge das mídias, inunda cotidianamente a sociedade civil pela representação da violência e da morte, em particular a humana. Regressivo e arcaico, esse religioso pagão e politeísta, produtor de pequenos deuses, promove a volta dos tabus, reinventa uma Natureza semelhante às antigas estátuas de *Flora* ou *Pomona*. Nós os adoramos em conseqüência disso.

Sim, o religioso muda de campo: os grandes sacerdotes celebram seus ritos num lugar diante do qual nos inclinamos várias vezes ao dia para receber sobre a cabeça banhada de pixels nossa unção cotidiana de violência e de sagrado. Embriagada de cadáveres, a sociedade angustiada clama pela proteção de seus novos deuses, velhos conceitos que ninguém define, nem domina: Natureza, Vida e Homem, estátuas, espectros refabricados. São eles os mesmos que a ciência sempre transgrediu quando observou os astros, outrora divinos, quando dissecou os cadáveres, no passado intocáveis, e quando estudou nossos sexos e cérebros que antigamente eram considerados interditos. Esperemos que a ciência e a filosofia continuem a transgredir os tabus.

O religioso arcaico retorna ao civil. Aprendemos a reconhecer nos sacerdotes que mudaram suas vestes aqueles a quem reverenciamos e que sempre têm razão porque em seu questionamento solitário são detentores dos símbolos e dogmas. Inversamente, o religioso moderno, doravante minoritário, perseguido e alijado da sociedade, ensina a distinguir entre a santidade sem violência e o sagrado que a conserva, a congela e a esculpe em estátuas. Sem saber, esse religioso moderno, tão capaz hoje quanto no passado de criticar a sociedade do espetáculo mortal e os tabus que ele produz, talvez ainda venha a reencontrar as ciências e a razão.

Ajoelho-me humildemente diante da santidade, mas penetro a cavalo nos templos obscuros e arcaicos do sagrado para derrubar os ídolos. A cavalo, corajosamente, ou seja, com a ciência e sua Grande Narrativa.

Leis da narrativa: a queda das folhas mortas

Não se trata apenas da maior narrativa de todos os tempos, um superlativo provavelmente verdadeiro, visto ter sido continuamente retificado pelas contribuições e avanços da pesquisa, trata-se também de uma narração que respeita sua próprias regras, esclarecidas por mim anteriormente em minha análise do *Chancellor*[13] de Júlio Verne (*Jouvences sur Jules Vernes* [Juventudes, acerca de Júlio Verne], Éditions de Minuit, 1977, pp. 105-126).

[13] Michel Serres refere-se aqui a Richard Chancellor, famoso navegador escocês, responsável pelo reconhecimento do mar Branco. (N.Ts.)

Esse livro relata as terríveis desventuras sofridas no mar por um navio que leva esse nome, que levantara âncoras em Charleston; mortos de sede, seus náufragos terminaram por encontrar a embocadura do Amazonas e, finalmente, conseguiram beber a água doce do rio. A narrativa se desenvolve entre equilíbrios cujas rápidas mudanças de etapa se fazem por meio de tempestades, incêndio, encalhe, catástrofes sucessivas em que o navio perde suas diferentes estabilidades. Cada uma delas desenvolve sua própria lei; cada ruptura ou circunstância perturbadora favorece uma mudança de lei.

No outono, depois da apoptose, a folha morta despregada de seu galho cai, de início quase que horizontalmente. Depois, a queda se torna rápida e brusca recobrando mais abaixo uma posição novamente horizontal e estável antes que um novo movimento de separação se produza. A simplicidade do *Chancellor* advém do fato de que essas estabilidades se definem pelas massas, forças, movimentos e energias que a estática a dinâmica, a termodinâmica, a teoria das marés, a astronomia e a climatologia, disciplinas diretamente interessadas em equilíbrios e movimentos, dominam perfeitamente; não temos necessidade de recorrer a nenhuma metáfora para descobrir seus equilíbrios: eles encontram-se ali delineados como num quadro-negro, como na Grande Narrativa universal que as ciências igualmente acompanham.

Como num gesto teatral, cada vez que retoma sua queda, a folha permanece literalmente suspensa no ar, como se tentasse retardar o mais possível sua descida, como se ao ir ao encontro dos corpos pesados empreendesse um declive muito pequeno. A ação da narrativa obedece a um "princípio" de ação maximal que inverteria o princípio descoberto por Maupertuis,[14] conhecido como princípio da "menor ação". A cada ruptura ou movimento, a cada mudança de etapa, sejam elas no *Le Chancellor* ou na Grande Narrativa, adentra-se numa nova ciência que se define por um outro tipo de equilíbrio. Uma bifurcação emerge a cada ruptura.

Seria essa a organização geral de toda narrativa bem-sucedida? Tensão, calma, gesto teatral, tensão, calma, lance... reduzem-se a simples leis da mecânica. Poucas são as narrativas que se afastam dessa seqüência de equilíbrios pontuados ou, se o fazem, provocam tédio e desprazer, ninguém mais as lê, todos abandonam o espetáculo, até mesmo os cegos e surdos. Todo encantamento da arte de contar reside na maneira como o

[14] Pierre-Louis Moreau de Maupertuis (1698-1759), matemático, biólogo e astrônomo francês, que auxiliou na popularização da teoria da gravidade de Newton. (N.Ts.)

narrador distribui e encadeia os momentos de suspense e as etapas da narrativa, sejam eles longos ou breves, e na surpresa provocada pela improbabilidade de que eles aconteçam, por um milagre ou não. O bom narrador segue uma linearidade que bruscamente se bifurca e, da mesma forma que após o outono a queda da folha é mais vagarosa, ele vai tentar manter o suspense por algum tempo, mas sem muita lentidão, para não correr o risco de se tornar maçante. Voltando à Grande Narrativa, note bem que sob o disfarce de desventuras no mar eu estava falando apenas dela.

Sobre o encantamento do mundo

Convido para uma incursão na astrofísica ou na bioquímica quem quer que ainda proclame que as ciências desencantam o mundo; o céu e o ser vivo lhe parecerão rapidamente plenos de surpreendentes milagres. Celebro muito mais o destino por haver me colocado próximo aos eruditos cuja música sutil me encanta e me surpreende todas as manhãs. Mesmo os primeiros números, o mais simples dos conhecimentos possíveis, resplandecem de diamantes e safiras dos quais a antiga cidade indiana de Golconde sentiria inveja.

Além do detalhe delicado e precioso da película refinada que recobre uma simples célula, da pluralidade de cores das estrelas, do vôo dos colibris e dos choques galácticos, encanta-nos principalmente o conjunto dessa interminável e ardente narrativa artisticamente conduzida por uma composição refinada de movimentos e de patamares de equilíbrios, de incertezas e rupturas, de caminhos e bifurcações que conduzem do *big-bang* ou de seu equivalente quântico ao surgimento do homem, sem nenhuma finalidade, ocorrido há milhões de anos na savana africana. Extensos patamares de desenvolvimento entrecortados por incomparáveis lances teatrais. Como toda narrativa admiravelmente ordenada, se for observada restrospectivamente, ela parece dotada de objetivos coerentes, mas se a seguirmos no sentido progressivo do tempo, ela se deslocará entre diversas circunstâncias imprevisíveis e contingências inesperadas.

Sobre a especialidade do autor eventual

O século XVIII, conhecido como o Século das Luzes, cujas chamas ainda iluminam a estabilidade do mundo, colocava-se a questão de saber quem tinha sido o artesão capaz de pôr em funcionamento uma máquina tão regular; naqueles tempos, Deus era considerado o arquiteto do Universo; com suas próprias mãos ele construíra uma obra-prima definitiva. Quer estivesse em ordem ou em movimento, a estabilidade do cosmos constituía o modelo para qualquer construção. De acordo com a especialidade do autor, você podia induzir a natureza arquitetônica da obra e, por meio desta, a natureza das ciências que ela explicava: a Enciclopédia pairava sobre esse palácio e cada disciplina escolhia uma perspectiva para delinear um plano ou uma projeção. Essa visão clara e perfeita excluía a possibilidade de que o palácio fosse projetado num tempo que o teria convertido para sempre em contingência e evolução e, ainda menos, em processos caóticos e aleatórios.

Se supostamente fôssemos propor hoje questões semelhantes, nossas dúvidas seriam muito mais sobre quem teria sido o romancista, novelista ou dramaturgo que redigira um cenário ou uma narrativa tão singular. O Deus que se fez Verbo desenvolve histórias tão grandiosas e tão sutilmente articuladas que nós, se ousássemos, o denominaríamos O Grande Narrador: sim, o Encantador. Se essa narrativa pudesse ser reconstituída, fio por fio, peça por peça, ato à cena, poder-se-ia observar que as incertezas das ciências mantêm os habitantes do mundo em estado de tensão. *Et enarrem universa mirabilia tua:* eu voltarei a narrar a universalidade de tuas maravilhas.

Exemplo singular da evolução

A evolução dos seres vivos, por exemplo, nos apaixona e, por adequar-se estritamente ao regime da narrativa, para alguns ela substitui a religião. Por que os biólogos não acharam nada engraçado quando se anunciou a teoria dos equilíbrios pontuados, expressão tão próxima de "incerteza destituída de rupturas"? Indubitavelmente porque ignoravam que Gould,[15] certamente sem o saber, resumia fielmente as regras mais simples da narração que ele, por sinal, praticava às mil maravilhas; por mais para-

[15] Stephen Jay Gould (1941-2002) e seu colaborador, Nils Eldredge, apoiados sobre a teoria de Darwin, desenvolveram em 1972 a idéia de que a evolução das espécies não se realizava de forma gradual e contínua no decorrer do tempo. Parecia, ao contrário, que a evolução se fazia através de períodos pontuados de intensa atividade evolutiva intercalados por outros de longa estagnação. (N.Ts.)

doxal que possa parecer, ele criticava muitos de seus predecessores constatando que ao longo de tempos cíclicos ou contínuos muitos deles não se ocuparam senão de narrativas; esse argumento pode ser aplicado à sua própria teoria. Como o *Don Quixote* ou a *Odisséia*, como uma infinidade de novelas, romances, peças de teatro e argumentos cinematográficos, *Le Chancellor* segue a lei dos equilíbrios pontuados. Da mesma forma, Lamarck, Darwin e, melhor ainda, Gould descobriram que a vida pode ser narrada. Os biólogos subseqüentes têm repetido isso incansavelmente, aprimorando seus procedimentos narrativos. Que encantadora surpresa! A história natural faz com que a ciência e a literatura se reencontrem. Inversamente, as leis da narrativa são semelhantes às leis da vida.

Melhor ainda: em sua condição de afluentes da Grande Narrativa, todas as ciências se engajam na literatura e encontram um leito e um lar nas humanidades. As boas histórias fazem o coração disparar como se víssemos uma resplandecente Afrodite, retilínea e desnuda, emergir no debrum das ondas da sopa pré-biótica. Homem e mulher nascem da natureza.

Cronopedia

Ao forjar o vocábulo enciclopédia, Rabelais descreveu um círculo de saber, formação e ensinamentos. Naqueles tempos, a descrição integral e cíclica de todos os pontos de vista possíveis sobre o mundo podia expressar, no máximo, essa obra-prima de arquiteto. A ciência como um todo recobria então o mundo da mesma forma que o mapa delineado por Mercator,[16] cujas representações nessa mesma época projetavam continentes e mares sobre um cilindro que envolvia o globo. Nesses desenhos pode-se observar que só existiam ciclos. Se o mundo exibe uma forma circular, o saber e o livro que folheamos também o fazem. O Universo, a Terra e o Sol possuem um centro, assim como o poder e o comando possuem um rei, a criação e o conhecimento, um Deus. No começo do século XIX, Hegel ainda definia a enciclopédia como um círculo de círculos.

Doravante zombamos das revoluções que tão freqüentemente mudaram de centro e que denominamos descentramentos. Quer se trate da Terra ou do Sol, do sujeito ou do objeto, do eu ou do não-eu, que impor-

[16] Gerardus Mercator (1518-1594), o mais importante cartógrafo do período renascentista. (N.Ts.)

tam essas distinções, uma vez que todas elas sempre pressupunham um centro, ao qual se atribui alguma posição, um nome qualquer e um movimento comandado por ele; a enciclopédia muda pouco porque conserva sua forma global, assim como sua própria inércia. O próprio termo revolução supõe isso.

Não vivemos nos mesmos espaços nem nos mesmos tempos. Nem o mundo, nem nós mesmos ou qualquer dos seres vivos têm mais a mesma idade; de repente, despertamos fantasticamente velhos. Nenhum espaço reconhece mais seu centro, cada momento de origem ou de bifurcação coloca problemas terríveis. Do lado do saber, não existe mais uma enciclopédia, e sim uma Grande Narrativa.

Em que extensão ela se desenvolve? Numa paisagem. Nos dias atuais, as ciências descrevem e tentam religar os fragmentos dessas paisagens, um pouco como as ciências humanas que não perdem a esperança de reunir as culturas entre si. Com efeito, as teorias mais avançadas buscam religar: a teoria das supercordas, por exemplo, reconcilia duas partes, a física quântica e a relatividade que ainda se encontram separadas. Construímos também a concepção de que o desenvolvimento multicolorido do Universo e de suas infinitas modalidades é cercado de pouca ordem. Não conseguimos identificá-la numa minúscula célula constituída de milhares de proteínas variadas, nem num simples mapa da Terra, no mar e nos continentes unidos pelas extremidades das profundas placas tectônicas. A ordem e a rotundidade do mundo hoje nos parecem tão simplistas quanto o tempo se reduzido a uma mera linearidade. Assim como os dinossauros, o espaço circular da enciclopédia também existiu.

Nessa paisagem deciframos uma Cronopedia.

Tempos e modos

A unidade ou universalidade decididamente não são retomadas do lado paisagístico do espaço, e sim do lado do tempo, sob condição de não reduzi-lo nem à mensuração de uma linearidade nem, sobretudo, ao que os ocidentais denominam história. Paradoxalmente, a universalidade reaparece por meio do que denominamos literatura. Como já disse anteriormente, o saber se narra. Ele se desloca assim como o Universo, a vida e o pensamento. O antigo termo pedagogia significava a viagem das crianças conduzidas por seu preceptor. Doravante, desejo que ele expresse o deslocamento rápido ou lento do mundo, das coisas e dos seres vivos no tempo, essa nova percepção do Universo, a nossa e a de nossas crianças. Esse conjunto multicolorido de paisagens de todas as ordens, escalas, formas e cores é decorrente da narrativa dessa cronopedia universal. Esse quebra-cabeças dissemina-se repentinamente. Como uma boa peça de teatro ou um romance de sucesso, a Grande Narrativa começa não importa onde ou quando, de maneira propriamente contingente, mesmo que de modo caótico ela contenha em seus flancos a sucessão dos acontecimentos. Cada uma de suas bifurcações emerge como um gesto teatral, certamente possível, porém sempre situado nas proximidades do impossível, como uma espécie de milagre, como um acontecimento de fraca probabilidade. A Narrativa não se desenvolve, ela salta do imprevisível ou do impossível de ser previsto ao necessário, visto que vai da perspectiva de futuro em direção ao passado consumado atravessando as possibilidades do presente. Ela carrega em seus ombros a totalidade dos acontecimentos contingentes.

A metafísica do mundo antigo tanto quanto os procedimentos de sua descontrução seguem a lógica de valores duais, ser e nada, falso e verdadeiro, bem e mal, e adoram a contradição. Ignoram as querelas, as singularidades múltiplas, os infinitos perfis compósitos, as paisagens a serem unidas, a imprevisibilidade do processual. Mundo, vida, existência e saber flutuam entre as quatro categorias da modalidade: compatíveis com as leis necessárias, todas as coisas perseguem a contingência por intermédio do filtro do possível e da impossibilidade.

Homem, co-autor da Grande Narrativa

A Narrativa recomeça. Cada vez mais literária, uma vez que vivemos ansiosos para conhecer sua seqüência que diz respeito à nossa vida, à vida dos outros e à do mundo. Não ficamos ansiosos apenas como espectadores, mas também como atores.

Desde que criamos os objetos-mundo, subimos nos palcos, participamos do trabalho do diretor de teatro, empenhamo-nos na escritura do texto na qualidade de co-autores da Grande Narrativa. Não trabalhamos apenas para o desenvolvimento da história, isso seria uma tautologia manifesta, porque somos nós mesmos que fabricamos nossas histórias, mas exploramos o tempo, o destino do mundo e dos seres vivos; intervimos nas condições fundamentais da matéria e da vida, responsáveis universais por esse novo empreendimento. De agora em diante apropriamo-nos conjuntamente das palavras e das coisas na Grande Narrativa.

Incursão no Esquecimento

Dezembro último, em um museu de História Natural, quando perguntei ao funcionário responsável pela sala de esqueletos a idade de um sáurio gigante, ele me respondeu:

— Cento e vinte milhões de anos e onze meses.

— Como você conseguiu calcular uma data tão precisa? — disse eu.

— De uma maneira muito simples — respondeu ele: — o museu me contratou no meio do inverno passado; naquela época, a coluna informativa afixava "cento e vinte milhões". Faça as contas, dá exatamente isso.

Datamos os humanos de seis a nove milhões de anos, mais onze semanas? Não devemos zombar disso, pois é assim que a história e as ciências humanas se expressam e eliminam do ano precedente alguns de seus segundos, como iremos calculá-lo. Que esqueletos se encontram adormecidos no interior sombrio dessa vitrina? Como imergir o tempo humano no tempo dos seres vivos e das coisas, minha neta e a casa de seus pais na torrente, na montanha e no sol, minha idade na idade de meu cérebro reptiliano ou na do ADN? Como despertar essas memórias adormecidas?

Múltiplas disciplinas, uma única descoberta: a cronometria

No decorrer do século XX, as novidades inventadas pelas ciências exatas proliferaram tanto e em domínios tão numerosos, que nós nos perdemos nesse emaranhado. Uma descoberta única, feita recentemente nos processos de datação, agrupa os diversos esforços realizados pelo conjunto das disciplinas: os procedimentos de datação aprimorados por cada uma delas fizeram com que a questão da idade de todos seus objetos reunisse a totalidade da antiga enciclopédia num projeto comum. O que as ciências exatas inventaram durante o último século? Elas dataram o Universo, os átomos, a Terra, a vida, as espécies, os homens, os micróbios e as coisas em geral. No momento em que o senso comum celebra a complexidade dos resultados e das abordagens científicas, surge, em contrapartida, uma visão de conjunto proveniente de um cômputo comum. Como acabo de dizer, o termo cronopedia designa a Grande Narrativa temporal unitariamente instalada há algumas décadas a partir dessas datações, que atravessam o tronco principal do conjunto das ciências, assim como de sua produção, derivações e turbulências. A ciência contemporânea restaura o antigo Cronos sobre seu trono principal. Ao contemplar a nova arborescência numa bacia fluvial semelhante ao Universo, quem resistiria à tentação de repetir o antigo gesto de classificar as disciplinas segundo a idade de seus objetos?

Um único tema, cujas variações são constituídas por disciplinas cujo saber acumulado já sabemos de cor e salteado, fornece a resposta à velha indagação da filosofia: "De onde viemos?" Como definir essa memória? De maneira elementar, como um conservatório, um cofre ou um banco de informações.

Uma incursão tripla

Uma primeira memória evoca a infância e os primeiros amores que não duram para sempre; localizada em uma parte do cérebro e do corpo, ela engloba a existência, o entorno da consciência, que alguns denominam psicologia e outros consideram como um subsolo suplementar esquecido e obscuro. Introduz-se nele a segunda memória, a do grupo, dispersada em suportes objetivos, restos, esqueletos, imagens, instrumentos, costumes, hábitos, livros, arquivos, Internet, cujas informações me permitem participar da vida social, da história da humanidade e até mesmo de sua hominização; essa memória depende de minha cultura. Pessoal e subjetivo, o primeiro tesouro remonta a algumas décadas; o segundo, mais coletivo, data de séculos, de milênios, e foi exemplificado por Balzac, Gilgamesh, Lascaux e Lucy.

Terceira memória: os genes de meu ADN reúnem, em parte, os genes de meu pai e de minha mãe, de seus ancestrais e assim por diante, até o momento em que os genes de todos eles juntamente com os meus formem um tesouro comum a toda humanidade. Nele descubro o que me aproxima dos habitantes fueguinos e dos aborígenes da Austrália, assim como reconheço minha familiaridade com os ouolofs[17] e os bantus[18]; por ser comum a todos os seres vivos, mensuro no ADN minha distância em relação aos marsupiais, répteis e outros insetos, às plantas e bactérias. Essa memória genotípica mais profunda que a minha ou que a das culturas coletivas mergulha nos bilhões de anos de evolução.

Sua duração

Vamos tomar como referência o período de um ano e contabilizar os tempos relativos desses três conservatórios: caso me recordasse de meus amores passageiros, minha primeira memória, que durou algumas décadas, caberia num filme de um milissegundo; para aprender *A Odisséia* e admirar as pinturas parietais de Lascaux, minha segunda memória, que data de alguns milênios, precisaria de quatro segundos; para que meus olhos formados pela evolução pudessem ver a luz, a pele regulasse minha autonomia e os átomos de hidrogênio e carbono se juntassem nas proteínas de minhas células, minha terceira memória, cuja duração abarca um período de bilhões de anos, se estenderia pelo resto do ano. Extremamente rica, essa terceira memória constitui o suporte e a substância da anatomia e das funções da fisiologia; a segunda revela o mundo e as culturas próximas; a primeira constrói o que convencionamos chamar de consciência. No estudo dos processos que nos animam, esquecemos dessa sucessão dos tempos e, com isso, o peso relativo das constrições que sofremos? Nossa existência individual e nossas histórias culturais têm o peso de um floco de neve em comparação com as toneladas dessa Grande Narrativa.

Ao ladrarem, pastarem, tecerem suas teias, entrelaçarem seus ninhos ou acasalarem-se, os seres vivos lembram-se, rigorosamente, do último de seus conservatórios; seus gestos executam, infalivelmente, o que é ditado

---

[17] Etnia sudanesa que vive no Senegal e na Gâmbia, pratica a agricultura e a pesca, são muçulmanos e conhecem um sistema social hierarquizado fundado na filiação matrilinear associada aos princípios do direito islâmico. (N.Ts.)

[18] Conjunto das populações (hottentotes e bochimans excluídos) que vivem no centro-sul da África. Os bantus, que são cerca de 120 milhões, não possuem uma verdadeira unidade étnica, mas constituem um importante grupo lingüístico. (N.Ts.)

por ele. Ao contrário desses autômatos genéticos, a hominização fez de nós os monstros do esquecimento. Nossa genialidade narcísica privilegia os poucos miligramas de influências recentes e, depois de filtrá-las, precipita na escuridão a quase-totalidade do ano que acaba de passar, antes dos acontecimentos que só dizem respeito aos mais amnésicos entre os seres vivos, como eu mesmo e todos nós. Quando nos voltamos para a história, omitimos quase totalmente o tempo; lembramo-nos de bem menos do que onze meses.

Não esquecemos apenas o lugar em que acabamos de largar nossas chaves o que, por vezes, permite que inventemos novos; muito felizmente para o exercício da moral e do perdão, não esquecemos apenas dos crimes cometidos por nossos pais e por nossos vizinhos; esquecemos também que temos um corpo velho como os rochedos do mundo. Vangloriamo-nos de algumas performances cognitivas atribuindo-as à genialidade de um Newton qualquer ou a alguém de nosso clã cultural, sem nos apercebermos que freqüentemente conhecemos e quase sempre nos emocionamos por meio de milhões de neurônios milenares que permanecem invariantes desde antes da pré-história e de meu aniversário. Ruidosa, tagarela, rápida e ardilosa, minha consciência oculta a história, e esta, mais mentirosa e estridente ainda, esconde a evolução leal e silenciosa cuja lentidão se constrói sobre as sopas inertes interminavelmente preparadas. Amnésicas, orgulhosas de suas performances, a consciência e a linguagem fazem calar a idade do corpo e a antigüidade do Universo. Sonhamos com um determinismo histórico e familial sem levar em conta o infinito arcaísmo da carne e da Terra. Esquecemos o corpo, a vida e as coisas.

O *esquecimento da* Natureza

Essa amnésia nos torna cegos ao mundo? A hominização nos tornou esquecidos e esse mesmo esquecimento nos hominizou? Tornamo-nos históricos, culturais e pessoais a tal ponto que, com diversos códigos, anulamos a gigantesca duração que precede as memórias limitadas, pouco confiáveis e tonitruantes do grupo e do indivíduo. Mantemos nossa natureza sob o jugo e, por isso, ela obedece e se cala. De tempos em tempos ladra e grunhe, mas a linguagem, a técnica e o saber fustigam-na, assujeitam-na e a acalmam, porém nem sempre. Da mesma forma que um cartaz publicitário torna menos visível o mutismo da paisagem, uma palavra de sabedoria anula milhões de anos desagradáveis. Da mesma forma que as tribos que possuem a escrita dominam as que só utilizam a transmissão oral, as culturas aniquilam obstinadamente a natureza. As culturas nos levam até mesmo a desobedecê-la. A maior parte dos seres vivos dá ouvidos a esse projeto e executa-o com exclusividade obstinada; alguns de nossos vizinhos obedecem-no um pouco menos; agimos como se o tivéssemos perdido. Daí surge um ciclo que se fecha sobre si mesmo: quanto mais desobedecemos a natureza, mais culturas se inventam e, quanto mais estas se desenvolvem, mais esquecemos a natureza. Nossa desespecialização, da qual falarei logo adiante, advém desse esquecimento fundamental?

Foi necessário que uma cultura inventasse contingentemente o que chamamos de ciência que, por sua vez, a desobedece, a esquece, a critica, a contradiz e a destrói, para que essa ciência subitamente se religasse com a própria natureza, que partiu em busca de seus marcadores de tempos perdidos e acabou por decifrar sua antigüidade. Como se a natureza desempenhasse o papel de uma espécie de inconsciente das culturas, como se elas devessem calar-se para que seu conhecimento, entendam por essa palavra, pouco usada e de extrema preciosidade, o melhor de seu saber. As culturas bloqueiam a lenta duração natural a fim de favorecer a emergência de outros canais mais rápidos de escoamento do tempo. Elas se originam da natureza para se desviarem dela. Além disso, condicionada de forma ainda mais tardia por uma cultura à qual ela se opõe, a ciência confunde esse mecanismo. O saber recupera os bilhões de anos que existem em nossas falhas memórias; é essa lembrança que constitui *o* saber.

Oral, escrito

Para datar, a ciência deve procurar vestígios nos conservatórios em que são guardadas as informações. Em seu estado oral, ainda bastante fiel, a memória não se separa do corpo individual ou fenotípico; nosso cérebro contém zonas mnemônicas; os gestos, movimentos e posturas ficam inscritos em esquemas cujo dinamismo retemos. As coisas repetidas em família e nos espaços públicos produzem um outro tipo de acumulação; as festas, danças, cantos, discursos, as pregas das saias e a cor do escudo revivificam periodicamente as tradições coletivas; os aniversários e jubileus voltam a ser comemorados para que nos recordemos deles.

De modo arbitrário, pretendeu-se que a história tivesse nascido com a escrita. O trabalho do historiador transita da leitura dos novos conservatórios, como são considerados os manuscritos e pergaminhos, às bibliotecas, cujas coleções guardam marcas escritas sobre os livros, em seguida parte para os campos de escavação onde, por vezes, algumas pedras trazem inscrições, enquanto outras permanecem mudas. Já a memória sai do corpo e se exterioriza. Repito, o esquecimento transpassa todas essas acumulações: a amnésia alivia e redimensiona nosso passado. No que nós indivíduos e grupo nos transformaríamos se nos lembrássemos de tudo? O incêndio das bibliotecas constituiu um ultraje à nossa Antigüidade; alguns exércitos bárbaros deixaram ruínas que precisam ser novamente decifradas após a passagem dos hunos ou de nossos engenhosos bombardeios. A história contada em atos de guerras e incêndios destrói o que ela própria tenta reconstruir em textos; desfazemos com uma mão o que tecemos com a outra.

A *longa e universal memória dos seres vivos*

Muito mais poderosa e resistente, a terceira memória produz o nosso corpo que, de certa maneira, desenvolve seu genoma. Em todo ser vivo, inclusive em nós mesmos, os genes funcionam como a memória da espécie e, de modo mais geral, como a do ser vivo. Contrariamente à nossa memória, da qual nos queixamos, a terceira memória raramente falha; quando ela se engana, denominamos isso mutação, que pode ser letal ou, por vezes, favorável; nesse último caso, ela pode ser seletiva. Essa acumulação passiva da vida e da espécie na qual o indivíduo se comporta como um intermediário, esse acúmulo de energia suficiente para decifrar seus códigos e investir esse tesouro em uma construção visível e móvel no espaço, nós os trazemos conosco sob a forma do ADN, assim como o faz um determinado paramécio, uma campânula e até mesmo um polvo.

De uma memória à outra, passa-se da existência individual e singular ou das culturas locais diferentes e, por vezes, de sua história, ao universal, não somente da espécie ou do gênero, mas de todos os reinos conhecidos, desconhecidos e possíveis. No primeiro caso, possuímos graus diferentes na memória; no segundo, vivemos como memórias. Descoberta no decorrer da última metade do século, a universalidade do código genético reúne os homens e até as bactérias mais elementares: todo ser vivo traz consigo a marca de nascimento da vida que ocorreu há mais de três bilhões de anos. Recordamo-nos de tempos inconcebíveis.

Os *lapsos da memória*

O encontro de dois ADN, macho e fêmea, da mesma espécie, ativa com sua energia a acumulação passiva da informação. A memória se lembra disso: o genoma funciona como a memória de todos os seres vivos e da espécie em particular, sempre lembrada no interior dos indivíduos. Essa lembrança raramente falha, a não ser em casos de esterilidade, falsas gestações e abortos que devem ser novamente contabilizados nos lucros e perdas da seleção natural.

Nos pastos nunca se viu uma vaca comportar-se diferentemente de uma outra vaca, ou seja, levantar-se sobre duas patas, dançar ou cantar a não ser com seus mugidos; ninguém possui melhor memória que um animal, uma planta, uma alga, nada existe de mais fiel que um ser vivo. Ele se recorda tão perfeitamente que por vezes o qualificamos de autômato genético. A mutação e a seleção, os dois operadores darwinianos, podem ser definidos como lapsos excepcionais dessa lembrança perfeita. Nossos neurônios têm memória curta; nossos escritos têm memória breve e lacunar; o ADN possui uma memória mais vasta. As espécies vivas são lugares de memória; os homens abandonam esses lugares.

Quarta memória: os estratos frios

A descoberta de tesouros inertes precedeu de vários séculos a descoberta mais recente dos genes. Foi necessário encontrar neles depósitos e acumulações, abri-los e decodificar seus segredos. Sob a superfície da terra e, por vezes, a céu aberto, as falésias e os abismos mostraram os primeiros bancos mnemônicos; os naturalistas descobriram os fósseis. Essa prospecção se inicia a partir da Idade Média com Alberto o Grande e prossegue nas obras de Agrícola,[19] Palissy[20] e Leonardo da Vinci. No livro *La*

[19] Georg Bauer, conhecido como Agrícola, mineralogista alemão (Glauchau, Saxe, 1494 – Chemnitz, 1555). É autor de diversos tratados que sintetizam os conhecimentos mineralógicos e as técnicas de mineração e metalurgia de sua época: *De re metallica* (1530), *De natura fossillium* (1546). (N.Ts.)

[20] Bernard Palissy (Agen, 1510 – Paris, 1589 ou 1590). Ceramista e erudito francês que, além de artista, estudava também a geologia, a física, a química e a agronomia, sobre as quais publicou inúmeras obras. (N.Ts.)

Montagne (A montanha), Michelet,[21] que conseguiu completar sua obra histórica composta de quatro volumes sobre história natural, fato aliás raríssimo na cultura ocidental, dá o nome de páginas às camadas e estratos de cores e formações diferentes; aos paredões rochosos que formam suas compilações, ele dá o nome de livros e as altas sierras são denominadas bibliotecas. Por meio dessa imagem, ele transpõe a lacuna que separa a história humana das ciências objetivas da Terra e da vida, mas, ao transpô-la, ele ainda confunde uma margem com a outra; tanto Newton como o arcebispo de Canterbury calculavam a idade da Terra por meio das gerações compiladas pela Bíblia, assim como o vigia do Museu de História Natural acredita que a Terra vive no mesmo ritmo da linguagem: lemos que o mundo é constituído por pilhas de páginas, como se fosse um livro.

Em minha infância, encantava-me com Júlio Verne, com o capitão Nemo imerso na classificação dos peixes, que o autor copiara de algum manual de ictiologia, ainda que jamais houvesse navegado pelo mar; encantava-me igualmente com um jovem espeleólogo dinamarquês que, juntamente com seu tio, partira das profundezas de um vulcão da Islândia em direção ao centro da Terra, para depois reaparecer, expelido como uma bomba por uma erupção do vulcão Stromboli; seguindo pelo caminho sob a iluminação trêmula de algumas tochas, eles esquadrinhavam a sucessão de camadas geológicas sem dúvida recopiadas de Lyell[22] e de Boucher de Perthes.[23]

O que vêem esses aventureiros ao longo dessa anamnese? O que lhes mostra sob a terra essa nova *facilis descensus Averni*, essa fácil imersão no interior dos infernos do Averne?

---

[21] Jules Michelet (Paris, 1798 – Hyenes, 1874), historiador francês autor de uma famosa *História da Revolução Francesa*. No final de sua vida, dedicou-se ao estudo dos mistérios da natureza e da alma humana. (N.Ts.)

[22] Sir Charles Lyell (Kinnordy, Éscocia, 1797 – Londres, 1875), geólogo britânico especialista em fósseis do Período Terciário, que definiu os estágios eoceno, mioceno e plioceno. Foi um apaixonado pela migração e a origem das espécies, e influenciou Darwin. (N.Ts.)

[23]Jacques Boucher de Crèvecœur de Perthes, (Rethel, 1788 – Abbeville, 1868), pré-historiador francês, que depois de descobrir nas proximidades de Abbeville em meio aos vestígios de ossos de espécies animais desaparecidas alguns instrumentos de sílex, chegou a conclusão de que haviam existido homens pré-históricos. Algumas de suas obras, como *Antiquités celtiques et antédiluviennes* [Antigüidades célticas e antidiluvianas], 1847-1860 , lhe valeram duras críticas. (N.Ts.)

Diálogo dos mortos, silêncio dos muros

Ao entrar no abismo, Ulisses, Platão no *Fédon*, Enéas ou os tagarelas que constituem os personagens do *Diálogos dos mortos*, de Luciano,[24] precipitam-se nas profundezas da terra em busca de recordações e vinganças; eles ainda consideram esses lugares como memórias humanas. Leibniz, diretor das minas do Harz e o primeiro autor de uma *Protogaea*, os geólogos do Iluminismo e os do princípio do século XIX abriram os túmulos das memórias terrestres — os fósseis emergem dos fossos — nos quais jazem as idades perdidas. Uma surpreendente descoberta os aguarda: a de que tínhamos a memória curta; que não conseguíamos apreender a extensão do tempo porque considerávamos a Terra como o receptáculo de despojos recentes, quando, na verdade, ela guarda ossadas de ancestrais multimilenares e restos de eras sem homens e mesmo sem seres vivos anteriores a eles. Acreditávamos que éramos os únicos a praticar os ritos das obséquias, enquanto a Terra enterra, ela mesma, seus próprios elementos.

Ao discorrerem sobre a Atlântida submersa, os sacerdotes egípcios, guardiões dos templos de Saïs, apesar de suas gabolices relatadas no *Timeu* de Platão, remontavam apenas a idades próximas; nem Homero, Virgílio ou Luciano aventuravam-se tão profundamente ou tão longe. Sob a terra, eles ainda permanecem na História falada ou escrita por meio da linguagem. O próprio Lidenbrock e seu sobrinho, sempre precedidos pelas inscrições de Arne Saknussemm, e o próprio Júlio Verne, que cita Virgílio, encontraram no fundo do abismo um ancestral dos humanos que pastoreava uma tropa de assombrosos sáurios, *immanior ipse*,[25] ou seja, uma tropa monstruosa que tinha um guardião ainda mais monstruoso. Todos se situam quase dois ou três degraus abaixo de uma escala de bilhões de anos. A presença dos homens bloqueia a do mundo. No momento em que

---

[24] Luciano. *Diálogos dos mortos*: versão bilíngüe grego/português, tradução, introdução e notas de Henrique G. Murachco, São Paulo, Palas Athena, Edusp, 1996. (N.Ts.)

[25] A citação latina que certamente deixou perplexos muitos jovens leitores de Júlio Verne (e mesmo os menos jovens) pode ser traduzida por "uma tropa monstruosa, um guardião mais monstruoso ainda", ela é, de fato, o título de um capítulo do livro *Notre Dame de Paris*, no qual Victor Hugo (1831) descreve o personagem disforme do tocador de sinos Quasímodo, cujo aspecto é muito mais amedrontador do que o das estátuas demoníacas esculpidas na fachada da igreja gótica da qual ele é o guardião. (N.Ts.)

esses exploradores do abismo se defrontam com vestígios familiares, eles param e falam. Eles continuam a falar sempre indefinidamente. Mesmo nas extremas profundezas dos mundos subterrâneos, o discurso não se interrompe, o livro não supõe senão um livro, os homens relacionam-se entre si, as palavras ressoam entre elas, a história e as ciências humanas permanecem entre si mesmas. Acusamos a Bíblia de bloquear o conhecimento, seria mais válido acusar o livro em geral, a escrita, a linguagem e as relações humanas por esse bloqueio. A Bíblia serve de emblema para todos eles. Visitantes de carne e osso e sombras cadavéricas dialogam, divertem-se com as lutas nas altas esferas e assistem a suplícios terríveis, cegos em relação ao silêncio das muralhas infernais. Apenas Dante, um apaixonado por vinganças e pela história local, descreveu um pouco a arquitetura mundial das esferas subterrâneas. Os outros que já desceram aos infernos continuam a viver entre si, como se estivessem sobre a terra. Perpetuam sua conduta terrestre e identificam os adversários, jamais o rio e suas duas margens. A política comove até mesmo os Infernos. Feridos pelo ressentimento, eles se lembram dos últimos quinze minutos, jamais dos milhões de anos conservados pelas muralhas que remetem a seus ouvidos os ecos recentes de uma história que os separa, surdos diante do longo silêncio que os uniria. Esses rivais de uma breve história não duvidam de que um mundo comum, extraordinariamente longo, formou seus ossos, sua carne, seus membros e, sem dúvida, sua palavra. No rio Lete,[26] um esquecimento mais profundo os aguarda. Eles não têm nenhuma dúvida porque as muralhas e a terra não falam, são lugares de memória cujas lembranças jamais foram ativadas. É preciso decodificá-las, traduzir seu silêncio numa língua.

Se os seres vivos desfrutam simultaneamente da memória e da lembrança, os objetos inertes só dispõem da memória passiva; guardam o tesouro, mas não falam dele; devemos fornecer-lhes a atividade da lembrança. Melhor ainda, é essa memória muda que define o inerte. O que é uma coisa? Uma memória sem lembrança, uma passividade mnemônica. Matéria significa a mãe: subjacente às breves gerações sobre as quais as almas tagarelas continuam a discorrer, pode-se ver a imensa genealogia da Terra, nossa mãe silenciosa. As ciências decifram o silêncio de seu ventre. Como?

[26] No rio Lete – esquecimento em grego –, as almas bebiam a água quando estavam prestes a reencarnar e, por isso, esqueciam-se de sua existência anterior. (N.Ts.)

O *calor deve ser levado em consideração...*

Se a estratigrafia empilhada, ao longo da qual esses exploradores das profundezas caminham, conserva as marcas do tempo, ela também possui a fragilidade do frio que é um péssimo cronômetro. Ele indica a duração, mas só permite que se veja seu fluxo na disposição relativa das camadas, que possuem diferentes espessuras, e no lento desgaste das rochas que as compõem. No processo de resfriamento, o calor, o melhor dos marcadores de tempo, calcula mais rápido. Buffon[27] levava esferas de terra misturadas com ferro à incandescência, em seguida deixava-as resfriar e calculava a idade do planeta a partir desses modelos reduzidos. Nem mesmo Newton ou seu universo de forças possuem memória; as esferas quentes de Buffon acumulam energia sob a forma de calor e funcionam como as contas em um banco que dilapidam suas moedas no processo de resfriamento; estamos diante de um novo relógio. Ele contabiliza não o tempo reversível à maneira de Newton, como indica meu relógio de pulso, mas o tempo reversível e entrópico do desgaste de suas engrenagens e de seu envelhecimento.

Ao penetrar mais profundamente que a imaginação de Dante ou de Verne, até os estratos visíveis e frios das lentas placas tectônicas que navegam sobre o magma incandescente, os geofísicos igualmente descobrem que, como um relógio, as erupções vulcânicas e os sismos constituem etapas do resfriamento da Terra, mas por enquanto seu quadrante continua misteriosamente irregular. O esvaziamento da conta bancária de objetos celestes mais ou menos candentes exibe mais regularidade. Adivinhamos seu calor por meio de sua cor e medimos sua idade graças a esse critério. Como descobrimos sobre o espectro de cada um deles uma decalagem em direção ao vermelho, supomos uma expansão do Universo e calculamos sua proporção conhecida como a constante de Hubble.[28]

... embora menos que a radioatividade

Mais tarde, o relógio do calor é substituído pelo dispositivo dos marcadores de tempo radioativos. O verdadeiro caminho não passa pelo infer-

---

[27] Georges Louis Leclerc (Borgonha, 1707 – Paris, 1788). Conde de Buffon, naturalista e escritor francês. (N.Ts.)

[28] Edwin Powell Hubble (Marshfield, Missouri, 1889 – San Marino, Califórnia, 1953), astrônomo americano. (N.Ts.)

nal Averne, situado na costa de Nápoles, nem pela cratera do Sneffels, na Islândia, por onde os aventureiros de Júlio Verne transitam, mas pela escala da miniaturização que vai do cristal às moléculas e dos átomos às partículas. A emissão permanente dos elementos radioativos dissipa as partículas de forma bastante visível. Torna-se suficiente, portanto, contar os isótopos do urânio e do chumbo.

O tempo do relógio de Newton não indicava a idade das coisas; no começo, os opositores de Darwin foram recrutados muito mais entre os newtonianos do que entre os religiosos. Para alcançar o tempo irreversível e poder quantificá-lo, foi preciso que Buffon, Fourier, Lorde Kelvin, Hubble e muitos outros estudassem o calor, que Becquerel descobrisse a radioatividade; que em seguida aparecesse o urânio 235 e o plutônio, que as bombas atômicas explodissem após o Projeto Manhattan, que a queda dos asteróides fosse levada a sério. Foi preciso, enfim, que Patterson[29] encontrasse a solução adequada ao datar cinco desses meteoritos, entre eles o do Cânion do Diabo no Arizona. Como o urânio se transmuta em um vil chumbo? Os 4,55 bilhões de anos do planeta podem ser deduzidos da resposta a essa questão.

Em princípio, todas as coisas se comportam como memórias. O banco Universo contém as contas. Todas as coisas se convertem em números, o mundo memória conserva os vestígios de tudo isso.

Defesa e ilustração do realismo

O fato de os objetos se comportarem dessa maneira incita intensamente nosso modo de pensar: acreditamos que os sujeitos, como especialistas humanos que são, datam os objetos que foram nomeados, descobertos, desenterrados, purificados e mensurados por eles. As faculdades de inteligência e memória, os atos de ler, escrever, discernir e calcular evidentemente lhes pertencem e não aos objetos que estudam.

A idéia contrária, anticientífica, retornaria ao animismo. Acabo de dar o nome de memórias às camadas estratificadas, aos fósseis, aos isótopos

[29] Clair C. Patterson (1922-1995), geofísico americano. Em 1953, ao medir as composições isotópicas do chumbo encontrado em meteoritos, Patterson foi capaz de determinar a idade da Terra em 4.550 milhões de anos. Além de ser o responsável por um dos maiores feitos da ciência na área da geoquímica, seus estudos o levaram a comprovar também os prejuízos causados pela concentração de chumbo no organismo humano. (N.Ts.)

do chumbo e do urânio. Comparados aos inomináveis fragmentos do esquecimento humano, o que existe de mais fiel, exato e confiável do que esses conglomerados? Emissivos, alguns deles sabem até mesmo enumerar partícula por partícula. Nas coisas do mundo não acreditamos na existência de funções exclusivas do entendimento humano? Não me refiro à denominação vaga da palavra alma, mas a elementos cognitivos?

O idealismo considera que as coisas, sejam elas individuais, subjetivas, coletivas, corporativas, científicas ou políticas, só existem em nossas representações e por meio delas. O realismo acredita que as coisas existem independentemente de nós. Emprego o verbo acreditar propositalmente. Se, com efeito, o idealismo pode ser efetivamente demonstrado, uma vez que a própria reflexão situa-se do lado do entendimento e não do lado das coisas surdas e mudas, a defesa do mais frágil realismo do mundo só pode ser feita por meio de uma crença advinda dos sentidos, da experiência rudimentar e até mesmo da religião. Os realistas acreditam na realidade das coisas como os místicos acreditam em Deus, por tê-lo constatado. Apesar dessa fragilidade, eu nunca soube e nem pude afastar-me do sólido realismo, visto que, para mim, os anódinos idealistas parecem nunca ter sofrido por causa do mundo; criados em meio à maciez do algodão, protegidos, os ricos, os poderosos e seus filhos acreditam que todas as coisas do mundo lhes obedecem como seus empregados domésticos o fazem.

Deixando de lado essa polêmica em que a crença é abandonada, surge um outro argumento influenciado pelas disciplinas nas quais acabo de me inspirar, como a estratigrafia, a termodinâmica, a radioatividade e, por vezes, a bioquímica: as funções elementares que utilizamos melhor e mais completamente ou, por vezes, menos regularmente em nossas representações, ocultam-se, esboçam-se e começam no interior das coisas reais. Para servirmo-nos de um outro exemplo, em milhares de espécies de seres vivos, por vezes bastante "inteligentes", irradiam-se múltiplas formas de comunicação que as performances de nossa linguagem reúnem e combinam de maneira mais completa. Integramos o *savoir-faire* de um bom número de seres vivos; fazemos o mesmo com o inerte. O cognitivo percorre o interior da vida e da matéria.

As discussões que opõem realismo e idealismo tentam interpretar o fenômeno, ou seja, a aparência, a aparição, a epifania ou o não-manifestado e, se desejarmos, o próprio Deus oculto; essas discussões supõem um espaço vazio no interior do qual se realizam as cenas da representação, mas possuem pouca noção do tempo, tão universal quanto o Universo e mais resistente que todas as coisas do mundo. São precisamente essas coisas que memorizam e se recordam. Eu mesmo me lembro, em parte porque meu corpo e meu cérebro, equipados por matérias e formas análogas às que equipam as coisas, também sabem acumular o tempo e depois descarregá-lo. Coletivamente lembramo-nos porque soubemos explorar as propriedades dessas mesmas coisas que sabem escrever umas sobre as outras, como o entalhe do cinzel sobre o mármore, as manchas de tinta sobre o papel branco ou os circuitos de *chips* eletrônicos. Participo das coisas porque possuo memória. Como coisas, elas também a possuem. Sob esse aspecto, as coisas e o mundo não existem nem mais nem menos do que eu e do que qualquer coletivo no qual estou inserido. O idealismo supõe um combate do qual saímos vencedores; vejo a parte equilibrada ou nula. Pior que isso, não enxergo mais a fronteira que separa e opõe os homens e o mundo.

Não retorno a um animismo desacreditado; não digo que as coisas possuem alma, nem intenções maléficas ou benfazejas. No entanto, brilhantes inspirações surgem nessa direção aparentemente estéril que não foi desprezada pelos estóicos, por Leibniz ou Bergson, parecendo veias de ouro. O ato do conhecimento não associa um pólo-sujeito ativo a um outro pólo-objeto passivo, mas ambos participam conjuntamente desse ato em que as condutas são partilhadas, mesmo se a última dessas duas instâncias desempenhe apenas um modesto papel. Mesmo assim ela exerce um papel fundamental e a cada recomeço de jogo ela reinterpreta os movimentos iniciais. Se tivéssemos continuado a estimar a idade do mundo com os mesmos métodos, pelo número de gerações, pela densidade das falésias, pela radiação térmica, jamais teríamos encontrado a solução. Foi necessário que surgisse um outro objeto, um determinado elemento na composição de um meteorito no qual jazia uma memória eficaz. Tanto as coisas quanto o método são convincentes. O real estimula o ato de conhecer tanto quanto é estimulado por ele. Suas faculdades se reúnem às nossas em um ciclo auto-organizado.

Essa conclusão ressurge de um modo tão universal que sua audácia é apenas aparente. Não resta dúvida de que isso ocorre em razão desse par: sujeito ativo, objeto passivo. Passivos, nós também obedecemos à *libido dominandi*, à nossa paixão intensa pela dominância, sempre a primeira a ser levada em conta. Continuamos, assim, a linhagem dos dingos e dos wapitis, animais que, como nós, se submetem aos vencedores. O idealismo se reduz a uma forma de dominância parasita. O realismo pratica a simbiose, introduz-se nas coisas e colabora com elas. Em sua gênese, o conhecimento, cujo prefixo associa os sujeitos às qualidades íntimas dos objetos, assume seu lugar em nossos atos simbióticos. Uma filosofia da natureza restitui a dignidade a essas coisas-memórias de que sempre nos esquecemos.

Lugares de esquecimento

Homo sapiens obliviosus [*Homo sapiens* esquecidiço]. Indivíduos distraídos, não somos apenas você e eu que esquecemos; não são apenas nossas culturas e suas histórias que constituem seu passado a partir de um amontoado de mentiras; mas é o ADN de nossa espécie que parece ser programado para a desprogramação. Não lembrar de si mesmo ou da história, até mesmo perder a memória da espécie, nos condiciona à aprendizagem, à adaptação rápida, à desobediência e à invenção. Penso como um ser vivo que tem lembranças descontínuas e memória lacunar. No decorrer da Grande Narrativa, o esquecimento torna-se, pouco a pouco, algo próprio do pensamento, assim como do gênero humano; e isso a tal ponto que, durante milhões de anos, nos esquecemos até mesmo do mundo, cujo passado colossal de uma ou duas gerações anteriores não conseguimos recordar.

Vivíamos, vivemos e pensamos em lugares de esquecimento, como na fazenda alpina ou diante do Grande Cânion. Não devemos nos lamentar dessa debilidade, nem da evaporação do passado; sem essas deficiências retornaríamos ao estado hipermnésico da vaca ou da seringueira.

Protestemos contra a tradição inversa, que afirma que as águas correntes não possuem memória, e contra o mito grego do rio do esquecimento. Ao contrário, todo rio cava seu leito para conservar um lugar no qual dormir, abandonando-se, assim, à sua labilidade; tente desviá-lo e retirá-lo dessa memória colossal, ele irremediavelmente retornará ao talvegue, mesmo que para isso leve muito tempo. Apesar do que diz a canção, ninguém jamais viu o rio Garonne deslocar-se para reaquecer o pólo. Ele repousa em seu leito interminável como a vaca em seu nicho-pasto; quando transborda, suas dimensões só conseguem invadir um outro leito maior do que ele. Nenhum rio jamais se esquece das sinuosidades de suas duas margens, nem de suas águas, não importa o que Heráclito tenha dito sobre isso: essas águas evaporam, por vezes deslizam sob as rochas e as flores do campo; se chove, as mesmas ondas lentamente retornam em um ciclo estatístico. Todo mundo se banha quase sempre no mesmo rio, de curso estável, margens maleáveis e fluxo recorrente. É na fluidez do sistema ou na flutuação universal que o rio exibe seus ritmos amplos e incertos. Suas águas se deslocam mais do que são absorvidas por seu leito. Como todas as coisas, ele também se lembra.

Todas as coisas possuem memória, mesmo as águas correntes. Somente nós esquecemos que nos banhamos no mesmo rio: a expressão de Heráclito é testemunha de nossa distração. Distraídos, sempre acreditamos que nos banhamos num outro rio. Freqüentemente, nossas recordações se reduzem a algumas amnésias, omissões e negligências rapidamente reorganizadas. A formação das diversas matérias e a evolução dos seres vivos são ambas constituídas por memórias rigorosamente fiéis, razão pela qual seguem leis gerais e racionais. Fragmentadas, lacunares, infiéis e imprecisas, apenas nossa vida e nossa história desconhecem as regras de um mundo em que não existe esquecimento. Leais, as coisas dizem a verdade. Por sermos desonestos ou distraídos, nós mentimos. E se todos nossos conhecimentos se iniciassem a partir de omissões? E se nossa inteligência se esforçasse incessantemente em rearranjar esses fragmentos que foram bruscamente separados?

Não vivemos nem submetidos às leis como o inerte que tem memória, mas não lembrança, nem como os outros seres vivos que, como indivíduos, são dotados de lembranças e como espécie possuem memória. Nosso gênero as perdeu assim como perdeu tantas outras funções e características. Para poder obtê-las novamente nós as exteriorizamos nos seres vivos ou em objetos, sob esse ponto de vista mais bem dotados do que nós. Em contrapartida, vivemos como o inerte sem nos lembrar e como os seres vivos por possuirmos alguma memória: somos diferentes, mas somos parte integrante deles.

A *questão do sujeito*

Uma vez mais, *quem* é que possui a memória? A tradição responde: os homens, sua cognição, sua função mnemônica, as marcas de sua escrita, gravadas ou desenhadas, e decifradas por eles. Não, pois as próprias coisas memorizam sozinhas e de forma direta. O passado se inscreve nelas, é suficiente apenas que seja decifrado. As poeiras e partículas de ar caem todos os anos com a neve e são conservadas pelo gelo, as amostras retiradas dos glaciais da Groenlândia identificam há centenas de milhares de anos o estado da atmosfera, pelo menos aproximadamente. A densidade do gelo desempenha o papel de memória.

É ainda na memória que nós nos descentramos. O que dizíamos de nós mesmos, língua, vestígios, símbolos, signos e sentido, escrita e memória, cognição e *cogito*, tudo isso de algum modo presentifica-se e serve de suporte à memória. Por meio da linguagem, a Grande Narrativa dos tempos imemoriais curto-circuita a mediação da linguagem. É daí que surge o estatuto das línguas e o de nossa inteligência: intermediários entre o próprio mundo e entre as coisas do mundo, eles se constituem, em suma, num tipo de ruído parasita.

Um elogio a Sara

Vamos abrir parênteses para uma pequena cena: o experimentador solicita a Sara, uma célebre fêmea de chimpanzé, que separe as figuras dos animais de um lado e, do outro, as dos humanos. Como resposta, a chimpanzé coloca as fotos dos cães, gatos e até mesmo as fotos de seus irmãos, mãe e pai do lado esquerdo; em seguida, à direita, coloca mulheres e crianças; quando encontra sua própria imagem, ela a coloca entre as dos humanos. Felicitemos Sara que, ao se reconhecer como parte dessa espécie, sem errar, os definiu como animais que separam, escolhem e classificam, visto que ela mesma se dedica à classificação.

Sara nos indica, porém, a via da evolução que nos separa dela: mais macaco, mais animal e mais coisa do que ela, faço um retrocesso na duração para observar que, com seu faro, os cães distinguem os odores dos alimentos ou os eflúvios de uma cadela no cio; que a partir de seus sítios ou dobras estereoespecíficas, as proteínas designam algumas e recusam outras; que um determinado álcool reage apenas a um certo ácido; que o gênio de Maxwell[30] faz a triagem das moléculas frias e quentes, lentas e rápidas, embora elas não se separem? As bifurcações resolvem a questão da classificação; datam o aparecimento de determinadas propriedades: Ao produzir sujeitos ou objetos, o tempo constrói o que a lógica desconstrói. Existe qualquer atividade que algum animal, planta, alga, algum corpo rudimentar ou um de seus componentes não partilhem conosco? Muito

[30] James Clerk Maxwell (Edimburgo, 1831 – Cambridge, 1879), físico escocês que produziu trabalhos nos domínios da eletricidade, do magnetismo e da teoria cinética dos gases que forneceram os contextos necessários para a passagem da física newtoniana à física contemporânea. Sua obra constitui um marco essencial no desenvolvimento da ciência moderna. (N.Ts.)

mais do que fazer ou desfazer a absurda pergunta sobre o que é próprio do homem, deixemos que o tempo resolva isso: em que época a Grande Narrativa inventou tal atividade?

Coisas, códigos, causas: incursão no ato de conhecer

Que a cera seja talhada pelo estilo, o papiro ou o papel sejam manchados pela tinta, a tela seja colorida pela paleta e o mármore seja esculpido pelo cinzel são fatos objetivos, ou melhor, interobjetivos, que condicionam até mesmo a escrita humana, as artes e nossas condutas simbólicas. Com um só movimento fabricamos memórias artificiais em bibliotecas ou *servidor farms*[31] e descobrimos no interior dos cristais e das moléculas, dos polens e das estrelas as marcas e vestígios de um passado por vezes colossal. Obrigar a natureza a obedecer-lhes é algo igualmente válido para nossas performances cognitivas.

A massa que desce pelas encostas das geleiras acumula-se e projeta diante de si um conjunto de rochas detríticas que recebem o nome de *morenas*;[32] elas são o resultado e o testemunho dessa dinâmica. Quando as forças atuam na escala das altas energias damos a elas o nome de causas; quando atuam na das baixas energias, elas deixam vestígios. Vocês vêem a *morena* como efeito ou como vestígio fóssil. As coisas não se reduzem às causas, mas igualmente enunciam códigos. Na verdade, elas agem umas sobre as outras e se identificam entre si. No interior da física não existe nada além da física; ou então, seria necessário distinguir duas delas: a física matemática de Timeu, de Galileu, de Dirac,[33] e a de Critias,[34] há muito tempo desqualificada; a física que induz e a que narra a história das coisas; a que pode ser experimentada no laboratório e a que nos restitui o mundo. Essa segunda retorna doravante como ciência exata, o que permite que as

[31] No original: *fermes d'ordinateurs.* No Brasil é usado habitualmente o termo em inglês *servidor farms*, que significa um conjunto de computadores agrupados numa mesma sala que funcionam como servidores, normalmente executando uma só tarefa comum. (N.Ts.)

[32] No original *moraines.* (N.Ts.)

[33] Paul Dirac (1922-1984), cientista inglês, Prêmio Nobel de Física de 1933, juntamente com Erwin Schrödinger, pela descoberta de novas formas produtivas para a teoria atômica. (N.Ts.)

[34] Critias, c. 450-404 a..C., líder político-oligárquico, mentor dos Trinta Tiranos impostos aos gregos pelos espartanos . Adquiriu fama por sua crueldade sangüinária. (N.Ts.)

duas se equilibrem: com certeza, a primeira busca os efeitos das causas, a outra encontra vestígios dos códigos. A narrativa datada assume um lugar ao lado das manipulações refinadas e das equações racionais. As coisas mais duras exibem alguma face doce; certamente materiais, elas também se engramam e se programam como softwares. Existem softwares nos hardwares.

A "natureza" é semeada de programas não apenas no interior de nossos cérebros, mas também no Universo. As coisas mais complexas revelam causas e códigos. Ao lado da física das forças falta-nos uma teoria geral das marcas, dos traços e dos sinais para nos ensinar a lembrar do mundo e de como ele se lembra, para escrever como ele e sobre ele; coisas são também símbolos. No interior da química existe apenas a química: por que um determinado elemento reage ou não em presença de um outro? Por que ele o prefere? Qual de suas "faculdades" escolhe? As grandes massas escrevem, as moléculas lêem. Mais ainda que o inerte, o ser vivo escreve, lê, decide, escolhe, reage. Por muito tempo acreditou-se que ele era dotado de intenção. Uma hora de bioquímica permite reconhecer rapidamente a astúcia refinada das proteínas.

Existe uma inteligência das coisas e dos seres vivos? O natural adormecido contém em si o germe luminoso do cultural? O ruído de fundo do mundo murmura como um *prae-cogitat* [cogitação].

O *gnômon e o transcendental*

Essa descoberta é muito antiga: de gênero neutro, o termo gnômon que na língua grega designava o eixo do quadrante solar, significava "o que compreende, decide, julga, distingue, interpreta, o que conhece"; como se a coisa já conhecesse. Ao interceptar a luz do sol, sua sombra escreve sobre o próprio quadrante certos acontecimentos do céu e da Terra, o solstício, o equinócio e a latitude do lugar. Seu funcionamento é automático. Automático significa: sem intervenção da intenção subjetiva e cognitiva. O termo indo-europeu *men* agrupa sob essa raiz mental o termo memória: demente, comentário, menção, mentira, monumento, demonstração, relógio [montre], moeda, [monnaie], como se, nesse sentido óbvio, a palavra também se conduzisse como a memória das páginas que acabo de escrever.

Pode-se afirmar sobre o gnômon: "ele conhece" assim como se diz que "chove". O gnômon tem a aparência de um objeto de arte, embora ninguém o controle. As coisas do mundo se mostram a um objeto que as mostra: inteiramente objetiva, a teoria prescinde do sujeito. Uma coisa, o gnômon, intervém no mundo que lê sobre si mesmo a escrita que ele próprio traça. Essa forma de software intramaterial condiciona nossos desempenhos cognitivos como um tipo de elemento transcendental objetivo.

Nem o conhecimento nem a consciência emergem subitamente para formar o *sapiens.* Múltiplos elementos de sua constituição aparecem a partir do inerte: a escrita, ou o ser vivo: ler, escolher, decidir. Sempre nos esquecemos de como, há muito tempo, o sentido aparece no mundo, mesmo que estejamos mergulhados nele. Como se estivéssemos diante de uma relação transcendental temporal, certas condições do ato de conhecer datam de centenas de milhões de anos.

Nossa Grande Narrativa as restitui.

NATUREZA E CULTURA

O Incandescente

Incursão na Desdiferença

Nossa breve pobreza

Depois de uma precoce decodificação de nosso genoma, processo que acreditávamos deveria durar um tempo muito maior, alguns se surpreenderam com a sua concisão. Afinal, ele conta com alguns poucos pares de bases, cerca de cinco vezes menos que um pequeno peixe tropical de água doce, o dipneusta africano *Protopterus aethiopicus*! Por sermos capazes de dominar os seres vivos devido a nossas pesquisas e técnicas, deveríamos suplantar a todos em riqueza e, no entanto, encontramo-nos reduzidos à miséria. Desde 1970 mais ou menos, felizmente sabemos que não existe nenhuma correlação entre a complexidade do genoma e a do indivíduo. Não resta dúvidas de que somos mesmo pobres.

Especialização e desespecialização

A evolução desenvolve-se como uma árvore cujos galhos se dividem em ramificações cada vez mais adaptadas ao meio ambiente. Por meio desse esquema neodarwiniano, bifurcam-se espécies cada vez mais especializadas: uma delas descobre um nicho que, por sua vez, favorece a função específica que se aloja nele e o explora ao máximo. Uma dobra na pele, aparentemente destinada ao equilíbrio térmico, permite aos répteis voar em meio ao ar turbulento e suas asas adquirem envergaduras, perfis e cores infinitas; as aves migratórias desenvolvem um fígado cuja reserva de gordura favorece a migração, outras produzem inumeráveis bicos admiravelmente adaptados à sua dieta; igualmente variam as melodias emitidas durante a estação dos amores. Na amplitude máxima possível da ramificação, a especialização extrema chega a um impasse?

Eu não sei, talvez algum dia alguém saberá, por que saímos desse tipo de duração, por que nos desligamos desse esquema. Uma evolução que para mim parece lançar-se em sentido inverso, e que descrevi em meu livro sobre o Amor,[1] nos desespecializa, nos desdiferencia e nos programa na desprogramação, como se retornássemos aos galhos principais da árvore, até mesmo em direção ao tronco. Esquecemos a especiação, ou seja, a formação das espécies? Em seu sentido mais amplo, essa indiferença, essa não-diferenciação resultariam desse tipo de esquecimento? Esquecemos o mundo e o tempo, esquecemos também nosso programa? Posso denominar nossa espécie de *Homo negligens*? Desliga-se ela da natureza, negligencia por vezes a leitura de seu próprio código? Atualmente, duvidamos até mesmo que se trate de um código. Ao obedecê-lo como autômatos genéticos, outras espécies são capazes de uma leitura melhor desse código.

No decorrer dos tempos, o orgânico inútil e frágil revelou-se um técnico possuidor de todas as valências. Na escala entrópica, a mão desespecializada pode ser denominada ferramenta universal, pois ela bate, talha, esculpe e escolhe, e na escala informacional também, pois ela desenha e conta; ocorre o mesmo com a boca que canta, morde e contesta e, sobretudo, com o cérebro: ferramenta de excelência universal, pois é capaz de abstração. Uma invenção, um novo gesto prático ou ginástico da mão ou do corpo são testemunhos de um esquecimento que não sei nomear?

Em seu avanço, a evolução diferencia; ao suprimir os limites, ela desespecializa e parece retroceder. Ao progredir, multiplica as cores e nuanças; ao recuar, ela parece empalidecer e produzir um candidato à incandescência. Desdiferenciados, esquecidos, empobrecidos, transformamo-nos nos mais desprovidos entre os seres vivos. Seguimos em nossa pobreza.

Uma indiferença incandescente

Sim, descobrimos, como, não saberemos jamais, que essa incandescência mescla e contém potencialmente todas as cores. Ao perder as inumeráveis especificidades, valências e potências reais, o humano portador de valência e potência zero tornou-se, sem dúvida involuntariamente, o portador virtual de todas as valências, totipotente, global e infinito. Esses empobrecimentos fizeram com que ele perdesse sua adaptabilidade a

[1] Michel Serres. *En amour sommes nous des bêtes?*, Paris, Éditions Le Pommier, 2002.

qualquer nicho local, sutil e preciso e não lhe concederam limites, nem definição. Indefinidos, tanto em alguns de nossos órgãos como em nossas possibilidades, transformamo-nos em campeões da inadaptação; não sabemos sequer como nos definir.

Ao recuar no tempo evolutivo comum em razão da desdiferenciação, permito-me afirmar que retrocedemos e passamos de espécies especializadas bem determinadas a um tipo de gênero comum. Afirmo que o homem não especializado se tornou uma contra-espécie: ele literalmente se generalizou. Ao perder as características que especificam, ele nivelou seu programa e tornou-se uma generalidade. O homem constitui uma incógnita x porque possui simultaneamente todos os valores e nenhum valor.

A evolução conduz o homem a essa indeterminação branca. Valência zero, todas as valências; potência nula, todas as potências; não serve para nada, é bom para tudo. Cada progresso, genialidade, invenção ou descoberta é decorrente de recuos, avanços e escolhas no leque de uma totalidade sempre aberta. Em conseqüência, a natureza humana ou, se desejarmos, o nascimento humano pode ser definido como algo sem definição, como uma tendência a esse esquecimento, a essa desprogramação e desdiferenciação. Quem somos nós? Uns indiferentes. Existo e penso a partir de um lugar onde nada me diz respeito.

Finitude

Todas as espécies adaptadas preenchem seu nicho com perfeição. Perfeitas, definidas; finalizadas, completas. Quem não admira a beleza corporal selvagem dos rouxinóis, periquitos ou cascavéis, esculpida durante milhões de anos pela seleção natural? Qual é o artista que dispõe de mais tempo que ela? Com a definição, abandonamos essa perfeição e a exatidão desta finitude; inacabados, tornamo-nos infinitos. Sem nicho, nem berço, sem lar nem caminho, sem fronteiras nem limites. Somos com certeza mal acabados, seguramente imperfeitos, embora lançados num espaço e num tempo imprevisíveis, num universo aberto.

Muitos filósofos lamentam nossa finitude, atitude essa que os faz produzir belas e patéticas páginas. Desprovidos de limites desde nosso próprio começo, encontramo-nos imprevisíveis em um meio ambiente cuja singularidade nunca se adapta à nossa abertura. Não é sem razão que essa infinitude nos provoca medo. De onde viemos? De uma integral definida de bifurcações contingentes ao longo da Grande Narrativa. Quem somos nós? Inacabados. Indefinidos ou sem definição. Para onde vamos? É nessa desdiferença que uma história imprevisível e improvável se inicia.

As *diferenças culturais instrumentalizam-se a partir do indiferente natural*

A partir dessa generalidade, o tempo humano outra vez sucedeu, substituiu e suplementou normalmente a evolução em direção às espécies, embora fora do corpo que permanece incandescente. Com a utilização do processo de aparelhagem ou do exodarwinismo, cujos detalhes evoco em outras partes, a evolução cria instrumentos e cultura por meio da externalização. Enquanto nos pássaros a duração direta e positiva da evolução produz o chapim palustre e demais pássaros, como os piscos e tentilhões, os colibris e os periquitos, dotados de garras, bicos, cores, vôos, envergaduras e musicalidades diversas, nos humanos, depois do recuo e de um novo avanço rumo à desdiferença, ela inventa cassetetes e lanças, lâminas de arado e martelos, as línguas indo-européias dravidianas, as culturas dos índios Kwakiutl, na Colúmbia Britânica e dos berrichões, habitantes da província francesa do Berry: ferramentas e costumes. A desdiferença orgânica condiciona as diferenças técnicas, lingüísticas e culturais que assim se tornam nossas espécies exteriores próprias.

Subjacente à relatividade das culturas, desvela-se a universalidade da natureza corporal. Sim, natureza: assim nós nascemos. Transformado em generalidade, o homem só produz interpretações por intermédio da linguagem e dos costumes, quando os climas, as distâncias, o meio ambiente, a fauna e a flora o transformam num índio maori ou um bretão do sul. No lugar em que todos os outros seres vivos se diferenciam corporalmente em espécies, nós nos diferenciamos culturalmente por meio de famílias de línguas. Diferimos pelos deuses e pelos sentidos porque temos o mesmo corpo desdiferenciado. Desde Adão e de Lucy mudamos muito pouco, mas nos rediferenciamos em mitos, técnicas, modos e cosméticas; por meio do saber e da profissão, como camponês ou pescador que arrasta sua rede pela areia com a ajuda de um cavalo, transformamo-nos em espécie. Já afirmei anteriormente que o corpo humano perde quando se torna estável: meu corpo e minhas glândulas lacrimais se perderam em quarenta volumes de linhas impressas e tinta. O mosaico dos costumes é decorrente da indiferenciação de nossos corpos. Por que separamos a natureza da cultura? Porque buscamos uni-las diretamente, enquanto o que as liga é uma fita de Möbius retorcida. Quando a natureza recua, a cultura explode; a cultura se enriquece na mesma proporção do empobrecimento da natureza.

Além disso, é preciso datar essa passagem: nossa aculturação alcançou uma nova etapa numa evolução colossalmente velha. Objetos das ciências sociais e humanas, as culturas formam uma película temporal ultrafina sobre a densa tessitura da duração dos corpos, objetos das ciências do ser vivo e, em breve, das ciências cognitivas. Devemos nos habituar a considerar esse recém-nascido completamente nu e enrugado, que mal saiu do ventre materno, como milhões de vezes mais antigo que as esculturas gregas dos ídolos cicládicos ou os desenhos de Lascaux. Ancorada em um tempo de amplas proporções, uma quantidade considerável de novas culturas recobre com alguns milímetros a universalidade da natureza. A relatividade de costumes e usos deve-se também à sua característica inovadora; a estabilidade dos corpos também se enraíza nessa ancianidade.

Denominemos de história a mudança do curso da evolução levada a cabo pelas culturas. Mais adiante falarei dessa transformação e dessa mudança de curso. Talvez tenhamos nos afastado dela para nos proteger; quanto mais nos protegíamos, mais devíamos projetar novos artefatos na linha do tempo para que pudéssemos nos proteger ainda mais, visto que, aos olhos da evolução, nosso corpo, menos evolutivo em relação aos artefatos, tornava-se cada vez mais frágil. Sem dúvida, isso pôde ocorrer desde nosso começo e continua até hoje. Esse circuito alimenta o fluxo da história que se aparelha continuamente de um corpo que evolui cada vez menos e permanece como nosso ancestral comum, que sempre evolui pouco, embora permaneça contemporâneo e ancestral. É preciso juntar esse capítulo ao *De senectute* de que falamos anteriormente. Vivemos todos como os primitivos Eva e Adão, embora recentemente tenhamo-nos tornado hominescentes.

O *corpo em pedaços e os quase-objetos*

Uma expressão resume e introduz essa história: “Este é meu corpo.” Este objeto substitui meu corpo, é criado por ele, separa-se dele. Este martelo substitui meu punho; este cabo, meu antebraço; esta roda, meus calcanhares, quadris e joelhos; a corda do arco substitui meus músculos tensores e tendões. Partilhe deste corpo ancestral, presente em todas as línguas, em todos os costumes, em todas as culturas do mundo. As culturas o dividem em pedaços, reproduzem-no e o devoram, nutrem-se dele de todas as formas. Derivadas das técnicas mais elementares, avatares do corpo dividido em pedaços, as culturas passam a revelar as espécies em que não nos tornamos.

Nada exprime tão precisamente essa evidência quanto o rito arcaico e bárbaro do *diasparagmos*, ou do corpo em pedaços, quanto o culto egípcio de Osíris, de quem sua irmã Ísis procura os membros espalhados ao redor do Mediterrâneo. Ocorre o mesmo com o totemismo, essa filosofia profunda sobre nossas maneiras de produzir. Se pelo menos em nossas cabeças, aqui e agora, pudéssemos reunir todas as culturas da mesma forma como os biólogos classificam as espécies, juntamente com todas as línguas e todos os usos vernaculares, nosso próprio corpo poderia ser reduzido a uma soma assintótica ou virtual. Não uma idéia ou uma noção, mas o corpo de cada um e de todos. Todas as diferenças possíveis, tais como pão e vinho, arroz e cerveja, pedra e bronze, enxada e roda, encontram-se resumidas em meu corpo, no seu e no corpo de todos. Tudo advém dele, é concebido a partir dele, separa-se dele, especifica-se nele; tudo brota dele como de uma fonte eternamente jovem. Nosso corpo, um tronco sem galhos, coberto pelas ramagens culturais.

Ortopedia

Tratemos agora de ortopedia. Para que o aparelho possa emergir do órgão é extremamente necessário que esse órgão se retraia a ponto de ameaçar desaparecer e enfraquecer todo o organismo, colocando-o em perigo de morte. Daí decorre a necessidade de substituição.

Como homens, não possuímos definição. Nesta língua filosófica e especializada de que faço uso apenas em caso de necessidade, poder-se-ia dizer algo assim: nosso corpo produz substitutos porque é privado de substância. Dessas duas palavras semelhantes, uma descreve o fato imergindo-o no processual, a outra imobiliza um erro e promete uma mentira. Substituições ortopédicas: com o coto de um membro amputado, ninguém pode atacar nem se defender, a não ser que se utilize de um martelo ou de uma lança; desse delicado orifício que serve de boca, nada sai de útil a não ser ruídos e gritos, música e linguagem, súplicas e beleza.

Todo ser vivo sobrevive devido a órgãos adaptados. Ele deposita imensa confiança na pinça, no jato de tinta, na velocidade ou no veneno, isso porque a evolução estimula a refinar e reforçar essa solução vital e vitoriosa que se expressa no espinho cada vez mais pontiagudo, no veneno cada vez mais potente, nos bicos longos e resistentes ou astuciosamente sinuosos. A derrota, pelo contrário, conduz à morte, a não ser no caso curioso em que, como boa conselheira, ela incita um animal a cobrir-se de peles externas à sua própria pele, disfarçando seu dorso trêmulo como ele se fosse um teto de sapê. Será que sabemos quantos pereceram antes que esse enorme subterfúgio mostrasse seus frutos? No início foi preciso que muitos de nós morrêssemos; aliás, como crianças frágeis e pobres que somos, sempre estivemos em vias de extinção. Parados no tempo, brincamos com a morte ou a morte se utiliza de nós para brincar. Nossa crueldade decorre disso.

Em decorrência de seu renovado refinamento, nossas técnicas ortopédicas dissimulam um órgão informe que, no interior desse moletom protetor, não cessa de se desdiferenciar. Cada vez mais nos assemelharemos a flácidos fetos dependentes de armas e blindagens, que foram inventadas devido à nossa falta de garras, chifres e bicos.

A *técnica segundo o exodarwinismo: morte...*

Com seus órgãos aprimorados por meio da mutação e da seleção, os seres vivos têm acesso a uma nova conduta obtida sem finalidade. Foi assim que os répteis voaram e se transformaram em pássaros, que antigos habitantes do mar passaram a andar e que os periquitos adquiriram bicos mais espessos, sinuosos e superafiados. Essas novidades, que, a partir de então, exploraram novos nichos, exigem um tempo colossal e, também, um número elevado de organismos não selecionados ou de mutantes não adaptados que, nos dois casos, morrem devido a esses dois operadores fundamentais da evolução. Os bicos espessos eliminam os bicos moles.

Quando temos acesso à técnica, inventamos uma intenção que substitui a ausência de causas finais. O que é a técnica? A produção de uma finalidade numa evolução que não a conhece. Se só Deus sabe como surgiu a primeira pedra, a segunda pelo menos foi talhada por alguém para caçar ou pescar, para aferrar uma presa, para picar, para desmembrar, descobrindo novos meios para alcançar um objetivo, novidade inintencional que exigiu milhões de anos de evolução, além de uma imensa quantidade de mortos eliminados pela mutação e pela seleção. Ao talhar e afiar o sílex, ao forjar o bronze, ao fabricar flechas, lanças e sabres, poupamos, ao menos virtualmente, um imenso número de seres humanos cujas unhas ou presas não teriam obtido a mesma eficácia de corte. Inicialmente, economizamos essa interminável transformação dos órgãos e, por meio desse curto-circuito, também essa impiedosa eliminação. Benefício sublime, a invenção técnica, mesmo a das armas, poupa a obra de morte que a evolução traz consigo. Que os críticos da técnica meditem sobre o cemitério em que nos converteríamos se ela não nos livrasse disso. Em lugar de matar os inadaptados, atiramos nos lixões os aparelhos que não têm mais serventia. O que é a técnica? Uma economia da morte: um número menor de cadáveres. Derrota da evolução necrófaga. Com toda certeza, toda invenção técnica envolve riscos, mas o número de mortos conta pouco diante da imensa quantidade de cadáveres poupados por ela.

Em virtude da inadaptação, enfrentamos a morte e, por isso, inventamos as culturas ortopédicas que, em caso de urgência, podíamos mudar à vontade, sem esperar do banco genético uma adaptação problemática e longa que coloca qualquer espécie em perigo de extinção. O paradoxo contemporâneo irrompe nesse mesmo instante: agora que nossas obras-primas técnicas nos protegem da eliminação, por que razão pensamos, ao contrário, que essas mesmas obras-primas nos conduzem a ela? Não poderemos responder a essa questão a não ser sob a condição de refletir profundamente sobre ela e de compará-la às leis da evolução.

... e da aceleração

Ao externalizar a evolução, nós a aceleramos até o instante em que ela se converte nessa história humana, constituída por gradientes diferenciados de velocidade. O que é a técnica? Uma extraordinária aceleração do tempo dos seres vivos. Essa "aparelhagem" muda tanto nosso ritmo que, uma vez dada a partida, nos impede de avaliar a lenta extensão dos tempos que a precedem. Ela faz com que esses tempos sejam esquecidos. Conseqüentemente, a extrema insignificância da história pode, de certa maneira, ser comparada aos milhões de anos de evolução: mudamos de velocidade. Acredito que a oposição que se fez a Darwin decorreu, sobretudo, da incapacidade de se conceberem durações tão colossais. Pergunto-me se hoje ainda somos capazes de concebê-las facilmente. Nossa breve história impede-nos de lembrar e compreender a evolução porque seus efeitos bloqueiam parcialmente as leis evolutivas.

De certo modo, a brutal aceleração da história também faz com que ela seja compatível com a evolução. Em contrapartida, cometemos com freqüência o erro de afirmar que nossa história humana segue mais ou menos as leis evolutivas; uma avaliação correta desses tempos tão incomparáveis impede-nos de cair nessa armadilha; os vários milênios que nos separam do Neolítico, em que alguns de nossos ancestrais cultivavam o milho, mantêm a mesma relação com os milhões de anos exigidos pelas transformações orgânicas que um livro de mil páginas mantém com suas últimas linhas escritas. Uma mudança de escala como essa exige outras leis. São justamente as técnicas que mudam a escala dos tempos; sua aceleração recupera de maneira brutal esse imenso atraso. Nossa imensa velhice nos ultrapassava; pelo saber nós a avaliamos, pela técnica nós a imitamos. Na verdade, tudo se transforma por meio da mudança de escala dos tempos, salvo o conhecimento que, invariante e sutil, se propaga rapidamente, apesar dos obstáculos. No passado o espaço nos pressionava; hoje é o tempo que faz isso; por meio do pensamento nós passamos a compreendê-los.

O que é a hominização? A superação da lentidão e da morte por meio da finalidade. A liberação progressiva das leis da evolução. Esse fato representa o fim da evolução? Muitos livros primitivos sobre religião, que compreendemos mediocremente e muitas vezes desprezamos, na realidade relatam as etapas dessa liberação e dessa gênese mesmo que isso seja feito de modo obscuro. O homem nasce dessa aceleração e de uma real e involuntária piedade. Nossa filogênese praticou às cegas o que denominamos virtude? Podemos conceber que esta contra-evolução criou uma moral que, por sua vez, teria favorecido essa liberação? O próprio Darwin não desprezou essa hipótese. Essa brutal aceleração do tempo que nos libera de um ritmo evolutivo interminável, essa mudança de escala, essa economia de uma massa colossal de cadáveres nos impedem de reduzir a técnica a suas finalidades práticas. A técnica esculpiu o humano que, por sua vez, também a esculpiu, assim como fez com seu tempo, seu habitat, seus costumes, sua moral. A técnica trazia consigo a história.

Além disso, a técnica possui virtudes cognitivas, ou pelo menos mnemônicas: depois de ter surgido, não precisa de genes para se perpetuar ou se transformar. Individuais, coletivos, hardwares ou softwares, os aparelhos por sua vez se comportam como as memórias. A gênese orgânica cede lugar à reprodução artificial, termo que, por vezes, exprime simultaneamente a criação vital e a imitação dos artefatos. A transmissão passa não mais por um banco molecular, mas pela imitação. Do mestre aprendemos como se fabrica o instrumento e o movimento que ele requer. Como diz Aristóteles, tornamo-nos os mais miméticos dentre os seres vivos. Os mais bem-dotados para a aprendizagem. O conhecimento se inicia. Por vezes nos esquecemos ou desobedecemos. Semeamos nossa memória com revoltas e negligências. A invenção inicia-se a partir desse momento.

Retorno à penúria

As memórias lingüísticas ou objetivas funcionam mais rapidamente que as memórias localizadas nos genes, se bem que com menor fidelidade; pagamos nossa extrema velocidade com rasgos de esquecimentos. Sobrevivemos como espécies culturais, de certa forma superadaptadas, porque vivemos como um gênero orgânico naturalmente inadaptado.

Numericamente, em matéria de vida assim como em outros domínios, a penúria predomina sobre a prosperidade, a fragilidade sobre a dominação, a fraqueza sobre a força, o estado branco e vazio sobre um estado quase pleno. Alegremo-nos com nossa indigência e façamos a apologia da privação, mesmo que ela seja mais arriscada e mais adaptativa que o bem-estar. Conhecemos muitos exemplos disso: os imigrantes organizam bravamente o futuro dos povos abastados, mais atentos a seus cachorros, que depositam seus excrementos por toda parte, do que à educação de seus filhos. O exercício austero é muito mais conveniente do que a adversidade ou a penúria, ou do que a saturação que acarreta obesidade.

Essa situação do corpo repercute na moral. Tão repetitiva e imbecil quanto a unidade que se adiciona ao número precedente para obter o número seguinte, a avareza acumula quantias, a gula, garrafas de bebida, assim como a preguiça e a luxúria, os prazeres na cama. Todos esses males decorrem da inveja que, por orgulho e cólera, compara e busca a superação do outro: sou mais gordo que você, minha casa é mais alta que a sua; daí decorre uma soma interminável cuja iteração também faz a rã inchar de vaidade e orgulho diante do boi e, sobretudo, diante de suas irmãs. Esses vícios capitais conduzem à morte violenta.

Célula, corpo e cultura-troncos

A origem de todo esse conjunto de argumentos encontra-se nas próprias fontes da vida. Em seu estado primordial de embrião e durante seu desenvolvimento, uma célula-tronco desdiferenciada dará origem a determinadas células do sangue, do fígado e do sistema nervoso. Pode-se considerar essa célula onipotente, pois ela contém, potencialmente, todas as especialidades das células que atuarão na formação do corpo. A célula-tronco mostra um estado branco, qualquer outra célula um estado quase pleno.

Presa da história exodarwiniana, nosso corpo desempenha o papel de célula-tronco cultural. Onipotente, ele contém potencialmente todas as variedades culturais. Cada uma delas se adapta ao clima de seu nicho, assim como uma espécie se adapta a seu meio ambiente e por meio dele. Chamei meus contemporâneos e sucessores de Eva, Lucy, e mesmo de Adão. Neles podem ser observados o ontem e o amanhã do corpo-tronco. Corpo esse não verdadeiramente primitivo no sentido de um tempo linear que conhecesse começo, meio e fim, mas um tipo de espécie-tronco potencial das ações culturais futuras, por intermédio de um processo no qual o possível se transforma em existência.

Não resta dúvida de que nosso corpo contém potencialmente uma grande multiplicidade de virtualidades culturais; o fato de atualmente mudarmos nossos costumes e nossos pensamentos é uma prova concreta disso. O que fazer com uma cultura que procurasse apenas preservar-se e que, mesmo dentro de seu próprio contexto, não criasse mais os elementos necessários à sua transformação? Amo minha cultura, pois ela me propicia os meios e a liberdade de recusá-la, transformá-la ou recriá-la. Dela e de outras recebo um conjunto de possibilidades que me auxiliam na tentativa de construir uma obra que o acaso tornará necessária ou impossível. Contingente como um ser vivo, a cultura entendida como cultura-tronco abre leques de possibilidades nos quais as obras buscam oportunidades, em sua maioria eliminadas pelo filtro das impossibilidades, mas dentre as quais raríssimas vitórias se fazem necessárias. Como a vida, a cultura se desenvolve no quadrilátero das modalidades abertas pelo corpo-tronco.

Incursão no Processo de Adormecimento

Espectro do sono

Meu ouvido ensurdecido dorme ao som abafado e monótono das rodas sobre os trilhos; minha visão se confunde, inebriada pelas passagens radiantes da paisagem; minha pele se dissolve nos tecidos de minhas roupas; meu sexo encolhido se ausenta refugiado entre as pregas de minha roupa íntima; cruzadas sobre a poltrona, minhas pernas afundam na inconsciência; enrolada entre os dentes, sob o palato, por trás dos lábios, minha língua anestesia-se; meus músculos se ocultam, meus ossos paralisam-se; quando não durmo, quando minha respiração e meu corpo se fundem na bruma, como posso nomear o indivíduo imóvel que dorme? A vida é rodeada por algumas formas de sono? O corpo-tronco inibe suas funções. Num estado branco, o corpo faz adormecer a plenitude de seus outros estados.

As raízes hibernam dentro da terra, os troncos, sob a casca, e os galhos sem folhas e nem brotos, ao sabor do vento; os genes dormem inibidos pela interferência do ARN; a inibição varia durante o adormecimento? Deliciados, os animais adormecem instintivamente, assim como o sol e as rochas inertes, as montanhas sob as tempestades, os glaciais em seu deslocamento mais do que lento, o oceano em sua quietude, o rio Garonne sob os efeitos da estiagem e os lagos da Islândia sob o fogo dos vulcões; dormem as radiações nucleares que se expandem há bilhões de anos pelo denso Universo.

No torpor da sopa primitiva, a vida ainda dorme; sonolenta ela permanece enrodilhada no interior da cavidade uterina; a infância se aninha, a adolescência se droga. Quem é esse que atira os velhos e os mortos em lápides sepulcrais? Não tenha medo da morte, meu caro ancestral: um sono cada vez mais pesado o protegerá desse medo, da mesma forma que, por simetria, protegeu sua infância do suplício do crescimento. As instituições dormem no interior do labirinto sombrio cavado pelas toupeiras da administração; a política insensibiliza nossa obediência; as sociedades, as massas, as multidões envolvem-se em grupos nos quais a estupidez e a repetição dormem; a violência e os amores dormem para sempre.

A história e a física dormem em meio ao ruído de fundo do mundo. Tudo dorme: a Terra e o céu; os esporos e o esperma, os óvulos virgens e os grãos não semeados; as âncoras e as cordas de um navio em sua trajetória, o próprio navio molhado e ancorado no porto; as partes fixas de um batente e o dormente de uma amarra; nossa inteligência, o silêncio, nossas cegueiras, a língua total em nossas raras palavras, o sentido das coisas profundas, a vida e a beleza sob as couraças comprimidas pela imbecilidade. A escuridão dorme. Por vezes, algumas ilhas esporádicas emergem do mar sombrio e adormecido, que se torna cada vez mais escuro à medida que nele imergimos mais profundamente.

Ao enlaçar o adormecimento universal, o pensamento permanece em vigília. Por quanto tempo ainda me agarrarei a essa possibilidade de conhecimento?

Graus da palavra

Expresso-me de outra forma. Calo-me; dialogo com uma amiga e, com exclusividade, confio-lhe algum segredo; ao redor da mesa, durante as refeições, dirijo-me à família; leciono em uma classe de trinta alunos ou em um anfiteatro lotado por seiscentos estudantes; no Palácio do Congresso, três mil especialistas assistem à minha conferência. O nível de atenção que dedico à conferência e a velocidade com que me expresso dependem, com certeza, do número, mas também da qualidade dos interlocutores e da pertinência das questões levantadas posteriormente: um grande público de profissionais, interessados ou indiferentes, hostis ou críticos.

Quando adapto o volume de minha voz à assistência, que considero como um conjunto de pessoas que podem ser inofensivas como um cãozinho de estimação ou maldosas como o Leviatã, a lentidão ou a aceleração de minha dicção, o "número" de períodos, a música expressiva, o próprio vocabulário, a distinção e a clareza do sentido, pequeno leque de conhecidas técnicas de eloqüência, percebo que, no ponto mais alto da atenção, minhas pernas tencionam e meu corpo atinge múltiplos e diferentes estados de excitação, por vezes ele chega a alcançar tal superexcitação que depois leva horas para adormecer de tanto que a atividade vigilante supera as funções fisiológicas controladas pelo sistema neurovegetativo e demora a religar-se a ele. Inversamente, em qual estágio do sono a palavra se forma, quando é que ela sussurra e se põe em movimento, resvalando da inatenção ao mutismo? Cada nível exige condutas específicas nas quais a vigília e o adormecimento se mesclam com precisão até alcançarem estados extremos em que a primeira tende a absorver o segundo: sono branco, atenção refinada e múltipla.

Suspeito que essa escada tenha degraus tão altos em seu topo e densos em sua base que, em geral, exploramos apenas uma estreita porção dela. Expertise, talento, virtuosidade acrescentam mais alguns tipos de níveis a esse desdobramento em direção ao alto, cujo retorno mergulha rumo a tantas espécies de entorpecimento. Nosso corpo composto de músculos tensores e nossa atenção aguçada podem sempre galgar degraus suplementares ou cair alguns deles rumo à deliciosa quietude do nada.

Da inteligência superaguçada à divina estupidez, a atitude superior do espírito abarca a totalidade da escala. O pensamento não se confunde apenas com o ápice extremo da vigília. Sempre supervalorizamos o foco de uma determinada luminosidade, cujo ponto central confere claridade à explicação, distinção e transparência à exposição, enquanto o pensamento adormecido, oculto nas inúmeras ondulações do sono, serpeja e adquire valor envolto nas sinuosas virtualidades da desatenção: mudo, surdo, cego e sombrio, o pensamento torna-se intempestivo como um animal selvagem pronto a lançar-se intuitivamente sobre o dia. O professor expõe, o pensador escuta o ruído de fundo do corpo e do mundo. Denso e sutil, o pensamento avalia com moderação, voa alto e compreende todos os degraus da escada. Do topo da escada, a palavra droga todo o resto da mesma forma que se esquece do tempo.

Incursão ao interior do corpo

Que órgão, função ou ações não são capazes de construir esse tipo de degrau composto de múltiplas instâncias e patamares desdobrados? O corpo os atravessa em sua totalidade. Os ossos, salvo quando se quebram, o fígado, a vesícula, o intestino ou os rins, quando interrompem suas funções, são menos capazes de funcionar do que o coração, cujo ritmo se submete às emoções vivas, ou do que os pulmões, cuja regularidade depende inteiramente da vontade ou do involuntário. Consulte os homens quanto à ereção, esse frêmito imprevisível que se manifesta sob diversas formas, encolhida ou esticada, dura ou mole, fato que, ao que parece, tem a ver com uma parceira singular presente ou virtual.

Não há dúvida de que jamais teremos consciência de nossas células, de nosso ADN, das moléculas de água e dos átomos de carbono com os quais nosso corpo se constrói. Esses hardwares permanecem adormecidos junto com todos os softwares que os reúnem, a fim de dirigir seu funcionamento. Quase toda a colossal atividade orgânica refugia-se numa noite agradável e não deixa transparecer senão alguns raros picos de uma audível vigília. Múltiplos desdobramentos desse fato também se encontram adormecidos. A pesquisa bioquímica se incumbe de desvendar seu número e seu segredo. Por vezes, a dor precede e anuncia a emergência da consciência e deambula como um outro animal selvagem pronto a lançar-se e alcançar outros níveis da escala. A saúde adormece juntamente com o sono dos órgãos.

Se é que existe, o inconsciente com sua linguagem imperiosa constitui apenas um caso particular, um ponto de travessia da escala dessa longa trajetória composta por uma centena de níveis corporais que, por vezes, emitem sons de sofrimento oriundos de suas disfunções. Assim como o corpo, o inconsciente só se faz ouvir em situação de desespero.

Incursão na identidade

A própria identidade também se desdobra em uma escala igualmente longa e minuciosa. Quem sofre, grita, fala e se cala, quem dorme e se reanima, quem desfruta, canta de alegria, quem vegeta e saltita com agilidade, quem pensa e como? Quem é esse *eu* que sofre e permanece em vigília? Possui ele a mesma "identidade" que aquele que repete ou inventa, fala e pensa com esse ou aquele nível de clareza? Mentimos ao afirmar e acreditar que em todos esses casos se trata de uma mesma identidade. Trata-se, isto sim, de diversos patamares de equilíbrio, diferentes pontos de "estagnação", de múltiplas invariâncias temporárias que ocorrem por meio de variações no tempo, de operadores de transformações, de emoções, sentimentos e pensamentos: tudo isso ocorre de maneira pouco ou muito apaixonada. Vivo numerosos e diversos despertares, milhares de sonos anárquicos, centenas de sestas incomparáveis, e quantos deles não atingem o limiar da morte? Alguns grandes inventores confessam ter recebido sua intuição definitiva numa única noite, numa semana, num ano admirável: como pensavam durante o resto do tempo? A quantas mortes diferentes, provas limites, dores superadas e amores recusados a vida nos expõe? Depois de tantas agonias, em qual eternidade eu adentro?

Ao falar diante de públicos diferentes ou deixar-me levar por essa viagem de trem, a sexualidade ou a musculatura do andar, do porte e da escalada dormem. São elas que nos permitem carregar coisas e escalar montanhas; ao escalar a aresta rochosa do monte Lion ou a cadeia de montanhas do Cervin, o pensamento discursivo e as funções especulativas da linguagem encontram-se adormecidos, enquanto a visão da mais ínfima agarra e a tensão das fibras musculares extraordinariamente diferenciadas se intensificam. O corpo é folheado como as páginas de um livro, a sensação e a palavra se desdobram em espectro, o eu estratifica-se em patamares, a presença e a ausência de si, a atenção e o esquecimento se desfazem em milhares de dobras.

Não resta dúvida de que quem revela melhor que eu as eternas e constantes oscilações desses diferenciais do eu é Michel de Montaigne. Sua consciência acurada esqueceu, porém, de mergulhar na presença viva, quer ela se encontre em vigília ou adormecida, nas cores, sons, tempos e no sono do mundo. Du Bartas,[2] Palissy,[3] Lacepède[4] e Montesquieu,[5] assim como os lugares em que nascemos, o fizeram melhor do que Montaigne.

Os *vôos da memória e do esquecimento*

Para o corpo, a palavra, a consciência, a identidade e essas descidas e subidas em numerosos graus assemelham-se à viagem da percepção no

---

[2] Guillaume de Salluste Du Bartas (1544-1590), poeta francês, conhecido por seus poemas épicos “La Sepmaine”, ou “Création du monde” (1578), que recontam os principais eventos da Bíblia sob o ponto de vista protestante. (N.Ts.)

[3] Bernard Palissy (1509-1590), huguenote francês, artista de muitos talentos e interesses que foi aprisionado por seu envolvimento nas revoltas religiosas protestantes que ocorreram durante as primeiras guerras religiosas. (N.Ts.)

[4] Bernard Germain Étienne de la Ville, conde de Lacepède (1756-1825), naturalista francês que deu continuidade ao trabalho de classificação animal empreendido pelo conde de Buffon de quem era protegido. (N.Ts.)

[5] Charles Louis de Montesquieu (1689-1755) nasceu em Bordeaux, França. Ele acreditava que todas as coisas eram feitas por regras ou leis que nunca mudavam. Estudou essas leis cientificamente na esperança de que seu conhecimento reduziria os problemas da sociedade e melhoraria as condições de vida humana. (N.Ts.)

tempo universal, em sucessões de terraços ou balcões, boneca, casa, torrente, montanha, céu... e mesmo ao cálculo de nossa própria idade: sete décadas para as combinações, alguns milhões de anos para a espécie, quatro bilhões para o ADN, treze para os átomos.

Esse adormecimento assemelha-se mais uma vez ao esquecimento desse tempo e ao lento movimento de um despertar por sua vez diferente. Tudo vai de um estado branco a um outro, saturado. O saber desperta a percepção e diante da fazenda alpina ou do Grande Cânion, ao meu redor e em mim mesmo desdobra-se a imensa escala da duração universal das coisas, do mundo e dos seres vivos, mas precipita-se também seu surpreendente esquecimento: amnésia global ou adormecimento universal.

Como perdemos o tempo, nos esquecemos do mundo, de nossos corpos, dos nossos sofrimentos, da palavra e de nossas graduais identidades. Meu corpo dorme como uma pedra.

Incursão na Incandescência

Zero e infinito, nosso corpo exterioriza seus órgãos e funções na infinitude das técnicas; pode ele exteriorizar também seu estado zero ou branco?

Lavoura e pastoreio

Por que há milênios o camponês continua a cavar, capinar e lavrar a terra? Para eliminar todas as espécies cuja fertilidade selvagem poderia matar a frágil planta doméstica. As assim chamadas ervas daninhas devem seu poder à seleção natural e o trigo deve sua fragilidade à seleção artificial que serviu de modelo a Darwin. Por que esses agricultores cercam os pastos, muram as granjas, colocam tábuas de madeira em volta dos ninhos e aumentam a altura das telas de arame dos galinheiros e dos pombais? Para que cordeiros e aves, que se tornaram frágeis em virtude da mesma seleção artificial, sejam protegidos das investidas astutas e implacáveis do lobo e da raposa, acostumados a caçar durante milhões de anos. Capinar, lavrar para que nada reste ali. Criação de gado: expulsemos dali todos os outros animais.

Depois da lavoura, primeira tábula rasa, e da construção da mencionada fazenda, a colheita aumenta e os bois gordos prosperam. Nesses dois espaços vazios, brancos e com valência zero, florescem nossas culturas inteiramente diferenciadas: trigo, milho, aveia, centeio, trigo-sarraceno; mato verde, trevo; cavalos, vacas, porcos, perus e galinhas-d'angola, todas elas submetidas às constrições do meio ambiente. Todas as culturas pressupõem o mesmo gesto de depredação, devastação e aniquilamento: lavrar a terra e prepará-la para o plantio. Nesse caso, a diversidade cultural e agrícola decorre mais uma vez da natureza, que, neste caso, se tornou branca por vontade própria, expressão que literalmente significa que nada pode ou vai nascer dela. Uma vez que essa natureza se tornou virgem, estéril, ou seja, livre de qualquer corpo estranho, esses lugares acabaram produzindo todas as culturas que o caráter arbitrário do humano pode escolher. Assim como as inumeráveis técnicas e culturas criam instrumentos a partir de nosso corpo, portador de valência zero, assim também a agricultura como um todo emerge desse campo branco.

Primeira resposta à questão inicial: com efeito, tudo se passa aqui como se exteriorizássemos o estado branco ou o ponto zero de nossa desdiferenciação. Objetivada, ela passa a produzir o diferenciado.

Habitação branca

Você quer produzir ou inventar? Lavre, escave, esforce-se. Construa uma estrebaria para a égua e seu potrinho, um estábulo para a ovelha e seus carneirinhos, um viveiro, um galinheiro, um chiqueiro, um pombal, tudo isso garantirá colheitas e ninhadas abundantes. Execute cuidadosamente a limpeza de sua casa, para que nela não reste qualquer vestígio de ratos, aranhas, moscas ou larvas. Segundo os preceitos desse método, seu nicho se tornará reluzente. Nele o corpo branco poderá exteriorizar-se e transformar o campo ou o interior de uma habitação num lugar branco. Ele habitará esse lugar e fará dele sua morada.

Se deixasse nesse lugar a menor sujeira, o corpo teria se apropriado dele da mesma forma que um animal que marca seu nicho com seus excrementos. Em contrapartida, ao torná-lo branco, limpo, asséptico e estéril, ele o transforma num abrigo capaz de receber a todos confortavelmente. Essa limpeza, esse branco, esse zero, esse nada transformam-se num espaço hospedeiro. Nesses novos lugares, todos os homens se sentirão em casa, como os cereais em pleno vento ou as aves no terreiro da fazenda. Como designá-lo: trata-se de um lugar retirado de tudo, um fragmento, uma abstração? Você quer produzir ou inventar? A abstração nasce de nossos corpos, nos campos e nesse tipo de abrigo?

Equivalente geral

Do mesmo *pagus* em que o camponês labuta e enterra seu velho pai, surge sua riqueza. Qual? A riqueza que se contava em cabeças de gado — *pecus* em latim, *cattle* em inglês; origem das palavras capital e pecuniário. No passado, isso certamente ocorria, mas agora não mais devido à grande dificuldade no comércio desses bois pesados e lentos. A riqueza que em Florença se contava em florins, em Bizâncio em besantes ou ducados cunhados com a efígie do doge? Antigamente com certeza, hoje não mais, visto que esses tipos de peças, ainda muito pesadas e preciosas, podem ser roubadas. Por que o dinheiro possui agora aparências voláteis e abstratas?

Porque, ao despojar-se de todos os seus atributos concretos, essa ficha pode assumir qualquer valor, pois, em si mesma, ela não vale nada. Se o valor resume-se àquilo que satisfaz necessidades e desejos, não podemos comer ou beber esse símbolo, nem abrigar-nos sob um teto que ele é incapaz de nos oferecer, uma vez que o valor reside em nós, em nosso desejo e não nessa ficha que, por nossas próprias decisões, se transformou num equivalente geral, numa espécie de coisa-tronco. Os bens móveis, a cevada e os touros, os bens imóveis, a casa e a fazenda, os laços sociais e o resto dos valores diferenciados, como a terra cultivada, a casa própria e, ai de mim, até mesmo o corpo do outro são novamente provenientes dessas peças brancas desdiferenciadas. Equivalente a todas as coisas do mundo, esse tesouro substitui o campo, o nicho e o corpo físico.

Dinheiro branco, inodoro, insípido, virgem e fecundo, contratual, disputado, diabólico e divino que ultrapassa os limites da necessidade e do desejo. Ele possui todos os atributos, mesmo os mais contraditórios, e não possui nenhum deles: um tolo rico é um rico; um tolo pobre é um tolo. Branca, transparente, sem responsabilidades, a administração pública assume todos os poderes, pois aqueles que gerenciam o dinheiro sabem de tudo, ocupam-se de tudo, constroem pontes e pavimentam ruas, possuem mais conhecimento do que os eruditos, apoderam-se dos postos políticos e culturais, dirigem tudo, sempre presentes em todos os lugares, porque não valem nada. O dinheiro branco em si vale tudo, pode tudo, reina sobre todos, é onipotente; em nossas sociedades, o administrador que o gerencia adquire um hiperpoder porque se aproveita dele como um parasita. O dinheiro e a administração devoram o laço social como um todo.

Façamos um pequeno intervalo para compensar os dias de inquietude: contra a economia de Jean-Baptiste Say, Augusto Comte inventou a sociologia como palavra e coisa. O positivista foi o primeiro a compreender que o dinheiro dissolve os laços sociais que precisam ser reinventados. Assistimos atualmente ao final da era inaugurada por sua filosofia. Por ser considerado como medida para todas as coisas, o dinheiro invadiu e destruiu tudo no Ocidente. Desde então, as sociedades tradicionais tentam defender os laços sociais que temem verem destruídos e desfeitos; elas tentam religar-se. Sabemos nós, porém, quais são os laços que nos unem? Nem os políticos na prática, nem as ciências sociais na teoria conhecem ou nos ensinam qual é esse aglutinador invisível.

Denominada erroneamente por ser uma novidade, a guerra contemporânea opõe dois pares de semelhantes: a mão invisível do terrorismo contra a mão invisível do capitalismo. Como atacar com eficácia o capital branco por meio do qual as empresas globais empregam indivíduos irresponsáveis, sem recorrer a indivíduos locais, considerados igualmente fantasmáticos e irrecuperáveis? Ocorre aí algo de mais profundo, o próprio laço social, ainda presente e translúcido, entra em choque com o dinheiro abstrato, branco e transparente que o dissolve para, em seguida, substituí-lo. Certamente, a mão invisível do terrorismo combate *mano a mano* a mão invisível de Adam Smith, mas Comte continua sua eterna guerra contra Say. É a sociologia na tentativa de manter sua posição contra a economia. Quem ganhará? Como dar nome a um combate entre invisíveis? Fim do intervalo. Voltaremos a essa questão.

Balanço: ao exteriorizar-se em terra, habitação e em relações brancas, o corpo entra em uma abstração ou em um mundo simbólico. Mais do que a uma espécie, ele pertence a um gênero, a uma generalidade.

Símbolo e téssera: tábulas rasas

Nossas condutas ditas simbólicas são provenientes de um tipo de brancura como essa. Além de seu valor de mercado, a mencionada ficha assume justamente um caráter de maior generalidade. A atribuição de um sentido a um som ou a um signo supõe sinais brancos e relações livres. Inicialmente, emissão, transporte e recepção supõem que um rabote tenha aplainado cuidadosamente as múltiplas arestas da caótica confusão primordial. Repleta de fragmentos da linguagem, a eloqüência de Demóstenes eleva-se sobre o fragor do mar; inicialmente, ela enfrenta o caos das ondas e o ruído de fundo do mundo. Entre os lamentos do vento e os estrondos provocados pelos tremores de terra, entre nossos clamores, gemidos e soluços, de um lado, e a música, de outro, um determinado tipo de acústica neutraliza o movimento das ondas. O som torna o ruído branco. Assim como ninguém pode falar sem essa rabotagem prévia, sem antes começar seu discurso do zero, a página derivada do *pagus* só pode ser escrita sobre a cera virgem, sobre um pergaminho liso ou um papel branco. Para quem deseja a paz, também derivada da mesma palavra, *pagus*, o campo brande uma bandeira branca semelhante a uma página, para que ninguém se engane com a mensagem. Culturas, línguas, estilos e palavras rediferenciam esses sinais cuja condição prévia é a de terem se tornado brancos. As relações entre signos e sentidos também devem acontecer a partir de um mesmo tipo de nivelamento. Não nos entenderíamos sem esses três tipos de rabotagem, o das tábulas, dos signos e o das relações que os unem. Novamente, o corpo branco se exterioriza nessas tábulas rasas.

A palavra símbolo descreve esse processo. Quando anfitrião e convidado se despediam, compartiam uma téssera, uma espécie de ficha que testemunhava a hospitalidade recebida e oferecida; esse pedaço de barro cozido era dividido aleatoriamente, produzindo nas bordas de cada um dos pedaços uma fissura de indentação refinada, casual, complicada, inimitável e específica. No próximo reencontro, o reconhecimento ocorria no momento em que as duas bordas da téssera de barro, anteriormente quebradas, eram reunidas e se adaptavam como uma chave à sua fechadura: o *dun-bolon* exprime essa convenção. No momento em que a peça era reconstituída em sua totalidade, não havia qualquer ponta, aresta ou indentação a mais, pois a junção das duas peças desempenhava o papel de um rabote. Com suas duas fissuras unidas e niveladas, a téssera impede a ocorrência de embustes que podem acontecer sem esse tipo de identificação. Ela voltou a ser branca. Meu corpo se assemelha a isso: façam a mesma coisa com minha memória.

Especializadas, munidas de dentes agudos, de espinhos e garras, as espécies se adaptam a colméias precisas, dispersas fractalmente pelo planeta. Elas penetram no ruído de fundo do inerte e da vida. Nosso corpo desespecializado produz páginas brancas, tésseras que se encaixam graças aos laços que mantemos. Quem somos nós? Seres vivos simbólicos que, à medida que multiplicam suas relações, se tornam cada vez mais simbólicos. Com certeza, nossas condutas brancas são decorrentes desse corpo branco. São elas que, por sua vez, irão branquear nossas ações e nossos corpos num ciclo que se retroalimenta. Quem somos nós? Uma espécie de tábula rasa, um gênero simbólico. Recebemos duplamente a visita da generalidade.

As profissões do corpo-prostituto

Retornamos ao corpo. Não mais genético, mas individual, ele se exercita na ginástica: ainda que essa antiga palavra grega signifique nu, vejo essa nudez tornar-se branca. Estiramentos, saltos, alongamentos e contorções tornam possíveis ao praticante múltiplas posições e movimentos, além de transformar seu corpo triturado em virtualidade e generalidade. O professor de educação física realiza sobre o corpo um trabalho semelhante ao do agricultor em seu campo, ou ao do escriba sobre a tábula rasa: todos produzem uma página branca sobre a qual surgirá um buquê diferenciado de especialidades. Habituados a todos os gestos e expressões, os ginastas e seus colegas bailarinos fazem de seus corpos um símbolo, ou melhor, um semáforo. Oriundas do corpo, todas as práticas anteriores, sejam elas objetivas ou coletivas, retornam à sua singularidade para novamente desdiferenciá-la.

Em conseqüência disso, por ser capaz de superar os mais velhos, esse corpo pode exercer todas as profissões do mundo: por essa exata razão pode ser chamado de prostituto. Pro-stituto significa: situado antes, assim como preposição designa a posição anterior que denota uma relação elementar, enquanto o termo anterior indica uma situação mais antiga. Trata-se de uma corporeidade cortesã ou, como se costuma dizer, profissional: assim como a terra branca recebe em seus sulcos todas as espécies domésticas; assim como a habitação branca acolhe todos os anfitriões em seu leito; o corpo plástico, adequado a todas as profissões, funciona como um equivalente geral, como o marido de todas as mulheres e a mulher de todos os maridos que se vendem por dinheiro. Nossas práticas são decorrentes disso? Corpo-ginasta, dançarino, prostituível, ator que troca de máscara a cada representação; intérprete que perambula entre línguas e culturas, viajante que circula entre os usos e costumes; comerciante que troca o boi pelo trigo e qualquer coisa por dinheiro; *bricoleur* astucioso que produz fogo com qualquer pedaço de madeira e que faz da necessidade uma virtude; que rouba com sua mão leve qualquer coisa que apareça; político que representa cada indivíduo de seu grupo, filósofo que desliza sobre o fluxo da cronopedia, que perde toda substância em favor da substituição.

Mais autêntico e ingênuo do que Platão, o Sócrates do *Banquete* de Xenofonte define a filosofia como mastropeia ou meretrício. O filósofo é um proxeneta, aberto a todos os estrangeiros, pois se mostra asséptico, purificado, limpo de todos os dejetos, anfitrião ou comerciante Universal.

O filósofo coloca seu corpo branco de ginasta sob o signo angélico de Hermes, pai das habilidades.

Ágora, templum, *tribunal*

Por meio de conflitos e contestações, ódios e rivalidades, continuamos de bom grado a pavimentar o inferno sobre a terra. Concebemos equivocadamente um paraíso em que todas essas energias se pacificariam. Leibniz descreve adequadamente esse paraíso como a totalidade das inovações, ainda que ela seja contraditória e branca. Como conceber qualquer coisa nova, quando o todo se apresenta dessa maneira? Construímos, entretanto, aqui e ali, lugares para os quais levamos um pouco dessa esperança tão impossível de erradicar quanto a guerra. A *ágora*, ou praça do mercado não poderia existir sem um contrato tácito que permita que o equivalente geral circule em um local sem qualquer outro conflito a não ser a discussão sobre os preços. Nenhum conflito ocorre nos *souks,* esses mercados típicos dos países islâmicos. Essa violência zero permite que nesse local todas as coisas possam ser compradas e vendidas.

O templo demarca igualmente os contornos de um espaço fechado no interior do qual a santidade impõe condutas opostas às condutas externas: não mate seu filho, mate somente o carneiro cujos chifres se enroscam nos galhos do arbusto vizinho; reconcilie-se com seu irmão antes de trazer a mim suas oferendas. Nele não apenas se apazigua a guerra, mas reina o que denominamos o não-direito: nele a polícia não entra. O sagrado e o tabu demarcam um espaço branco cuja definição se reduz ao seu sentido literal: lugar circundado por um limite finito. Na Roma antiga, no templo circular das vestais cuja castidade imaculada protegia a pureza do fogo, as imundícies varridas por elas deviam sair por uma porta chamada porta estercorária: o templo era um espaço asseado, mais branco que o *pagus* agrícola ou que uma página lisa, mais ainda que uma casa limpa, tão virginal quanto qualquer uma das moças consagradas. Qual a religião que não purifica os locais de seus rituais, os corpos dos oficiantes ou as ovelhas piedosas em busca de uma alma impecável? *Lavabo inter innocentes manus meas.* [Lavo minhas mãos entre os inocentes.]

Cada um leva ao tribunal suas causas e acusações; nele as forças opostas se equilibram e a palavra substitui as lesões, os hematomas e o sangue; nele discutem-se as ações, assim como no mercado discute-se o equivalente geral. Símbolo dos contratos que ali se realizam, encontramo-nos diante da eqüidade plena e unificada de uma balança em equilíbrio.

Estamos diante de espaços e de um objeto brancos, sem os quais não poderia surgir nenhuma prática social.

O apeíron[6] *como origem dos conhecimentos*

A generalidade de nossa condição não se estende somente ao horizonte das práticas, laboriosas ou sociais, mas ao de nossos conhecimentos infinitamente abertos. Assim como a valência zero comum à nossa natureza condiciona a totalidade das valências na diversidade policromática das culturas; como a ausência de potência comum de nossos corpos condiciona a onipotência virtual de seus atos; como o espaço branco do campo se abre a todas as culturas; como os lugares e objetos brancos condicionam toda a vida em sociedade; como o dinheiro possui a tendência de substituir todas as coisas e laços sociais, assim também nossos diversos conhecimentos nascem nesse vazio incandescente. Antes mesmo de receber da tribo e da mãe a sintaxe singular da língua, trazemos em nós a capacidade totipotente de falar. Existem igualmente objetos cognitivos brancos?

A origem da geometria, sem dúvida a da filosofia e talvez a de todos os conhecimentos, foi desvelada por intermédio de um fragmento da obra de Anaximandro, denominado por ele *apeíron,* o indefinido e privado de limites. A partir de algo que não tem definição, nem programa, o saber rigoroso e abstrato diferencia-se em princípios, demonstrações e teoremas. Para que as ciências formais, como a matemática, e as aplicadas, como a mecânica, pudessem nascer, foi necessário retornar a essa totalidade de poder indeterminado. Em *Les origines de la géométrie*[7] (71-110) [As origens da geometria], já se denomina branco esse espaço formal que depois foi definido e mensurado, no qual habitam nossos corpos e almas desde a época dos gregos. Esse espaço recebeu imediatamente o nome de Terra, mensurada e disciplinada pela Geo-metria. Repetidamente inventado e descrito por Platão, Teodoro, Euclides e Eudóxio, esse espaço estende

---

[6] Para o filósofo grego pré-socrático Anaximandro (610-547 a.C.), o apeíron constituía a realidade infinita, ilimitada, invisível e indeterminada que é a essência de todas as formas do Universo, o elemento primordial a partir do qual todos os seres foram gerados e para o qual retornam após a sua dissolução. (N.Ts.)

[7] Michel Serres, *Les origines de la géométrie*, Paris, Flammarion, 1983.

ao Universo, ao mundo e aos mundos inferiores o quadrilátero cultivado, a habitação dos homens, o templo dos deuses, a ágora e o tribunal. O sentido global de *geo* na palavra geometria encontra-se com o sentido do *apeíron*, nosso hábitat indefinido, aberto e branco, um mundo sem definição de nosso ser-no-mundo. O processo do conhecimento se inicia no momento em que um ser vivo vagueia pelo espaço branco e o habita.

Na origem da álgebra, uma coisa x (*la cosa* como diziam os primeiros algebristas italianos) pode assumir qualquer valor porque não possui nenhum valor próprio. Continua a ser um símbolo, uma téssera branca ou um equivalente geral. Em nossa incandescência, já trazemos conosco a origem potencial de nossos conhecimentos; já havíamos afirmado a respeito do ser humano: ele constitui uma incógnita = x.

Da mesma maneira, ao tentar delinear o primeiro horizonte de nossas pesquisas, Auguste Comte avalia o par que engendra o movimento formado, de um lado, pela generalidade dos problemas que formulamos desde a origem e, do outro, por nossa incapacidade em resolvê-los: pobreza mínima dotada de potencial máximo. Como Pascal, ele toca nas duas extremidades de nossa condição, o nada e o tudo, o zero e o infinito, o mínimo-máximo e o máximo-mínimo, melhor do que Pascal; Comte os associa retirando deles o poder de um conjunto de forças dinâmico. Com efeito, nossa totipotência pode ser descrita como uma universalidade, inicialmente desprovida de qualquer especialização singular, que já se encontra em ação para desenvolver seus detalhes. Anaximandro descreve uma amplitude infinita, enquanto Comte demonstra a dinâmica positiva da qual surgiu nosso tempo indefinido.

De arte inveniendi

Conseguimos, assim, ter acesso a uma arte de inventar? Em seu começo, qualquer avanço, seja ele biológico, humano ou cultural, cognitivo, científico ou técnico, ou mesmo artístico e religioso, sempre exige na busca de sua causa essa retrogradação para um tipo de totalidade dotada de um poder radical de destruição?

A balança eqüitativa desprovida de julgamento em Montaigne e a dúvida hiperbólica em Descartes são idéias de um outro tipo, novos acontecimentos purificadores que aniquilam tudo que havia antes; o "sentimento" que Jean-Jacques Rousseau busca nas *Rêveries* [Devaneios], que parece ter descoberto durante o êxtase que o absorvia enquanto permanecia deitado sobre o piso de seu barco em meio ao lago; a indiferença e a preguiça, diferenciais absolutos que o século XVIII por vezes professa; o transcendental designado por Emmanuel Kant; a *époché*,[8] a colocação entre parênteses de tudo, inclusive do eu, nos fenomenólogos; estamos diante de muitas outras variedades de aniquilamentos brancos. No *Timeu*, Platão denomina *X*wra uma extensão virgem, uma superfície de cera na qual é possível gravar caracteres, um espaço em que se pode situar qualquer topologia, um útero primitivo e potencial de todas as coisas. Com respeito a essa matriz feminina, somos levados a concordar com a pesquisa biológica contemporânea quando ela afirma que entre todos os órgãos ela é uma exceção, isso porque o sistema imunológico nem sempre a defende do exterior. Daí decorre uma fecundidade ocasionada pela ampla receptividade resultante dessa não-agressão; matriz, *pagus* e página, habitação branca, anfitriã universal. Todos nossos corpos começaram nesse espaço. Em seu *Banquete*, o mesmo Platão celebra *Poros*, Oportunismo, e *Pénia*, Pobreza, cuja união produz o Amor e, portanto, todos os humanos. Nascemos de uma matriz indefesa e de uma penúria extrema que mobiliza, amplia e glorifica os recursos.

Quanto mais brancos nos tornamos, mais inventamos; quanto mais construímos instrumentos a partir do nosso corpo, mais nos exteriorizamos e mais brancos nos tornamos. Quanto mais produzimos, mais inocentes nos tornamos: por meio dessa inocência vocês reconhecem o inventor. A invenção extrai do corpo desdiferenciado um fluxo de diferenças técnicas, culturais e cognitivas e, à medida que esse exodarwinismo funciona, nós nos desdiferenciamos, mais dispostos ainda a fazê-lo funcionar. A inovação expande-se exponencialmente e nutre-se incessantemente de si mesma; essa dinâmica explica seu brusco surgimento cujo caráter é múltiplo e ascendente.

Não são apenas as funções específicas das inovações que se produzem a partir do corpo, ele também exterioriza seu status global desdiferenciado a partir de si mesmo. Circundamo-nos de espaços e de objetos brancos e imaculados como ele. Graças a essa indefinição corporal sucessivamente subjetiva, objetiva, coletiva e cognitiva, nós inventamos.

Por meio desses estados brancos que ela descobre e descreve e de sua especial capacidade de generalizar, a filosofia não inventa nada de singular,

---

[8] Termo grego que significa cessação. Na filosofia dos céticos e estóicos significa a suspensão de julgamento. Para eles, a recusa em se afirmar ou negar a verdade do que não se pode conhecer é a única garantia para se atingir a ataraxia da paz mental. (N.Ts.)

nem um instrumento ou um teorema. Diante desse horizonte, ela antecipa, porém, um mundo global no qual, munidos desses instrumentos de ação e pensamento, habitaremos no futuro. Ela se preocupa e considera sua missão inventar o hábitat desdiferenciado das invenções diferenciadas.

A *relação branca*

Não mantemos nenhuma relação definida com o *apeíron* nem com esses lugares e "objetos", a não ser por um tipo de simetria ou de um face a face. Por isso eles nos solicitam por inteiro, sem qualquer limite, sem programa de trabalho, nem de especialidade, sem órgão, nem "faculdade" especialmente configurados. Nós pensamos neles com toda nossa atenção flutuante e indefinida, recordamo-nos deles com toda nossa vaga memória, nós os imaginamos sem ter deles qualquer imagem, ligamos nossa razão a eles sem nenhuma razão, nós os apreendemos com nossos sete sentidos, nosso corpo inteiro, ossos, músculos, sexo, pele, banha-se neles, nós os desejamos, os amamos de todo nosso coração, esperamos por eles com toda nossa alma. Uma chama que funde todos os nossos focos em apenas um, por sua vez indefinido, arde bruscamente em nós. Retornamos à nossa própria incandescência. Como "sujeito", o objeto torna-se *apeíron;* como seu "objeto", o próprio "sujeito" transforma-se em *apeíron.* De translucidação em translucidação, nada os separa. Qual o ser que vive e constrói dessa maneira essa relação branca?

É principalmente a partir dessa ampla extensão dessa paragem que inventamos nossos reencontros. Há meio século procuro construir uma filosofia de relações que não mantenha qualquer proximidade com modelos saturados: os livros *Hermes, Os anjos, O parasita* e *O hermafrodita* seguem as exigências de suas generalidades: tradução, comunicação e uma grande quantidade de preposições. De qualquer modo, a liberdade humana produz em cada um a capacidade de construir ligações com o outro ainda mais singulares do que os indivíduos que elas mesmas ligam. A escravidão os reduz a modelos anteriores ultrapassados.

A *classe dos conceitos brancos: a liberdade*

Se existe uma classe de conceitos brancos cuja indefinição os distingue daqueles que a ciência define e refina para torná-los falsificáveis e operacionais, a Liberdade faz parte dela. Quantas mulheres e homens vivem livres? Escravos de um partido e de uma ideologia quando se trata de política, de convenções sociais, de moda cosmética, intelectual, de um grupo de pressão qualquer no qual os clones rodeiam o chefe perverso, de apetites vorazes e ignóbeis por outra pessoa, de uma rede organizada cujos caminhos levam sempre a qualquer lugar, consentiriam eles pagar o preço de uma vida livre e de relações abertas? Quem não prefere entregar-se a uma existência cujas relações são inteiramente dirigidas por relações de pertencimento, expor sua paixão por portar um emblema, os símbolos de uma classe, a marca de um partido, de um automóvel ou a grife de uma indumentária? Num cardume cada peixe se move paralelamente aos outros, orientado por algum campo magnético social. Eles não inventam suas relações.

Indefinido, o ser humano bifurca-se inteiramente dos animais exatamente pela minimalização de um programa preestabelecido, de uma especiação ou especialização obrigatórias, de uma orientação fixa, de relacionamentos já construídos. O nascimento natural do ser humano ocorre em liberdade: ele nasce tão transparente e incandescente quanto a liberdade, e começa a fazer parte da classe das coisas brancas. A liberdade não apenas nos diz respeito, ela também nos identifica. Quando a Declaração dos Direitos anunciou que o homem nasce livre, ela sabia que atingia igualmente a biologia e a genética? A liberdade assume as tonalidades do berço evolutivo do homem e da mulher, liga-se a seus ossos, carne, mãos, boca, pele, cérebro e sangue, ao conjunto composto pelo número bilionário de suas células, em resumo, à sua encarnação, à língua que fala e grita com o outro, ao traço-de-união do sexo, a todo o corpo expressivo e receptor. Duas vezes Universal, em sua compreensão e extensão, em seu conteúdo e significado indefinidos e em sua aplicação transcultural, a liberdade pode e deve ser considerada como algo natural: no sentido literal do nascimento, no sentido genético da desprogramação. Nascemos desespecializados, portanto, livres. Isso bem que vale uma solene declaração.

Quem renuncia à liberdade perde seu corpo-tronco e deriva para um outro reino vivo: abandona essa minimalização, perde essa pobreza, se enriquece, especializa-se em uma relação como um parasita, em um grupo de pressão como uma vaca em sua pastagem, em um partido, na paixão bestial pelo poder, no vício da avareza ou da inveja e na construção de uma opinião, torna-se tubarão, corvo, víbora, musgo ou microbactéria; raramente um predador, freqüentemente um hospedeiro. Vivemos rodeados de companheiros que se encontram em vias de animalização e de metamorfoses, como os marinheiros de Ulisses, que se transformaram em porcos sob o encantamento da feiticeira Circe. Nossos ancestrais fetichistas os esculpiram, Esopo e Kafka contaram sua história, Ovídio e La Fontaine choraram por eles. O esforço cotidiano em busca da liberdade pode ser medido pelo afastamento do exodarwinismo; é preciso abandonar a vida como tal e o encadeamento poderoso de seu fluxo, sem perder as distâncias temporais que nos separam das bifurcações tomadas pelos outros seres vivos. A planta, o animal, o cogumelo e o monocelular obedecem a seu programa ou ao meio ambiente, ou aos dois simultaneamente. Nós abandonamos esse automatismo, entramos no esquecimento. Esse futuro de incandescência nos fez livres.

Homem e mulher incandescentes

Desde o paraíso terrestre, Eva e Adão desobedecem. Eles preferem sobretudo a liberdade à companhia de seu Criador, mesmo que Ele lhes tenha dado um lugar delicioso no qual desfrutavam de tudo em abundância; eles preferem a liberdade à felicidade; menos por paixão do que por natureza; melhor ainda, eles a definem com total exclusividade. A saída do paraíso provoca o nascimento dos humanos que deixam de viver entre as plantas e os animais dos quais desfrutam e acabaram de nomear. Eles preferem a miséria a essa riqueza obesa. Vale mais sofrer e trabalhar, mas viver em liberdade. A liberdade se paga com a dor, resultado do trabalho.

O conhecimento adquirido em programas, diz a serpente, fará de vocês deuses tão invisíveis e transparentes quanto Ele. Sobre a imagem de Épinal[9] e as pinturas religiosas, eu os vejo incandescentes, pelo menos tanto quanto o anjo refulgente com a espada de fogo que os caça. Incandescentes de dor, pobreza e de uma inquietude culposa; incandescentes de cólera e desobediência; incandescentes pela espera e pela improbabilidade do futuro; incandescentes de solidão e pecado, de infelicidade, de conhecimento e santidade possíveis; incandescentes de hominescência.

Ecce mulier et homo. Aqui estão mulheres e homens, ambos nus.

[9] As imagens de Épinal são estampas populares de origem francesa sempre de cores vivas. No passado eram vendidas pelos mascates que passavam pelo campo e pelos vilarejos comercializando todo tipo de mercadorias. (N.Ts.)

A METAFÍSICA

O *grupo e não a classe dos conceitos brancos*

Como conceito branco, a liberdade nasce de outros conceitos igualmente brancos: nasce certamente de nossa totipotência e, seguramente, de Deus que tolera nossa infinita desobediência à sua fragilidade. Diante de qualquer poder do mundo, nenhum pensamento oferece mais liberdade do que o que afirma: se Deus existe, ele não está sentado num trono dourado e macio; sob esse baldaquim reina um ser vivo, não necessariamente humano, um tigre ou um tubarão, um carvalho ou uma roseira, um legume ou um animal qualquer. Melhor ainda, esse pensamento assim como essa conduta abrem-se à invenção. Vocês desejam inventar? Tratem de permanecer livres. Os conceitos brancos formam muito mais um grupo do que simplesmente uma classe: uns são decorrentes dos outros. Procurem a liberdade e terão o conhecimento; busquem o conhecimento e serão capazes de inventar, procurem simultaneamente o saber e a invenção e nunca poderão deixar de amar.

Damos o nome de metafísica à disciplina que trata do grupo de conceitos brancos. Os universais. A circunscrição rural, a habitação e os objetivos, em seguida o relacional, dinheiro e signos, instrumentalizam-se a partir do corpo desprogramado para, posteriormente, retornar ao subjetivo. Por sua vez, o corpo individualizado e bloqueado parte rumo a novas exteriorizações, desta vez em direção ao templo, à praça, ao tribunal coletivos, à totalidade das profissões e trabalhos objetivos e ao cognitivo: símbolo, *apeíron*, rumo, enfim, à liberdade que condensa e retoma o circuito. É assim que essa classe se estrutura em grupo.

O *trabalho e a metafísica*

Para diferenciar-se ou rediferenciar-se todo trabalho, prática ou invenção partem dessas desdiferenças, das mímicas do corpo e dessas relações indiferentes. No trabalho, quando a matéria-prima, substância sem especificação da qual são feitas todas as coisas do mundo, se transforma em madeira, pedra, metal, cristal, molécula, átomo, partícula, quark, a noção de matéria se torna inútil e pode ser jogada na lata de lixo. Quando o espaço, continente translúcido e primitivo de todas as coisas do mundo, torna-se euclidiano, relativista, projetivo, topológico e multiplica suas dimensões, nada mais dizemos sobre ele, que desaparece de nossas preocupações. Quando nos laboratórios os biólogos insistem que não se pesquise mais sobre a vida, mas sim sobre os agrupamentos de proteínas ou sobre a kinesina, eles estão afirmando que a vida desdiferenciada chegou ao limite máximo de suas diferenciações. O vitalismo desaparece como um tipo de fantasma.

A metafísica que em seu começo possui a melhor das reputações tem agora, ao final de sua evolução, a pior delas. Sem suas noções que, afinal, acabaram sem significado algum, não teria sido possível começar; suprimimos condições e premissas, sempre matamos nossos pais, esquecemos nosso começo. As ciências cognitivas doravante falam pouco dessa tábula rasa representada por nosso entendimento; a teologia ainda disserta sobre o entendimento de Deus, resultado da soma de verdades eternas? Como, entretanto, prescindir de um invariante de verdades antes do nascimento das constantes sem as quais nenhuma ciência avança? Como prescindir de uma função cognitiva universal, do Deus indefinível, de quem só se pode afirmar o que Ele não é? Conceberíamos e falaríamos sobre os conhecimentos sem essas premissas brancas? Podemos começar a pensar sem esses universais? O que fazer em relação a eles, a não ser falsificá-los ou provocar neles uma nova desdiferenciação? Dispomos nós de um axioma de fechamento para limitar a lista dos conceitos brancos que possuem, repito, a pior das reputações possíveis? Podemos prescindir da metafísica em nosso futuro? Quando ela surge, assim como a evolução, nos limites de especialidades que contém múltiplos impasses, a própria ciência, completamente humana, pode, por segurança, deixar de reinventar novos conceitos globais, mesmo que estes sejam pouco manipuláveis?

O *que é a* Metafísica?

Depois de ter postulado um axioma de fechamento, faço agora a pergunta decisiva: existe uma fronteira, um limite inferior à desdiferenciação? Podemos fixar um limiar mortal de desespecialização mínima aquém do qual um corpo não pode sobreviver; no qual um campo se torna estéril e fica privado até mesmo de suas bactérias; no qual uma página fica incapacitada de receber os signos escritos e o equivalente geral perde seu valor; no qual uma língua eloqüente perde sua sintaxe, seu sentido e se transforma num ruído estridente; em que uma sociedade de ligações desgastadas não consegue mais se manter unida e passa a se dedicar às guerras cujo risco é sua própria erradicação; no qual os conhecimentos não possuem mais nem fonte, nem conteúdo? Sim, esse limiar existe, ele é representado pela totalidade da própria metafísica que o condiciona à extensão geral de todas as qualidades brancas cuja seqüência acabamos de examinar. O prefixo *meta* designa esse limiar. Ele não significa algo além, como sempre se afirmou, mas algo aquém. Aquém da metafísica, o trigo não brota por falta de vida elementar, os bois e os cavalos morrem sem se reproduzir, toda troca é bloqueada, a língua não possui mais estrutura ou sentido, o conhecimento e a liberdade se evaporam, o coletivo se desfaz e o próprio corpo deixa de viver.

O que é a metafísica? Ela descreve os limiares mínimos inferiores de nossas desespecializações corporais ou exteriorizadas. Os limiares de brancura, abstração e simbolização, os limites inferiores sob os quais não podemos imergir sem morrer. Para que serve ela? Para proteger esses pontos críticos perigosos. Ela vela por nossas bocas e nossas mãos, por nossos órgãos brancos, pela espécie de corpo simbólico, pelos ginastas e bailarinos, pelos campos cultivados, os pombais, a praça do mercado, as contas do banqueiro, os templos, as igrejas, pela balança equânime que simboliza os tribunais, pelos incontáveis leitos das prostitutas e profissões derivadas, pelo palco dos atores e pelas reuniões políticas. A metafísica protege contra a minimização do laço social e a propriedade de nossas casas, protege a tábula rasa, o indefinido de Anaximandro, a terra da geometria, as incógnitas da álgebra, a matéria, o espaço e a vida, protege o Universo para que o conjunto dos seres vivos e seus lugares não regridam para aquém do limiar de sua mínima e preciosa brancura, para que não retornem ao abismo do nada e do não-sentido, no qual não se encontra qualquer planta, animal ou bactéria. Ela constrói uma barreira: para além dela encontra-se nossa hominização; aquém dela, o caos do abismo. Ela vela pela origem humana.

Programa, sintaxe, tábulas branca e negra

Quando uso um computador, emprego softwares diferentes para textos, para os orçamentos da casa, ou para planejar o caminho de um endereço onde quero ir; em contrapartida, minha língua dispõe apenas de uma sintaxe mínima que se aplica a todos os casos possíveis, seja para escrever, calcular ou projetar uma viagem. Desdiferenciada ao máximo, a metafísica fornece, igualmente, uma tábula mínima, tão rasa como a sintaxe da linguagem, a circunscrição rural do cultivo e a propriedade da casa. Antes mesmo de Platão, ela propõe "a idéia de leito" ou de tábula. Em resumo, ela imagina o outro mundo das idéias; discorre sobre a matéria sem especificação, bem antes de citar o cristal e as moléculas; discorre sobre o indivíduo antes de mencionar um Pedro ou um Paulo; discorre sobre a consciência antes que ela se transforme na "consciência de alguma coisa". A metafísica imagina os mundos inferiores onde a justiça se iguala à nossa e recompensa as ações da vida; em resumo, constrói as tábulas rasas de valência zero do ser e do conhecer, do destino e do sentido, das ações e das relações, pela imitação de nosso corpo branco sempre presente na retaguarda dessas ações. Uma vez mais, essa valência zero abre-se à totalidade das valências de todas as diferenças formadas por nossas ações e nossos saberes. Ela condiciona o conhecimento, funda o antigo mundo e fundará o próximo, reinventa meu corpo e o corpo de minha semelhante.

Aquém da metafísica os estados e coisas desvanecem, o laço social se dissolve, as sociedades assassinam-se umas às outras; a morte encontra-se sempre presente nessas ações. Tábula simplíssima, instrumento universal de tamanha simplicidade que não se pode construir algo mais simples do que ele. O sucesso da teologia, à maneira de Santo Agostinho ou da ontologia à maneira de Heidegger, deve-se ao fato de que eles ainda tentaram, sobretudo quando as ciências haviam jogado no lixo os antigos universais, recuar para a desdiferenciação e construir tábulas ainda mais rasas, nas quais o nome de Deus ou o verbo ser no particípio presente se repetem em todos os modos?

Unicamente pelo amor que sentiam por Couperin[10] ou Brassens,[11] os pianistas virtuoses do barroco ou os músicos encarregados do acompanhamento ridicularizariam o próprio piano, construído como tábula universal que servia para tocar qualquer música e compor outras, novas e inusitadas?

[10] Louis Couperin (1626-1661), violonista e organista francês. (N.Ts.)

[11] Georges Brassens (1921-1981), cantor francês. (N.Ts.)

O que poderia existir de mais simples do que essas tábulas nas quais o tempo quase não muda, ao contrário de tantas outras técnicas? Essa sucessão banal de teclas brancas e pretas, essa tábula sem música prévia não serve para nada sem as escalas ou os arpejos, sem o exercício e sem o afinador, sem decisão tonal ou atonal, sem harmonias limitadas por notas falsas, sem o virtuose e o compositor. Mas o que fariam todos esses talentos sem ela? Estamos diante de uma sintaxe branca, tão visível quanto o campo cultivado, a página homogênea, a casa imaculadamente limpa, a matriz virginal, o templo de Vesta, as núpcias de *Pénia*. A metafísica exprime todas essas tábulas abstratamente, ou seja, de maneira branca; ela constrói a mais rasa de todas as tábulas aquém da qual não existe mais nenhuma tábula.

A *quem e para que serve a* Metafísica? *Sua encarnação*

Nada de mais "útil" nesse momento do que a metafísica desespecializada, apesar das zombarias por parte dos especialistas que parecem ignorar o tipo de futuro que sua ausência nos reserva. A metafísica serve para que se permaneça humano e não se morra. Ela permite a sobrevivência do subjetivo, do coletivo, do objetivo e do cognitivo. Ela deveria servir para que se construísse uma nova paz nesses tempos de novas guerras em que invisíveis provocam a morte de invisíveis. A quem ela serve? A metafísica pelo menos não serve a ninguém, nem a tiranos, nem a gurus.

Para que ela serve? Para o que é visível e concreto, nada de mais útil e até mesmo indispensável do que a metafísica, pois ela imita nosso corpo, sai dele, retorna a ele, ambos desdiferenciados e verdadeiramente humanos; ela nasce do corpo e interrompe sua existência no momento da morte. Resultado triunfal cuja inovação encanta: nada de mais carnal do que essa aparente abstração de quintessência, nada de mais encarnado, de mais próximo da mão, da boca, da matriz, do corpo nu, da própria ginástica, cujos movimentos exercitam a totalidade do sistema nervoso, do gestual livre dos sinais, da música e da dança, da voz que canta ou que fala, do trabalho da terra e do relacionamento com os seres vivos. Corporal, camponesa, ginasta e vital, a metafísica marca o limiar aquém do qual nosso corpo não pode mais se desdiferenciar sem correr perigo de morte. Altamente física, ela se coloca no limite (*meta*). Aquém da metafísica, a lápide funerária, a estátua do Comandante, ou melhor, a totalidade das *Statues*[12][Estátuas].

[12] Michel Serres, *Statues*, Paris, Flammarion, 1993.

Retorno à incandescência

Nossa natureza incandescente respira, flui e arde. Nossa totipotência torna possível a existência de toda classe desses conceitos brancos. Para além de todo o conhecimento e experiência, a essência de meu silêncio invoca o silêncio contido na essência de todas as coisas; a eternidade penetra no tempo.

A fusão de nossos laços sociais e a paz serena que existem além das batalhas e de qualquer tipo de ressentimento são conceitos que foram banidos a partir do momento em que o saber foi confiado unicamente a formatos definidos e falsificáveis; em que deixamos de ouvir o chamado musical dos pássaros e o clamor sem voz, entretanto audível, dos ancestrais enterrados nas cavidades tectônicas da África; em que sofremos de sede, fome, frio, miséria e solidão ou do efeito da acumulação material, em que como filhos da pobreza padecemos de privação, em que os profetas salmodiaram a ausência, em que os sábios se iniciaram no conhecimento tateando, em que os amantes desventurados choraram. Esse chamado que não mais ouvimos, no entanto, ressoa como o ar, o mar e o fogo que envolvem, maltratam e podem até mesmo destruir a terra; terra definida, delimitada, rigorosa, exata como as disciplinas científicas, condicional e fundadora como uma ciência cognitiva, sólida como a experiência, que serve de habitação e nicho das espécies, de suporte de suas errâncias, de suas guerras e de seus trabalhos. Essa terra está sempre envolvida pelos rumores do mar imortal, pelo ar furioso e turbulento, calmo ou transparente, devastada, nutrida, perfurada, aniquilada, renascente pela ação do fogo, cuja regularidade é rigorosamente controlada pela trindade dos elementos incandescentes.

Deixamos a terra pelo ar, água e fogo. Humildes humanos, em consideração à terra, vivemos sobre ela e dependemos dela, de sua imanência multicolorida constituída de caminhos entrecruzados, mosaicos, paisagens e redes de múltiplas formas e circunstâncias variadas. Sem sonhar, conservamos os dois pés prudentemente sobre ela, as mãos sobre as coisas e os olhos baixos, delineamos sobre ela uma circunscrição rural branca que, ao nosso redor, nos faz lembrar dessa grande área envoltória constituída por um mar esverdeado, um ar translúcido e um fogo genuíno.

Imanência e transcendência elementares

Com certeza, ninguém pode trabalhar e escrever a não ser sobre a solidez cristalina da terra bem diferenciada, jamais sobre a fluidez da água, sobre o ar caprichoso, nem sobre o fogo intocável cuja travessia é fatal. A terra plena e escura espera pelo branco para que a escrita possa ser lida ou pelos fluidos transparentes para que possa frutificar. Não podemos apenas fincar os alicerces, é preciso iluminar nossas escarificações para que a leitura e a compreensão possam ocorrer; não podemos apenas fazer sulcos, é preciso regar as plantas e as sementes aeróbias para que delas irrompam as frutas e as colheitas. A terra precisa da água e das lágrimas derramadas pelo mar e pelo vento, dos soluços intermitentes e das chamas ardentes do fogo, porque é muito grande o brilho e a fecundidade que se originam da alegria e da dor das paixões.

A forma e os limites do trabalho e do sentido originam-se certamente da terra e de sua imanente dureza, seca, rigorosa, exata e precisa, mas nenhuma forma, nenhum limite poderia ser lido nela sem a transcendência incandescente que não possui forma nem limite. Não compreenderíamos a primeira palavra de qualquer conhecimento e os primeiros benefícios de qualquer trabalho se esse início de luz, calor, movimento e fluxo estivessem ausentes. Como a terra exibe suas fronteiras na indumentária dos oceanos, sob a echarpe atmosférica e na aura que se origina do sol e das constelações, o plano de imanência imerge num volume sem o qual não se pode existir nem pensar. Não existe terra sem os outros elementos; não existe mundo sem o Universo; não existe estado cromático sem o estado branco. Trabalho, linguagem e sentido continuariam obscuros sem essa primeira e indispensável claridade. Imanência útil, fria e sombria; transcendência ardente, luminosa e condicional. Recente, complexa e enregelada, a Terra origina-se a partir de fluidos quentes, de corpos simples e primitivos e de incandescências elementares; o sentido provém do *apeíron* divino; o leque multicolor é decorrente da brancura. Como todas as culturas provêm do corpo-tronco, todos os nossos pensamentos e sentimentos originam-se do branco.

A quem amar?

Acontece a mesma coisa com o desejo. Certamente nos apaixonamos por esta ou por aquela pessoa, mas antes de tudo, o infinito atrai a totalidade das potências de nossa condição de espécie-tronco. Nossa desprogramação suprime toda orientação e nos coloca diante da totalidade possível. Depois de percorrer a gigantesca lista das mulheres que amou e abandonou, Don Juan terminou seus dias orando em um monastério, com os olhos elevados ao vazio do céu infinitamente povoado. Salvo pelas patologias conhecidas, o misticismo não se reduz unicamente a uma frustração sexual. Ou melhor, nossa espécie branca, infinita e simbólica não pode evitar a frustração, seu pão cotidiano. Quem ou o que pode satisfazer nossos desejos? Mesmo coberto de riquezas, quem um dia não viveu na própria carne a experiência de que os seres humanos se nutrem mais freqüentemente de privação do que de satisfação? Foi dessa fonte inesgotável que os humanos retiraram os ensinamentos para suas melhores ações. Centenas de milhares de anos moldaram seu metabolismo pela privação, fome, carência, penúria e insuficiência. A obesidade nos sobrecarrega e nos mata. Abandonamos a especialização até mesmo no desejo. A miséria é a nossa condição.

Sim, positivamente, no erotismo puro e nu, o amor, por vezes, experimenta uma excelente união seráfica; entretanto, mesmo perfeita, pontual ou de longa duração, essa satisfação única jamais sacia uma carência infinita que não pode ser erradicada, cuja totalidade inacessível está ligada à nossa infinitude. Viúvos de Deus, amamos todas as mulheres e o mundo, o próximo e os distantes, as plantas, os animais, as paisagens e a vida, o mundo em suas tábulas rasas, deserto, alto-mar, montanhas brancas, a existência e a morte, o bem e o mal, o ser e o não-ser, o Universo e, novamente, as mulheres. Não existe amor que não seja universal, que não seja dirigido a essa integral inacessível de nossos atos de amor que os mais sábios do que eu denominaram Deus.

Se eu amo você, percebo que essa totalidade singular interpenetra, surge e vive em você. Vivemos no nada e no infinito, imersos, por vezes, nesse meio finito que serve de nicho a outras espécies. O muito não importa nem ao zero nem ao todo. O amor declarado por essa ou aquela pessoa advém quando o Todo se condensa nele ou nela. Experiência fulminante que coloca em curto-circuito o vazio de nossa incompreensão, denominada frustração, a infinidade plena do pleroma. O misticismo ronda todos os nossos amores, que sempre são universais.

Santidade, pobreza

Os precursores gregos do abstrato designam aqui um *apeíron* humanizado, sob a noção de uma espécie-tronco totipotente, nascido de um refluxo em sentido inverso ao da evolução e a partir do qual todas as culturas nascem. Os místicos o experimentam como Deus, a soma do desejo e do conhecimento, de quem não podem falar a não ser de modo apofântico, ou seja, negativo e regressivo, e dizer aquilo que não se pode dizer. Ele permanece indefinido. Fogo pascal.

Quem é a testemunha disso? Temos menos necessidade de genialidade porque nossas ciências, quando em rede e profissionalizadas, funcionam sobre a inteligência coletiva; desconfiamos do herói porque as guerras tornam-se impossíveis sob a ameaça da erradicação atômica ou de invisibilidades recíprocas: sentimos hoje uma enorme carência de santos que retornem à mesma desprogramação cujo objetivo é a indiferença transparente. Essa indiferença torna-os tão brancos que, à imagem de Deus, ficam invisíveis. Discretos, secretos e sem auréola de glória. Transmutam-se em testemunhas.

Pobres em língua: silenciosos, transparentes, quase ausentes do mundo, quem poderia percebê-los? Pobres de intenções: virgens e ingênuos, sempre dizem sim e jamais dizem não. Pobres por dom, perdão e abandono. Simplesmente pobres, sem procurar por luxo ou necessidades supérfluas. Pobres de espírito, sabiamente ignorantes, limitados à metafísica carnal. Pobres que buscam a humildade total, sem impor nenhuma condição diante da Terra, da vida, do pensamento, das diversas culturas e dos outros. Miseráveis: sem espírito, sem eu, sem sujeito. Sem teto, vagaram tanto que suas diferenças foram silenciosamente aparadas, até que não restasse qualquer atributo diferencial. O reencontro dos humanos, a Grande Narrativa dos tempos e a volta ao redor do mundo mesclaram-se às formas, luzes, sombras e cores.

Se todos nós, indivíduos e coletivo, não nos decidirmos a nos transformar nesses pobres como, aliás, já o somos geneticamente, nós morreremos. Pobreza: esperança dos homens e futuro do mundo.

A Identidade, os Pertencimentos

Nós, *eu*

A despeito do caráter poroso das culturas, é forçoso constatar que ainda existem absurdos tão obsoletos como as fronteiras entre as nações e, por essa razão, você deve exibir seu passaporte ou sua carteira de identidade a um dos funcionários encarregados da vigilância dessas muralhas. Inicialmente, ele se assegura de que a fotografia, de uma fisionomia inimitável, corresponde ao rosto singular da pessoa que se apresenta diante dele. Em seguida, se surgir alguma dúvida, ele faz a leitura de seu nome, sobrenome, idade e sexo inscritos sobre um dos dois documentos. Ele verifica sua identidade. Trata-se mesmo dela?

Não. Qualquer que seja o seu nome, que pode ser o mesmo utilizado por dez ou por cem mil pessoas no mundo, ele de jeito algum designa você: você pertence apenas a um subconjunto daqueles e daquelas que respondem quando são chamados de Martin, Chang ou Gonzalez. Você pertence também ao subconjunto dos que são designados pelo nome de Sara ou Bruno. No decorrer de suas viagens, você encontra, por vezes, algumas pessoas pretensiosas que possuem o mesmo nome e sobrenome que você. Pelo menos em razão da homonímia, um nome, mesmo associado a um sobrenome, de maneira alguma especifica sua identidade com precisão, ele apenas indica a intercessão entre dois de seus pertencimentos. De acordo com seu sexo, você pertence ainda a um dos dois subconjuntos, masculino ou feminino; finalmente, você faz parte daquele subconjunto que assistiu a muitos nascimentos em lugares e tempos diferentes. Quem poderia vangloriar-se de ter sido o único a ver o dia, a hora ou a semana em algum lugar? Seu suposto eu funde-se na diversidade dos *nós.*

Confusão entre pertencimento e identidade

Sempre confundimos pertencimento com identidade. Quem é você? Ao entender essa questão você enuncia seu nome e sobrenome e, por vezes, junta a eles o lugar e a data de seu nascimento. Melhor ainda, você se diz francês, espanhol, japonês; não, você não tem apenas esta ou aquela identidade, pertence também a um ou a outro desses grupos, nações, lugares e culturas. Você se diz igualmente xintoísta, católico, democrata ou republicano; uma vez mais, não e não, você pertence somente a uma determinada religião, partido político ou a alguma seita de obstinados.

Mas, então, quem é você? Esse verbo assume sentidos tão vagos que é melhor deixá-lo um pouco de lado; breve voltaremos a ele. Diga, então, qual é sua identidade. A única resposta verdadeira: você mesmo, unicamente você. Isso se o princípio de identidade for enunciado da seguinte maneira: *P* idêntico a *P*, termo que os lógicos e matemáticos têm o hábito de designar por três pequenas barras horizontais paralelas, para distingui-lo do sinal de "igualdade" indicado por duas. Quanto ao pertencimento, ele é indicado por um pequeno sinal em forma de meio círculo cortado que se assemelha à letra grega *ypsilón* ou ao símbolo do *euro*, cuja presença demonstra que certo elemento faz parte de um determinado conjunto, assim como você faz parte do conjunto dos portugueses, dos maometanos ou de uma determinada equipe de futebol. A confusão entre pertencimento e identidade começa por um grave erro de raciocínio que qualquer professor condenaria até mesmo no curso elementar.

Alfândegas, polícia, Serviços Gerais de Informação, impostos...

Sem dúvida, o que ocorre com maior freqüência é que nome e sobrenome são suficientes para a polícia encontrar você. Já nos esquecemos dos protestos indignados proferidos contra o órgão emissor de documentos de identidade há apenas algumas décadas por aqueles que não aceitavam que o governo os registrasse como fazia com as prostitutas. Era assim que o Estado nazista humilhava os judeus, obrigando-os a carregar um documento desse tipo e a mostrá-lo quando solicitados; todas as mulheres e moças vítimas dessa medida deviam usar, indistintamente, o nome de Sara, enquanto homens e mulheres considerados livres ficavam isentos disso. O que se observa é que essa decisão eliminava a identidade e conservava apenas o pertencimento. As buscas policiais demonstram que o pertencimento funciona como um tipo de endereço; se os agentes policiais quiserem prender você, basta tocarem a campainha de sua casa cujo bairro, cidade, rua e número eles já conhecem. Quando você se pergunta "Quem sou eu?", os Serviços Gerais de Informação encontram a solução para uma outra questão: como encontrar você? Este erro de raciocínio envolve duas disciplinas distintas: você confunde ontologia com antropometria. Talvez você chegue mesmo a esquecer a liberdade que um certo anonimato concede. Inversamente, o fato de carregar essa carteira de identidade é uma proteção contra a ameaça de um ataque criminoso; eu ouvi uma dezena de amigos africanos, invejosos dessa proteção, afirmarem que seu Estado, pelo menos, controlava o número de turistas brancos;[13] se faltava um, procurava-se por ele; tornava-se difícil eliminá-lo.

Vida e morte

A lista encabeçada pelo passaporte, pela carteira de identidade e por todos os documentos administrativos, bancários, médicos, sem falar dos do telefone, gás e energia elétrica, nem de longe esgota os pertencimentos de uma mulher ou de um homem. Se aprendem uma língua considerada estrangeira, já os vemos filiados a uma nova comunidade, inaudível à comunidade vizinha e, com freqüência, à sua própria; se exercem uma profissão, já os vemos inseridos numa empresa, num serviço ou divisão, aventurando-se até mesmo na concorrência; quando se trata de um esporte, logo se integram a uma equipe que, no sábado seguinte, irá disputar com qualquer outra; ao se tornarem especialistas numa disciplina, já fazem parte de um saber, um departamento, uma corporação; se apreciam as delícias da ópera, da dança ou do piano, logo fundam um clube de amadores. Essa série de pertencimentos se amplia na mesma proporção em que você desfruta das incertezas da vida; ela permite que você compartilhe suas experiências com outras pessoas e quanto mais aberto estiver para ela maior será sua realização. Não hesite em multiplicar seus pertencimentos, suas relações se enriquecerão cada vez mais. Essa seqüência não tem fim, a tessitura dessa rede só terminará no dia de sua morte.

Anuncie outra vez sua identidade: se a decisão for considerá-la como a reunião da interseção de todos esses subconjuntos ou a soma da série de

[13] No original: *Toubabs*. (N.Ts.)

todos os seus pertencimentos, nem você nem ninguém a reconhecerão, a não ser no momento banal de sua agonia, que você considera solene. Se existe e quando existe, essa identidade talvez se reduza à soma dos pertencimentos, jamais a um ou a outro dentre eles. Nos limites dessa série ou dessa soma, existe um ponto de acumulação exterior a seu desenvolvimento? Ou sua identidade integra os nichos pelos quais você passou durante sua existência, as portas que forçou ou então ela (será que se trata de uma outra) reside sempre em algum lugar irredutivelmente exterior a essa soma. Apenas a tautologia, "eu idêntico a eu" impede com rigor a intensidade da imanência ou a inacessibilidade dessa transcendência. A transparência branca, a incandescência dessa repetição não ensina nada.

Assim esboçadas, essas duas carteiras de identidade convergem entre si: a dos pertencimentos encaminha-se para uma complicação crescente em número e em sobreposições cruzadas; a da identidade branca, silenciosa e rasa, reluz.

O *racismo e suas duas reduções*

Há muito tempo, eruditos, políticos, jornalistas, regionalistas, enfim todo mundo, utilizam o termo identidade até a náusea, sem perceber que com isso cometem um puro erro de lógica que deriva em uma falta ainda pior. Examinemos o alcance das expressões: identidade cultural, nacional, religiosa, masculina ou feminina, africana, européia ou islâmica.

Injustiças escandalosas e uma insustentável miséria podem nascer dessas maneiras de dizer e de pensar. O que diz o racista? Ele o trata como se sua identidade se esgotasse em um de seus pertencimentos: para ele você é negro ou homem, católico ou ruivo. Ele adora o verbo ser, tão fluido quanto redutor. O racismo tira seu poder de uma ontologia cujo primeiro ato de palavra reduz a pessoa a uma categoria e o indivíduo a um coletivo. Ele o encerra dentro de um compartimento, da mesma forma que um entomologista fixa um inseto em sua coleção com um alfinete; perseguido, assassinado, trespassado pelo aço, esse inseto é a encarnação de sua espécie. Não, você não é muçulmano, moça, protestante ou loira, você apenas faz parte de um país, de seus hábitos primaveris, dos ritos de uma religião ou dos papéis cambiantes de um sexo. Assim como a lógica da identidade determina um rigor, assim também os pertencimentos se extinguem e flutuam como o tempo, o acaso e a necessidade. A partir daí semeiam sobre o mundo tantas infelicidades que seria melhor corrigir esse erro antes que, rapidamente, ele se transforme em crime.

O racismo pode ser definido pela redução que opera entre a relação de pertencimento e o princípio da identidade. Não usem mais esse termo, tão difundido quando se refere à cultura, à língua ou ao sexo, uma vez que sua falta de lógica se transforma num crime social e político. O racismo reconduz o eu a um nós. Quem ainda não se deu conta de que esse simples erro de linguagem oculta uma tentativa de morte? Considere definitivamente racistas as expressões: identidade cultural, sexual, religiosa e nacional tão freqüentes hoje em dia.

Ética: inclusão e exclusão

Assuntos bastante simples no campo da ética respondem hoje a esses elementos de ordem lógica e sociopolítica. Fala-se muito pouco disso, mas, na realidade, o pertencimento implica uma libido singular cujas pulsões são mais intensas do que as chamadas pulsões do corpo e do espírito. Trata-se de emoções exaltadas que se convertem em atitudes desprezíveis nas discussões encarniçadas ou nas guerras, nas quais cada um defende mais os problemas de sua coletividade, seita ou corporação do que sua identidade e mesmo suas idéias. Esses deleites doentios por vezes encontram uma válvula de escape (os eruditos denominam "catarse") nas traves dos estádios de futebol; certamente, é melhor ser espectador de uma partida de futebol e gritar pela vitória dos Azuis contra os Verdes, assistir a alguns chutes ao gol que nunca matam ninguém, ou esperar por uma taça de metal branca numa outra competição em que o resultado se inverterá, do que enterrar cem mil mortos inúteis ao final de uma batalha do meu país contra o seu. Essa concupiscência terrificante de pertencimento, de onde talvez advenha todo o mal do mundo, pode ser expressada por meio de uma regra universal de conduta que não é falada: "Amai-vos uns aos outros", exclusiva no interior, excludente quanto ao exterior. O pertencimento sempre repete o verbo ser: aquele é dos nossos. Mencionei um subconjunto e ele já está fechado.

Se um determinado indivíduo pertence a esse subconjunto, isso pelo menos faz supor que existe um outro indivíduo que não pertence a ele; por bem ou pela força nós o expulsaremos para fora de nossos muros se, porventura, ele transpuser seu umbral. Fora dos limites delineados pelo pertencimento, esse outro não pode desfrutar dos mesmos benefícios: a inclusão implica e explica a exclusão. É por isso que certos animais praticam a matança extra-específica. Essa questão traz consigo a questão do Outro. A rigor, a expressão da identidade permanece imune a essa exclusão, uma vez que a única coisa que ela faz é sobrepor um eu sobre o outro eu, mas o pertencimento ou a aderência do eu ao nós elimina os outros dessa inclusão.

A *libido do pertencimento: exercícios*

O motor desses exercícios funda-se na excitação dessa libido específica. Todo mal do mundo advém do pertencimento? Tenho tendência a pensar que sim. Ele ronda esses limites, seu fechamento e definição decorrem das comparações e das rivalidades suscitadas e incitadas pelo calor dessa libido.

Para baixar sua temperatura, uma vez ao dia, você poderia esquecer sua cultura, sua língua, sua nação, sua residência, a equipe de futebol de sua cidade e, até mesmo, seu sexo e sua religião; em resumo, a dimensão de suas clausuras. As mulheres modificam o nome após o casamento, os viajantes mudam de endereço e os imigrantes trocam de passaporte. Traduza qualquer palavra estrangeira, traia o dialeto livre em sua boca, imagine que aquele que acusamos de traição atravessa literalmente *(tra-ducit)* uma fronteira, que ele simplesmente se desloca e que, através dessa barreira, na qualidade de importador ou exportador ele dá *(trans-dare)*. Melhor designar esse traidor pelo nome de permutador. Abençoe os tradutores. Mulheres, casem-se com o inimigo de seu irmão. Se você habita à sombra de um modesto relógio ou de uma catedral, olhe para eles uma vez por dia, ao meio-dia, por exemplo, na hora em que não há sombra, como se fossem um antigo templo babilônico,[14] uma pirâmide, uma mesquita ou um pagode chinês. Bem-aventuradas as religiões cuja narrativa fundadora não diviniza sua própria terra, mas, ao contrário, abençoa uma outra terra distante, considerada santa e tão inacessível que transforma a terra da vida real num vale de lágrimas e num lugar de exílio. De onde viemos nós? De nenhum lugar, de outra parte, da transcendência. Nesse momento iluminado, tentemos, finalmente, fantasiar nosso amigo de persa e enxergar nossos animais com aparência de dragão como se fossem princesas bem-amadas que clamam por socorro. De vez em quando podemos esquecer nossos pertencimentos. Nossa identidade ganha com isso e, principalmente, conquista a paz.

[14] No original: *ziggourat.* (N.Ts.)

Uma confissão de identidade: totalmente inata, totalmente adquirida

Gosto que o princípio de identidade reduza-se a uma tautologia vazia e que, com isso, a ontologia que a sustenta se anule de uma vez por todas. Minha fisionomia adquire a forma de uma linha circular branca, meu corpo a de um manto imaculado. Um retrato sem traços, uma cera virgem sem nenhuma forma. A carteira de identidade habitada projeta-se então sobre uma carteira branca; outras coisas imprimem-se sobre essa incandescência: a beleza de certa amiga, a feiúra das cidades dos Estados Unidos, o luminescente Saara, os Andes transcendentes, as correntes do canal de Baffin repleto de icebergs enfileirados, os vulcões triangulares do Japão, bandidos e santos, humildes e reis, condutores de gruas, operários, prostitutas, ministros, assassinos donos do poder e amantes secretos do amor, dos saberes e das músicas. Eco estridente de múltiplas vozes, luz branca composta de uma dezena de cores.

Gosto que os filósofos sensualistas, do século das luzes brancas, tenham mergulhado o eu nessa cera virgem. Vagarosamente, o mundo se projeta e se observa nessa cera, os outros a transformam numa discussão interminável. Inumeráveis textos e desenhos combinam-se em meu corpo, em minha alma e em meu entendimento-palimpsesto. Constituem pensamentos profusos, rapidamente esquecidos, memorizados, que se sobrepõem e são incessantemente eliminados, mas que sempre voltam a ser reproduzidos e reescritos em linhas remodeladas. Trata-se de uma totalidade de coisas escritas sobre essa ausência ou: ninguém acrescido de todos os outros; eis aí o eu. *Ego nemo et alii.*

Identidade, vacuidade, virgindade. É desse espaço vazio que surge todo o preenchimento possível. O pleroma ou plenitude tem necessidade da vacância. Uma virgem torna-se mãe e depois da maternidade volta a ser virgem. Quase todos os seres vivos, plantas, animais e cogumelos já nascem capacitados, conhecem apenas seus dados, são marcados e dotados de limites rígidos que resistem à aprendizagem, em resumo são programados, inatos. Como acabo de dizer, para nós humanos tudo é adquirido, como as impressões sobre a cera ou as cores no incolor. Nossa identidade nativa comporta precisamente essa possibilidade de adquirir tudo; desde o princípio, essa capacidade nos é dada como onipotência ou como totipotência, no sentido de que tudo existe potencialmente adormecido. Aqui estamos universalmente dotados de uma brancura própria, inata em nós. Não há discussão ou contradição, nem sequer uma proporção entre o adquirido e o inato, entre as duas carteiras de identidade às quais me refiro: tudo inato, tudo adquirido, é essa estranha soma que forma o homem.

O *corpo composto*

Objeção: ao contrário, uma diferença extraordinária separa o eu do não-eu, pois o sistema imunológico defende o organismo do exterior reconhecendo os outros com bastante precisão para melhor atacá-los se estes invadirem o local. Este é um contra-exemplo em que a identidade se confunde com o pertencimento, cerra suas fronteiras e inicia uma batalha implacável contra os intrusos. Tudo se passa como se um exército de defesa estivesse de sentinela nas ameias das numerosas muralhas que compõem o organismo, tais como a pele, a meninge, a pleura, o peritônio, as membranas arteriais e as celulares.

Por vezes um órgão constitui exceção a essa regra: o útero no qual, ouso dizer, ocorre uma supressão parcial da imunidade. Na realidade, é crucial que a matriz não se defenda contra o intruso que o sexo masculino coloca nela e que a feminilidade acolha ativamente a alteridade, pois se não fosse assim ela mataria ou expulsaria os espermatozóides, monocelulares sempre considerados como corpos estranhos. A matriz os aceita sem combatê-los. Em matéria de imunidade toda mãe permanece de certa forma virgem. Ela pode receber a semente de uma infinidade de machos dos quais não se protege. Se não fosse assim, jamais teríamos filhos. O útero assemelha-se ao eu que não pode ser definido por qualquer pertencimento, apenas pelo princípio transparente da identidade. Gosto que essa identidade incandescente se instale nos ventres das mulheres, ame você também esse órgão acolhedor.

O que dizer, então, sobre a identidade além da tautologia de seu princípio? Ou ela segue a regra comum, arma-se e multiplica suas couraças e muros, entra na batalha contra toda alteridade e termina por expulsá-la; ou dá preferência à matriz, por vezes sem imunidade; imersa no útero possível, ela desarma todas as defesas coletivas ou particulares. Nosso corpo abriga duas operações mentais voltadas à resolução de seus problemas: ele combate e não combate, se fecha e se abre, interdita e deixa passar. Escolha a resolução do intestino, do fígado ou do esqueleto, opte pela vida individual que dura o tempo dos efêmeros e passa como a vegetação dos campos: num piscar de olhos, a luta, a sororoca; você terá vivido durante a fulguração inútil das lesões corporais e dos tumores. Se preferir o amor, agite a bandeira branca. É chegada a hora de uma nova narrativa.

Três corpos, três vidas e três tempos?

O corpo individuado, o fenótipo e a ontogênese disputam entre si, mas a filogênese, que pelo menos se refugia no interior do útero, inventa uma paz cuja duração se processa de outro modo. Nesse lugar de origem jaz algum segredo? Uma guerra custa sempre muito mais caro do que o armistício preliminar que permite evitá-la. Ao final das contas, o organismo individual, sempre vencido, paga com a morte o preço de seu sistema de defesa? Na verdade, um enorme custo. Por vezes, o organismo sem defesa sobrevive apenas parcialmente no órgão. Tudo acontece como se vivêssemos duas vidas, a do indivíduo e a da espécie, assim como dois tempos breves e longos, porque temos dois corpos de portas abertas e muralhas indentadas, um na identidade branca, o outro no pertencimento.

Escondida no fundo da vagina, a solução pacífica gera uma outra vida além da nossa própria, um outro tempo, o tempo de uma narrativa que ultrapassa a duração das rosas. A identidade do homem jaz na matriz das mulheres? A cultura humana jaz na natureza feminina? Adoro essa metáfora.

Terceiro corpo, terceira vida, terceiro tempo: assim se passaram quatro séculos, Montaigne encontra um "selvagem", vindo do Novo Mundo, que o surpreende e o inquieta por sua singularidade. Sob pretextos relacionados à diversidade dessas diferenças, costumamos nos matar uns aos outros. Acabamos de aprender que ao saírem da África, há alguns milhões de anos, nossos ancestrais comuns se separaram; nossas células carregam um código semelhante ao desse Nativo que data da Renascença, somos todos primos próximos. As grandes descobertas abriram a cultura e as ciências humanas às alteridades dispersas no espaço, o tempo da Grande Narrativa as reconduz ao nicho familiar essencialmente natural, o tempo relativiza as antigas diferenças culturais.

A *vida e o eu como obras*

Sobre uma duração mais longa, retomamos, então, a lentidão paciente de nossas contingências. O eu se institui na ação do tempo constituindo-se numa obra que, por sua vez, se desenvolve como o destino de uma vida. Todos começam juntos por felizes reencontros que se dão ao acaso e se desenvolvem por meio da epigênese. Como o eu e o tempo, a obra avança e retrocede, jamais, porém, linearmente, bifurca-se, recua sobre si mesma, dorme, sonha, repousa, expande-se ruidosamente, de súbito esvazia-se, freqüentemente se altera e, também, enche-se de esperanças que morrem, de imprevistos que surgem como jatos de água abundantes por longo tempo e que, de uma hora para outra, se esgotam, ressecando ou inundando terras preciosas e aglutinadas, regeneradas, reproduzidas, lugares que se fundem e se constituem numa totalidade codificada sobre uma brancura inicial. Contingentes, o tempo e o eu podem se expandir ou se destruir assim como a obra.

Quando Flaubert diz: "Madame Bovary sou eu", ele revela apenas uma pequena parte da verdade. Justa e exata, essa identificação contém apenas um sentido que vai do autor ao personagem. Flaubert teve a possibilidade de identificar-se livremente, tanto com Bouvard e Salambô como com outros personagens de sua obra. Quando se retorna a essa célebre frase para tentar encontrar a identidade do autor exatamente como era, descobre-se até que ponto seu eu fervilha, repleto de princesas e soldados romanos, de Santo Antônio e teólogos eruditos, de corações puros e intricados burgueses, de paisagens normandas onde as vacas pastam e de rios africanos secos, de Telliameds[15] e de Pécuchets.[16] No sentido direto e não inverso, essa identificação, que se apresenta como um leque aberto e não se reduz apenas a uma de suas ramificações que retorna à origem, diz muito mais sobre um autor do que sobre o eu em geral.

Em suas obras, Balzac e Zola identificaram-se certamente com ministros, assassinos, lavadeiras, mineiros, duquesas, prelados, camponeses ou gente da justiça, assim como o fizeram George Sand, Cervantes ou a condessa de Ségur; estes autores objetivam suas identificações sobre as folhas de papel, da mesma maneira que outros pintam sobre telas ou talham no mármore as inumeráveis figuras de um eu comum a todos, sempre constituído como uma obra coalescente e lenta. Como o termo autor quer dizer aumentador, esses grandes nomes próprios ampliam um processo

[15] Michel Serres refere-se aqui a *Telliameds*, livro de Benoît de Maillet (1656-1738), ou entrevistas de um filósofo indiano com um missionário francês acerca da diminuição do mar. Paris, Faillard, 1984. (N.Ts.)

[16] Referência ao romance de Gustave Flaubert, *Bouvard e Pécuchet*, tradução de G. Coutinho e Augusto Meyer, Rio de Janeiro, Nova Fronteira, 1981. (N.T.s.)

que todo mundo experimenta mesmo que minusculamente. Eles oferecem seus corpos como instrumento desse processo, os outros os preservam, os ocultam e, por vezes, até mesmo os esquecem, como se os reduzissem a nada; trata-se sempre do mesmo processo de mimetismo e assimilação. A alteridade penetra em massa na incandescência, a identidade caótica penetra na identidade branca. Como poderiam essas identificações alcançar um número como esse, qualidades iguais a essas e tal complexidade de paisagens repletas de folhas, sonora e tingida, se o eu as eliminasse, expulsasse, se ele não funcionasse unicamente como um útero acolhedor, por vezes indefeso, ou como o tronco de uma grande família? Cada um constrói sua identidade-prostituta em meio à imensa legião de pessoas com as quais se defronta. Não se deve apenas tolerar essas pessoas, mas aceitá-las plenamente e até mesmo convidá-las a fazer parte dessa identidade. Cada vida, cada eu e o tempo de cada um são construídos como obras. Um único preceito de conduta tem valor: construa você mesmo a vida, o corpo e a duração, com a paciência e o sofrimento com que se cria uma obra de arte.

A *pedagogia imita o organismo*

Por que a pedagogia dos aspectos mais insignificantes do homem não seguiria a evolução desse plano orgânico, composto de territórios de pertencimento e de terrenos de recepção? Eu diria que sua função inicial é codificar, não importa qual seja a forma desse código. Mais tarde, seu projeto é decodificar-se e, por que não, retornar à incandescência da cera virgem ou da sábia ignorância, sobrecodificar-se, mudar de língua, de som e imagem. A pedagogia só poderá fazer isso se souber como codificar. A partir de então, por que não aceitar a necessidade? O primeiro e inevitável código consiste em receber sua própria cultura, o subconjunto de seus primeiros pertencimentos para depois prontamente recusá-los. Transmita sua língua, seus costumes, seus ritos religiosos, em resumo, sua etnologia, não os despreze. Como evitar efetivamente essas necessidades de enraizamento e, depois de ter sido impregnado por elas, como não amá-las? Até o momento de minha morte conservarei meu sotaque, a coleção de hábitos inveterados que constituem minha etnologia, alguns maus modos à mesa, uma certa fanfarronice e a prática do amor cristão e cortês. A geração que não transmite os códigos que recebeu aprenderá tardiamente que pecou por arrogância ao acreditar compreender o que não dominava e criticar duramente o que não compreendia. Não abandone a cera virgem, não permita que a criança sempre faça as escolhas, pois a aprendizagem consiste em se deixar escarificar. Trata-se de uma dura prova. Para não se permanecer ingênuo e tolo e para tornar-se maleável, deve-se aprender a receber, um ato menos passivo do que se possa crer. O verbo captar designa uma mescla da ação de capturar com a paixão aprisionadora contidas na raiz comum das palavras da aprendizagem: percepção, conceito, intercessão, recepção. O predador caça e mata, a sedutora atrai. De um lado, os órgãos imunizados, captadores, de outro, o receptor. De um lado a etnologia específica, cuja tendência é se defender, de outro a viagem da vida que sorri dessas fortificações e que se torna mais forte pelo fato de não se defender. Sim, eu vivo desmantelado.

Observe a tapeçaria que Penélope tecia durante o dia e à noite desfazia, na qual desenhava e depois apagava o itinerário de errâncias de seu marido marinheiro. O projeto evolui de acordo com o tempo, depende das tempestades e da bonança, do ponto em que se está ao meio-dia e no crepúsculo, da posição e das explorações, dos monstros e feiticeiras; o eu assemelha-se ao movimento do casal formado pela tecelã e o navegador, ao corpo único constituído de um lado pelos órgãos que ficaram em Ítaca para defender-se diariamente dos odiosos pretendentes que invadem o palácio para devorar a herança e, de outro, por aquele que, na morada de Circe, se transforma e se esconde sob a lã das ovelhas para escapar à prisão ciclopiana e, por vezes, utiliza bolas de cera nos ouvidos para passar são e salvo através do canal em que se encontram as sereias. Esse eu único e duplo, que se denomina Pessoa e que captura a seu bel-prazer todos os monstros encontrados nas terras habitadas, constrói-se por meio do tempo, assim como a *Odisséia*, obra-prima da arte. Viajante ou sedentário, seu relato transforma-se numa rede inextricável de elos e tramas, de versos cantados e depois escritos que nada mais são do que cicatrizes entrecortadas e vestígios de ferimentos. A aprendizagem exige que a passividade de receber, no passado considerada feminina, seja apoiada. Eu vivo escarificado, ferido, semidestruído, múltiplas vezes náufrago, mas fantasticamente vivo.

Invariância temporal

Depois de viradas algumas páginas da vida, o tempo passa a intervir. Ele obriga a que se retorne ao nome que se encontra na carteira de identidade. Fora do pertencimento, ao subconjunto daqueles que têm o mesmo nome, a carteira de identidade assegura, pelo menos, que aquele que nasce em determinado lugar e hora, mas que, em seguida, torna-se adolescente, adulto e, mais cedo do que se possa imaginar, um velho, continua a ser a mesma pessoa: a nominação garante uma constância no tempo. O princípio de identidade, *P* repete *P*, permanece fora de qualquer contexto, ordem, lugar ou tempo. Seu oposto, o princípio da contradição enuncia-se: *P* não pode ser ao mesmo tempo não *P*. Por exemplo, não posso ser ao mesmo tempo qualquer outro que não eu mesmo, nem tampouco continuar simultaneamente a ser um recém-nascido, adolescente, homem feito, adulto ou um velho agonizante. O tempo nos faz passar por todos esses estados; eles não se contradizem mesmo quando a duração intervém. Eis a razão pela qual minha identidade pode ser definida como essa constância no devir.

Uma boa definição do tempo elimina tão bem essas contradições que muitos filósofos recentes, que interpretam tudo em outro sentido, cometeram o erro de determinar o tempo por meio dos contraditórios. Ao contrário, o tempo sobrepõe-se a esses contraditórios pela identidade e, com isso, transcende e reúne esses dois primeiros princípios da lógica: o tempo estabiliza a identidade por meio de estados contraditórios. A duração me cria mesmo longe de qualquer lugar. Ela estabiliza minhas contradições. Posso afirmar que aterrorizados pelas errâncias e pelo tempo, aqueles que procuram por lugares refugiam-se no espaço dos pertencimentos e crêem que só as estátuas asseguram a perenidade, como as que se encontram nos nichos da sede da prefeitura de Paris. Mau sinal, vemos apenas a eles e nada mais. O eu permanece tão invisível quanto o princípio da identidade. Branco, transparente, da cor da constância. Diga, enfim, qual é a sua identidade: permaneço incandescente; contraditório, múltiplo e intricado, eu mergulho no tempo. São essas as minhas duas carteiras de identidade. A confluência das duas garante que eu viva um pouco na eternidade?

Fim da lógica de dois valores?

Todo pertencimento supõe um subconjunto, todo subconjunto se define por uma ou várias propriedades. Com a ajuda da libido, tendemos a nos considerar como partes de uma comunidade dotada de uma propriedade humana, sendo que os outros, as mulheres, as crianças, os estrangeiros e os animais se encontram excluídos, reunidos num subconjunto complementar no qual habitam aqueles que não são homens. Desde então, existem apenas dois subconjuntos e somente dois, o nosso e o oposto ao nosso. O verbo ser e a ontologia conjugam muito bem essa lógica; dir-se-á o ser e o nada, o homem e o inumano, o falso e o verdadeiro, o bem e o mal. A desconstrução dessa operação efetua o mesmo gesto da metafísica que ela quer destruir, visto que, ao triunfar por se colocar no exterior da metafísica ocidental, ela adota a mesma lógica de dois valores: retornamos à mesma dualidade.

Como acabo de dizer, basta compreender que desde os trinta anos cresci para me sentir simultaneamente grande e pequeno, modulo o tempo sem contudo me abater com isso; basta que eu aprenda uma língua ou a música para me sentir apto e inapto, modulo essas especialidades recentemente adquiridas. A lógica de dois valores serve admiravelmente para determinados sistemas demonstrativos, mas apenas para eles. A vida quase não a conhece mais, nem o tempo, a aprendizagem, o projeto, a construção em geral ou a Grande Narrativa que flutuam muito mais numa lógica modal de quatro valores: possível, impossível, necessário e contingente. Essa possibilidade plástica e, de certa maneira, totipotente imerge num contexto no qual encontra o impossível e o necessário para, em seguida, abrir-se aos acontecimentos contingentes. Quando o impossível faz suas escolhas no buquê das possibilidades, surgimos apenas como uma contingência modelada pela necessidade. Passando por corredores entremeados de impossibilidades nos quais o passado não tarda em se tornar necessário, o tempo e a vida fluem do possível e em direção ao possível, o futuro permanece possível e o presente contingente. Mesmo a teoria física do caos pode ser melhor compreendida nesse contexto e, *a fortiori*, os fenômenos vitais e históricos. É dessa maneira que a filosofia se libera da lógica de dois valores.

Interseções

Ultrapassada, sua carteira de identidade comportava apenas dois ou três pertencimentos entre aqueles que permanecem fixos por toda vida, pois você continua a ser mulher, homem e filho de sua mãe; você não pode mais mudar a data, nem o local de seu nascimento. Tal pobreza lógica confina-o à miséria, pois, na verdade, sua autêntica identidade pode ser mais amplamente detalhada e parece até mesmo dissolver-se em múltiplas categorias que mudam com o tempo. Suas viagens, trabalhos e aprendizagens, suas experiências profissionais, esportivas e políticas prontamente ampliam o número de grupos aos quais você se integra: amanhã você fará parte dos que falam a língua vietnamita, jogam rúgbi e sabem como consertar uma mobilete, não há nada que aumente simultaneamente o número de coletivos de seus pares e suas características pessoais quanto a pedagogia ou a aquisição de novas competências.

Como então descrever sua identidade? Por uma interseção dessa variedade de pertencimentos que flutua em razão da duração. Você não cessa de costurar e tecer seu próprio manto de arlequim também entremeado e colorido, porém mais livre e leve que o mapa de seus genes. Não defenda apenas um de seus pertencimentos, faça o contrário, multiplique-os para enriquecer aquilo que denominamos, de comum acordo, o seu eu, justamente muito mais feliz e forte quanto mais lentamente se libera dos lugares que você desejaria defender. Ao fazer isso, você honrará até melhor sua cultura de origem. Nunca me senti mais gascão, mais francês do que quando estava na outra ponta do outro hemisfério.

Rumo a um primeiro limite, a multiplicidade multicolorida estimula e reforça a singularidade, como se fornecesse a principal tonalidade ao conjunto do quadro. No outro limite, ela reencontra a universalidade. Você como eu, ela como ele, africano ou esquimó, apresentamos a todos uma palheta plena de cores. A humanidade torna-se multicolorida. É nessa forma arlequinada que você a reconhecerá. O que há de exclusivo no homem? Exatamente esse tipo de mistura. Incandescente como Pierrô; supercolorida e misturada como Arlequim. Quanto mais você imprime os outros sobre o eu, mais ele se afirma em sua singularidade, pois nenhum outro apresenta essa tonalidade marcante, mais ele se dirige a uma soma tão branca quanto a tábula de cera inicial. Essa brancura pode constituir-se de uma cor única ou de uma integração de todas elas. Pierrô tende para Arlequim, Arlequim tende para Pierrô. É essa dupla incandescência que torna o tempo humano.

A humanidade universal transforma-se agora nessa virgindade recebida no nascimento e realizada no momento da morte, momento em que reconhecemos em nós a plasticidade do devir. Dar-lhe-emos duas carteiras de identidade, uma branca e a outra multicolorida.

Uma nova carteira de identidade?

Imagine como seria passar por uma fronteira, diante dos policiais, munido de um passaporte variável que se assemelhasse à cartografia instantânea das mudanças constantes de suas aptidões. As novas tecnologias permitem a instauração de um cartão inteligente que você mostra ao funcionário da aduana. Esse funcionário será capaz de encontrar qualquer pessoa, inclusive você, pois o cartão contém a descrição do perfil evolutivo da identidade singular e, sobretudo, porque por meio dele pode-se distinguir a reunião dos múltiplos coletivos que correspondem a suas aprendizagens e experiências. Ele pode ser exibido até mesmo aos empregadores eventuais que precisam menos de especialistas e mais de atitudes fluidas e de interseções entre as diversas especialidades. Inicialmente, um diploma, por exemplo, só confere a você um pertencimento antigo, com freqüência esquecido, e sempre rigoroso por sua unicidade. De fato, suas atitudes devem ser politécnicas, no sentido mais próximo da palavra, ou seja, devem estar situadas na interseção de múltiplas especialidades, significando com isso tanto o conserto de mobiletes, a tradução do sânscrito e o manuseio dos computadores, como uma infinita simpatia para com os menos privilegiados que você. No passado, a impressão digital aproximava-se de um desenho como esse, mas, além disso, era necessário supor que ela mudava em tempo real. O eu se identifica com um dedo ondulante. Tão cheio de dobras como a pele e móvel como a fisionomia com seus sorrisos, piscadas de olho, choros e vestígios de velhas lágrimas, um manto de Arlequim que sempre varia enquanto a impressão do polegar, fixa desde o princípio, não muda jamais. Fácil de obter, um cartão inteligente como esse é tão universal quanto a antiga virgindade, pois, além de eminentemente singular, exibe seu retrato em tempo real. Contribuiria ele para corrigir o erro lógico, reparar as injustiças mencionadas acima e a infelicidade humana em geral? Ou seria necessário que cada um o mantivesse em segredo?

Balanço

Em geral, essa descrição de identidade atravessa os seguintes domínios: o da lógica por meio do princípio e sua tautologia, o da invariância temporal pelas contradições; o da sociopolítica pela crítica ao racismo e o processo de exclusão; o biológico pelo sistema imunológico e sua flutuante exceção uterina; o psicossociológico porque define uma libido de pertencimento; essa descrição da identidade efetua uma reflexão sobre o espaço e o tempo e, por fim, identifica o eu em seus três estados: na plasticidade virgem, na intricada paisagem e no conjunto das transformações que vibram de uma fase à outra.

Sua Cultura

Deslizamos da identidade aos pertencimentos, do eu ao nós. Em realidade, eu pelo menos pertenço a uma cultura. Como defini-la?

A *cultura do "homem virtuoso"*

A língua francesa concebe dois sentidos para a palavra cultura. No passado, Cícero chamava a filosofia de a cultura da alma. O século XVI, considerado como humanista, resgatou o significado de "desenvolvimento das faculdades intelectuais por meio de exercícios apropriados". Nossos colegas italianos usam a expressão *uomo di coltura* para designar aquela cultura que nosso classicismo reconheceria como sendo típica do homem virtuoso, comum durante longo tempo na França, mas que depois se tornou raro. Herdado da língua latina, do cristianismo impregnado de raízes greco-romanas e médio-orientais, daquilo que, em síntese, denominar-se-á dois ou três séculos mais tarde renascimento do humanismo, esse ideal corporal, intelectual, científico, moral, estético e, por vezes, também religioso, permanece em algumas consciências e ainda irriga algumas vidas com o equilíbrio, a gentileza e a conduta virtuosa. Nossos amigos alemães denominam *Bildung* a essa educação constituída de conhecimentos e polidez. Mas o mundo atual, politicamente correto, considera essa formação como algo elitista e acadêmico, como pecados doravante mortais.

Nascida com a tradução da filosofia grega para a língua de Cícero e das línguas antigas para as línguas européias, sustentada sobre as "humanidades", hoje em vias de extinção, para não dizer vilipendiadas, essa educação entrou em agonia pelo menos meio século antes do nascimento das novas tecnologias; não foram portanto as tecnologias que a destruíram. A leitura de milhares de livros que consideram que o porto grego de Pireu é um homem e que algumas banalidades requentadas são descobertas pós-modernas, permite constatar a devastação que um afastamento do passado, induzido pela ignorância em relação à Antigüidade, à Idade Média e aos séculos considerados clássicos, produz nas cabeças; alguns especialistas universitários dialogam com essas humanidades moribundas e sofrem, eles mesmos, os efeitos de devastações similares, igualmente graves, provocadas pela ignorância em relação às ciências exatas e sociais que essa cultura admitia. Sobretudo recentemente, foi preciso que a universidade separasse as culturas em literárias e científicas para que nascessem duas famílias de imbecis abarrotados de fórmulas repetitivas. Em que lugar encontrar uma lanterna cuja luminosidade fosse capaz de iluminar o dia e permitisse reconhecer a pessoa "erudita"? Essa pessoa esforçar-se-ia em reconstituir o humanismo a partir de exigências realmente contemporâneas.

As *culturas celebradas pela antropologia*

Um segundo sentido, de origem mais germânica, prevaleceu no século XIX a partir de Kant e se impôs na antropologia. O *Aufklärung* [esclarecimento] e, depois, as ciências sociais acrescentaram à "civilização", termo de origem mais latina e que as referidas ciências consideram como mais normativo, essa cultura que, atualmente, significa "o conjunto das formas de comportamento adquiridos em uma sociedade humana singular". O adjetivo *adquirido* enfatiza aqui a oposição entre o cultural e o natural; aos poucos o natural foi perdendo bastante terreno. Sartre, por exemplo, chegou até mesmo a negar a natureza humana. Isso ocorreu no mesmo momento em que a descoberta do ADN acalentava a esperança de redefinir a natureza humana com exatidão e generalidade. O etnólogo descreve as culturas aborígene, berbere e gascã, o sociólogo analisa o choque provocado por elas, os políticos e os ministérios defendem sua excepcionalidade durante as negociações internacionais. Ao que tudo indica, como afirmava Montesquieu, parece que as culturas aderem aos territórios, lugares e climas, o que também se diz em relação aos vinhos da Borgonha; pode-se supor que dessa forma eles encontram o sentido agrícola da palavra? Como a mundialização econômica vitrifica as diferenças detectáveis entre as zonas em que essas culturas nascem e vivem, é preciso, por isso mesmo, defendê-las da mesma forma que se defendem as outras espécies vivas cuja sobrevivência depende das condições e exigências locais. Como a partir daí impõe-se um paralelo com a biodiversidade, passaremos a falar de uma cultura ágil ou de uma língua que comporta tão poucos falantes quanto as espécies em vias de extinção, as civilizações já mortas e as categorias taxonômicas erradicadas.

Ida-volta

Em terceiro lugar, gosto muito de afirmar que a cultura transita num vaivém incessante entre o segundo e o primeiro desses sentidos. Considero carente de cultura aquele que conhece apenas o refinamento das humanidades, da sala de concertos Pleyel, do Teatro da Ópera de Paris e dos passos do balé, mas desconhece a cozinha especializada em carne de porco e os rituais de preparação dos quitutes gordurosos, para os quais olha, por vezes, com desprezo; visualizo esse sujeito que, muitas vezes, fica mais horrorizado pela faca do açougueiro no pescoço do porco do que com as imagens de assassinatos humanos, sobretudo se ele dispuser de algum poder. Em compensação, para entrar no Louvre o açougueiro se livra de toda sujeira.

O homem erudito parte de suas raízes, dialeto, usos, costumes, hábitos cerimoniais e expressões de seu vilarejo rumo às convenções mais refinadas de seu grupo, ou pelo menos tem uma tendência para isso, sem esquecer de retornar à sua função junto aos ajudantes de cozinha. Um vaivém como esse é sempre constante entre os artistas: de sua torre situada na periferia do Mediterrâneo, o fanfarrão Montaigne relaciona-se com Plutarco, Virgílio e os índios do outro lado do Atlântico; zombando dos doutos, Molière agrada aos servos; inversamente, as lavadeiras cantavam os refrões barrocos de Couperin[17] e Rameau,[18] enquanto a Corte, envolta em rendas e laços, dançava seus minuetos; Shakespeare nos bosques, o camponês Giono[19] e o médico dos subúrbios, Céline, jamais falham em nos fazer perder nos cruzamentos desse caminho em que Dom Quixote, homem voltado para o livro montado sobre seu cavalo de batalha não prescinde dos provérbios encadeados por Sancho Pança, montado sobre seu asno; Cervantes faz as montarias desses dois heróis gêmeos correrem

[17] Louis Couperin (1625-1661) e François Couperin são dois compositores franceses. Michel Serres não esclarece a qual dos dois se refere. (N.Ts.)

[18] Jean Philippe Rameau (1685-1764), compositor francês, exímio organista que contribuiu para a construção da ciência da harmonia musical. (N.Ts.)

[19] Jean Giono (1895-1970), romancista da Provence que em seus escritos pregava o ideal de uma vida natural e rústica. (N.Ts.)

ex aequo [de acordo com o que é correto e bom]. Não há academia digna desse nome sem o excremento desses eqüinos e a graxa enegrecida das engrenagens de uma máquina; os arcanjos visitam a humildade. A grande arte constrói os arcos dessa ponte totalmente humana, na qual se cruzam os membros de uma multidão que se entretêm e se ensinam reciprocamente. Há muito tempo, a obra-prima encarna o que com orgulho denominamos multiculturalismo.

Local e global

Recentemente, uma redefinição impôs um quarto sentido. As questões consideradas culturais mesclam os jogos de sociedade com os da televisão: "O que escreveu Cervantes?", "De qual arma favorita se servem os Aborígines da Austrália?" A pergunta seguinte eu nunca acerto: "Qual era o apelido daquelas jovens seminuas que se agitavam ao redor de certo cantor em voga algumas décadas atrás?" A cultura de massa designa, portanto, o conjunto de tudo aquilo que as revistas de papel acetinado, o rádio, o cinema, os canais de televisão ou os sítios da Internet difundem ou tornam acessível entre suas páginas de publicidade. É nesse contexto que nos situamos.

Se a cultura possui este quarto sentido, ao mundializar-se ela remete montanhas de dólares às mãos dos que controlam o acesso às mídias. Para se defender de uma invasão, que para alguns parece tão perigosa quanto o dilúvio, que recobriu todo globo terrestre como sabemos, alguns preconizam o retorno imediato à segunda definição, a da antropologia. Entre o local e o global, começa então uma guerra que Rabelais teria denominado picrocolina,[20] inundada de bile ácida: em qualquer lugar o McDonald's apaga o azul do queijo Roquefort, Hollywood eclipsa o Pagnol[21] da Provence e o Guignol[22] de Lyon, vamos provocar um levante de Asterix contra a Disneylândia. Museus em que a elite faz fila para entrar e concer-

---

20 No original: *Picrocholine*. Referência a Lerné Picrochole, um personagem de Rabelais cujo caráter odioso se recusa a obedecer à razão e declara uma guerra sangrenta contra seu vizinho Grandgousier. (N.Ts.)

21 Marcel Pagnol (1895-1975), escritor e cineasta francês. Seus romances e filmes evocam ternamente a Provence, sua terra natal. (N.Ts.).

22 O Guignol é personagem clássico do teatro de marionetes. Originário da Itália, foi introduzido em Lyon por Laurent Mourguet (1769-1844) em fins do século XVIII. (N.Ts.)

tos repletos de cabeças grisalhas se opõem às multidões de jovens que se agitam aturdidos pelos decibéis. No segundo sentido e talvez mesmo no primeiro, as culturas seriam, então, reconduzidas a particularismos, conservadorismos e a velharias folclóricas. Inumeráveis riscos surgem em conseqüência disso; fundamentalismos e integrismos, em contrapartida, alimentam-se desse tipo de guerra. Estamos condenados a escolher entre as multinacionais e os talibãs. Nossos terrores atuais enumeram-se culturalmente.

A *questão do espaço*

Para que essa dialética estúpida e monótona fizesse sentido seria preciso que a cultura nascesse, vivesse, se difundisse e reinasse em proveito de um único tipo de espaço de comunicação, fosse ele dividido ou não: esse espaço, homogêneo, isotrópico e transparente, permitiria fazer e passar qualquer coisa; com isso um grupo poderoso poderia controlar o acesso aos cartazes, aos anúncios, aos ruídos e, com sua repetição em todos os lugares e tempos, monopolizar qualquer definição de cultura e transformá-la em dólares.

O termo universal parece sempre ocultar um imperialismo. Essa acusação, por vezes verdadeira, mas que também pode ser falsa, ignora as inumeráveis expansões mundiais não violentas, a respeito das quais eu voltarei a falar, como a das frutas e legumes, bastante antiga e que salvou da fome muitas famílias de retirantes, ou a das matemáticas cujos teoremas não precisaram da força para se impor através do tempo e dos cinco continentes. O que quer que se diga, o universal existe, a agricultura, raiz lingüística e prática da cultura, demonstra isso há alguns milhares de anos; as ciências exatas a seguem há mais de dois milênios e contribuem para nosso bem-estar no trabalho e na cura das doenças. Voltaremos mais tarde a esse tema. Em princípio, elas conseguiram isso sem imperialismos e utilizavam esse espaço sem que houvesse obstáculos à sua difusão. O fato de as mercadorias e o dinheiro transitarem nele favoreceu as trocas no Mediterrâneo, desde o momento em que da região da Lídia[23] e do rio Pactole[24] brotaram as diversas espécies de riquezas. Será essa invenção responsável

[23] A Lídia era uma antiga província da Grécia, situada na Ásia Menor. (N.Ts.)

[24] Pactole é o nome de um rio situado na Lídia do qual brotavam pepitas de ouro. Por metáfora, denomina-se Pactole qualquer fonte de riqueza ou lucro. (N.Ts.)

pela criação do espaço de que falo? Estamos no reino da livre intervenção e da livre circulação; adapta-se ele à circulação cultural? A questão de saber se um "produto" cultural se reduz a uma mercadoria ressurge na constituição desse espaço. Existia ele no passado?

Não, pois as inumeráveis cadeias de montanhas dessa região constituíam obstáculos. "O que é certo do lado de cá dos Pireneus, do lado de lá é errado." "Como se pode ser um persa?" Só existem exotismos e exceções. Aceitemos as leis universais para o retângulo e a força da gravidade e as flutuações da Bolsa de Valores para as cotações do alumínio e do café, nunca, porém, para as obras culturais. O conjunto dos limites traçados nesse espaço de comunicação, que inversamente se tornou opaco, heterogêneo e obstruído, esboça os mapas-múndi culturais nos quais os arquipélagos de ilhotas e de departamentos administrativos se defendem por meio de rios e muralhas inacessíveis; a cada um sua verdade, seus gostos e sua beleza, definidos como especificidades locais; cada um de nós fica impedido de falar, de pensar ou de apreciar essas diferenças. Esse preceito tem se repetido até a exaustão.

Apesar de aparentarem oposição, esse global e esse local colocam-se de acordo quanto ao espaço no qual se defrontam. À primeira vista existe, com efeito, apenas o espaço considerado em sua totalidade expansiva ou composto de múltiplas partes diferenciadas, vazio ou entrecortado, percorrido por redes diversas que permitem aos exércitos circularem com fluidez, ou serem bloqueados por barreiras de aduanas que os impedem de passar. Não existem conflitos senão em virtude dessa homogeneidade, nem barreiras senão em razão da fluidez, bloquearemos sua passagem porque qualquer um pode atravessá-la. Inversamente, procuraremos reverter as fronteiras que consideramos absurdas por serem convencionais. Os Alpes jamais impediram a travessia dos contrabandistas com seus jumentos; por essas fronteiras naturais e porosas atravessam não apenas os exércitos de Aníbal ou de Bonaparte, mas também as línguas e religiões. Existem verdades diferentes de ambos os lados das montanhas, isso porque se construíram entre elas postos de vigilância nos quais se deve pagar uma taxa. Como ninguém gosta de imposto, cada um que fique em sua casa onde indefinidamente são mantidas as diferenças que um dia parecerão naturais. Local pela ação do global; global pela ação do local; global e local, o embate continua o mesmo. Esta evidência espacial simples, estúpida, repetitiva e perigosa ordena o mundo inteiro e, em primeiro lugar, a violência. Que bela oportunidade, seria bom que nós nos estripássemos.

Na verdade, de uma parte à outra dos Alpes, os piemonteses falam uma língua que mistura o italiano com o francês; bascos, catalães e, por vezes, os aragoneses vivem e circulam a cavalo de um lado ao outro dos Pireneus; Blaise Pascal, que pertencia à região do Auvergne, visivelmente ignorava isso. Assim fala e age a população da Alsácia e de Karlsruhe, de um lado a outro do rio Reno. Não existe verdadeiramente apenas um espaço concebível, o espaço das estradas e das fortificações? Não, pois o número de tipos de extensão é infinitamente maior do que parece; há muito tempo conhecemos múltiplas e diferentes topologias, em particular as do hábitat humano.

Confissão

Peço a você que me perdoe, por continuar a falar na primeira pessoa, numa argumentação que até o momento só diz respeito aos grupos. Não se trata de narcisismo, mas uma busca de precisão. Como muitas pessoas de minha idade, seja um guarani ou um escocês das Terras Altas, possuo uma cultura no segundo sentido do termo, ou seja, uma etnologia. Prova: pessoas mais eruditas do que eu, mesmo sem uma experiência vivenciada do lugar, já discutem esse assunto. Uma certa família de agricultores e marinheiros parados num determinado cais, à espera de uma boa briga, inculcaram em mim as profissões de meus pais voltadas para a terra e a água, com seus usos e suas linguagens apropriadas, que expressavam na língua ocitana. Um dia tentarei escrever com esse meu lado da linguagem que, apesar de sonora em meu peito, emudece quando estou em público. Tudo isso deixaria de acontecer na ausência dos costumes rurais próprios, de alguns trabalhos que exigem a força, dos instrumentos que desapareceram com o tempo, de uma visão oblíqua do mundo, das relações humanas típicas, de uma inquietude social herdada obscuramente dos cátaros, de uma alegria inerente ao corpo e de um culto à preguiça, de crenças sombrias e de dúvidas sutis. Trata-se de uma cultura local?

É isso mesmo, pois, já naquele tempo, meu pai, que havia nascido na Gasconha, sobre o rio Garonne, não muito longe da confluência com o rio Gers, no período entre duas enchentes catastróficas, e minha mãe, que sempre havia vivido no Quercy em meio às colinas pedregosas e secas cobertas de vinhedos, numa distância de trinta quilômetros de meu pai, o que naquela época equivalia a uma distância astronômica, freqüentemente se opunham um ao outro, como um estrangeiro se opõe a uma mulher exótica. Pelo fato de se amarem, eles se adaptaram e, por terem se adaptado, se amaram. Mas quando em certos momentos começavam a discutir, cada um deles falava em seu dialeto próprio, pois não dispunham das mesmas palavras pronunciadas com o mesmo sotaque para designar o pão e o sal. Mesmo tendo crescido no interior de um particularismo estrito, conheci, entretanto, o que os atuais racistas denominam hoje choque de civilizações. Assim como o átomo é composto de dezenas de partículas, a menor das comunidades sempre se apresenta matizada por sublocalidades. A rigor, não existe nem a língua ocitana nem o gascão, mas uma multiplicidade de subdialetos cujas consoantes dentais são, por vezes, incompreensíveis aos ouvidos uns dos outros; não existe uma cultura local no sentido mais puro, mas um espectro de nanoculturas espalhadas desde a parte baixa do Quercy até o norte da região média do Garonne. Ainda percebo isso de uma maneira geral.

Conseqüentemente, mesmo em seu segundo sentido, a cultura não se esgota nas fronteiras do Quercy, do território berbere ou das montanhas dos zulus, porque é lá que ela encontra sua origem, como se já estivesse ligada a um lugar heterogêneo no qual se ela se atomizasse em lugarejos minúsculos seria rapidamente sufocada pelo marasmo. A cultura constrói ao seu redor estradas aleatórias que os geômetras denominam prolongamentos analíticos; felizmente ela consegue ultrapassar as trinta fronteiras que separam o Quercy da Gasconha para chegar, finalmente, às núpcias que deram origem a meu corpo. A cultura abandona um local que já não posso mais definir, de tão diminuto que se tornou, da região ao vilarejo e do marco do lugar à fazenda, até chegar às famílias cujas gerações inventam palavras que só pertencem a elas mesmas. Ela deixa um lugar tão exíguo que por vezes se reduz a um ponto, depois ela abandona essa posição, nem sempre para invadir o mundo como faz o imperialismo, mas para inicialmente maravilhar-se com a vizinhança, como o rato da fábula, como meu pai temporariamente encolerizado contra sua mulher ou como o pastor na transumância. A cultura caminha passo a passo, hesitante, instala-se em pequenas etapas e timidamente se instrui; casa-se fora do círculo de sua própria família, como minha mãe, nascida na região de vinhedos do Quercy, desposou meu pai, gascão e marinheiro, água e vinho, como Sabina em Roma e Camile com um habitante do monte

Albain.[25] Freqüentemente exogâmica, apesar de endogâmica, a cultura pereceria em virtude de violações incestuosas e ciúmes mortais.

Não me tornei um *uomo di coltura* continuando a ser ocitano, denominação já global e não local, como se acredita quando não se conhece esse local completamente desaparecido, mas porque, quando jovem, viajei para a cidade de Guyenne e pela região do Armagnac, "ultrapassei os montes que limitam esse Estado" e depois, quando mais velho, viajei pelo lado andaluz da Espanha, para Hanôver e Leibniz, na Alemanha, e para a vizinha Irlanda, cheguei, enfim, ao Japão onde na primavera os vales são quase tão floridos como os da Aquitânia, fui à cidade australiana de Alice Springs, onde a fauna e a flora são extraordinárias, e para Pretória, na África do Sul, lugar em que no outono folhas azuladas caem sobre as calçadas, transitei também entre os fulgurantes tempos da história e através dos longos tempos da evolução, em cada escala fui me apropriando lentamente de tudo o que era melhor do que em minha casa. Arrumo minha cama à moda germânica, me banho e me visto como o fazem em Quebec, minha religião tem suas raízes nos profetas escritores de Israel, tão distantes de meus ancestrais celtas, não conheço nada de mais delicioso do que o artesanato brasileiro, nem mais inteligente do que as músicas populares búlgaras e malinesas, nem gravuras mais perfeitas do que algumas pinturas rupestres dos aborígines do Outback australiano. Eu apenas prolonguei as pegadas deixadas por meu odisséico pai, quando ele se aventurava em terras desconhecidas cujos camponeses não conheciam os rios.

A oposição brutal entre o local e o global demonstra que os indivíduos que encontram seus prazeres nesse espaço único deixaram de projetar suas vidas na aventura cultural para, ao contrário, consagrá-la, como todo mundo, à guerra. Essa guerra aconteceu sobre o mapa-múndi imperialista de barreiras que são erguidas ou retiradas. O mundo real fica, então, reduzido ao espaço de seu mapa, ambos igualmente homogêneos. Ao contrário disso, ao flanarem entre proximidade e vizinhança, estranhamento e afastamento, esses indivíduos teriam rapidamente percebido que se as fronteiras nacionais, políticas, militares, econômicas, em resumo, o diabo e seu séquito de poder e de convenção pública, se abrem ou se fecham, as

[25] Os montes Albains são um conjunto de colinas situadas em Albe la Longue, antiga cidade da Itália fundada por Ascânio, filho de Enéas. A rivalidade com Roma foi cercada de inúmeras guerras que só tiveram fim no século VII antes de Cristo com a vitória dos romanos. (N.Ts.)

fronteiras da cultura, mais íntimas e individuais, porosas, permeáveis e evanescentes, filtram e percolam de tal modo que eu, de bom grado, definiria a própria cultura como esse processo de filtragem e percolação, de aquisição, de digestão, em resumo, de aculturação. Como tornar-se filósofo sem pelo menos falar grego, latim, alemão e sânscrito? Penso na língua francesa como um mestiço reconstruído a partir de Anaximandro, Lucrécio, Leibniz e dos *Vedas*.

Defini a cultura por meio da aculturação? Trata-se menos de uma tautologia do que de uma sucessão de excentricidades. Jamais a arte soou tão francesa quanto no século XVII, e, no entanto, Molière, impregnado do italiano, Corneille, do espanhol, Bossuet, do latim, La Bruyère e Fénelon, do grego, pareciam antes de tudo vir de outro lugar e não da cidade de Lutèce[26] ou das margens do rio Loire. Essa mistura ocorreu quando, tanto no espaço como no tempo, um pensamento discursivo proveniente da Castilha traçara uma rota singular em direção a Rouen, antes de se difundir na cidade e na Corte por um teatro que se expressa por meio de um francês rugoso e alexandrino, quando a *commedia dell'arte*, a obra *Caractères*, do botânico grego Teofrasto[27] e o romance latino abrem os caminhos pelos quais irão se difundir na França, cidade que os acolhe de maneira lacunar. Na realidade, como é possível que uma centena de veleiros equipados em Londres, que seguiam rumo à desembocadura do rio Sena, se amontoassem no porto a uma curta distância da casa em que Corneille escrevia, sem que as peças teatrais de Shakespeare, escritas já há algumas décadas, não tivessem jamais navegado sob essas velas? Um dos caminhos, mais longo, passa por Cid, o Campeador, na Normandia, enquanto o outro, mais curto, é bloqueado pela região espanhola da Castilha-la-Mancha. Tudo isso define uma extensão original, nem global ou local, nem homogênea ou esporádica. É preciso mudar de espaço para compreender o "cultural".

---

[26] Lutèce, cidade da Gália, capital dos Parisii, que mais tarde daria origem à cidade de Paris. (N.Ts.)

[27] Teofrasto (Ereso 372 a.C. – Atenas 287 a.C.), mais importante dos seguidores de Aristóteles. Seus interesses abrangiam a lógica, a metafísica, a biologia e a política. (N.Ts.)

Cartografia

Não tente desenhar essa extensão como um conjunto de pessoas que vivem ao nosso redor, ou como algo que está isolado de tudo, nem tampouco como um território invadido pelo império, um bloco isotrópico ou um arquipélago desconexo, mas rigorosamente como uma marchetaria, um mosaico no qual o local por algumas vezes resiste e, por outras, cede ao global. O global algumas vezes passa por tudo, mas, outras, recua diante do local sobre o qual as atrações a longa distância também operam, enquanto os vizinhos sequer se conhecem. Mundo e lugar mesclam seu impacto, cruzam seus caminhos, conciliam suas cores. É preciso abandonar até mesmo o mosaico, já muito dividido em células e peças, e dar preferência à pintura na qual os matizes se misturam e o desenho, freqüentemente, perde seus contornos precisos, como em Turner[28] ou nos impressionistas. Não existe cultura sem essa mistura tão íntima aqui, mas ausente em outros lugares. Em uma extensão tão entrelaçada, rugosa e amalgamada como o universo das próprias coisas, ou o do tempo, nós nos deslocamos simultaneamente tão bem e desajeitadamente tanto na vizinhança quanto longe dela e raramente fazemos isso de maneira uniforme. Vivi muito mais tempo em São Francisco do que em Limoges e muito mais em Quioto do que em Narbonne, apesar de compreender melhor os habitantes daqui do que os de lá; leio Borges e não Mistral, Steinbeck com mais freqüência que Jasmin[29] que, no entanto, nasceu na mesma cidade que eu; decifrei muito mais rapidamente a música russa do que a dos trovadores, meus ancestrais diretos. Sinto muito, mas nada posso fazer a respeito disso. Em compensação, delicio-me cotidianamente com as ameixas secas de Agen, as uvas brancas de Sauternes ou de Graves e as vermelhas da região do Médoc, saboreio muito pouco as goiabas, kiwis e vinhos da Califórnia que, no entanto, ficam próximos de minha residência em Stanford. Nossas culturas esboçam nossos acasos pelo menos tanto quanto nossos pertencimentos. Elas conservam os traços de nossas viagens aleatórias, dos ensinamentos recebidos de pessoas que encontramos, de

---

[28] William Turner (1775 -1851), pintor inglês influenciado por Claude Lorrain. Um de seus quadros mais importantes denomina-se "Chuva, Vapor, Velocidade", em exposição na Tate Gallery em Londres. (N.Ts.)

[29] Jacques Boé (1798-1864), poeta francês conhecido pelo nome de Jasmin.Foi um dos precursores do renascimento do idioma ocitânico relativo aos dialetos romanos que constituíam a língua d'oc, palavra que significa som. (N.Ts.)

gostos adquiridos pela felicidade do acaso ao longo dos caminhos. Assemelham-se a estrelas de pontas múltiplas e desiguais ou, melhor ainda, a esses tecidos neuronais nos quais alguns axônios se alongam indefinidamente e atravessam o cérebro enquanto outros permanecem curtos, só Darwin ou Deus sabem por quê. Quando jovem, meus parentes me fizeram preferir o centro de Hanôver à cidade de La Haye-Descartes.[30] Quando alguém distante se torna meu próximo, ao mesmo tempo que um próximo ignorado, portanto bem afastado, se aproxima intimamente de um outro, o *design* não se grava mais sobre um espaço dividido em uma rede local e global unitária, mas dirige-se para uma topologia singular na qual é preciso definir e medir incessantemente as distâncias inesperadas. Quando o uruguaio Isidore Ducasse[31] assina Lautréamont, diz-se que nele coexistem duas pessoas, uma delas reside em Tarbes enquanto a outra encontra-se em Montevidéu ?

Cada um traz consigo seu *chip* cultural singular que varia com o tempo de suas aprendizagens, tão diferente do de seu vizinho quanto as marcas de sua impressão digital ou a contagem de seu ADN que são *chips* naturais; como mestiços que somos, cada um de nós desloca-se sobre uma cartografia multicolorida em que se celebram núpcias em cruzamentos inesperados. A cultura inventa topologias multicoloridas numa pluralidade de espaços, que não são os espaços das batalhas, da história, da política e da economia; sempre geométrica, essa última metrifica a terra para dominá-la.

O U*niversal e o singular*

Assim concebida, a singularidade pode penetrar no Universal, assim como necessita da exceção. Um único e determinado neurônio visual atravessa o espaço cervical e se conecta a todas suas funções. As obras de arte originais e raríssimas podem chegar igualmente a homens e mulheres de todas as etnias. Se nos limitarmos às nossas culturas locais, os celtas irlandeses do século I deveriam ter feito muito pouco para se converter a uma religião de origem semita, assim como os ocidentais não deveriam pas-

30 Cidade no vale do rio Loire em que nasceu Descartes e que foi rebatizada com o nome de La Haye-Descartes. (N.Ts.)

31 Isidore Ducasse (1846-1870), poeta nascido no Uruguai, filho de imigrantes franceses, cujo pseudônimo era conde de Lautréamont. (N.Ts.)

mar-se diante da ópera chinesa. Quem dentre eles não fica, entretanto, admirado diante de certas máscaras africanas e divindades aborígenes ou ao escutar músicas búlgaras e harmonias renascentistas? Mais do que isso, nesse curioso espaço em que as distâncias e durações são abolidas, quanto mais a intimidade tem acesso ao que é autêntico, maiores as chances dela se abrir ao Universo.

Essa constatação banal e profunda define o que no passado se denominava infra-estrutura. Enquanto continuarmos no mesmo espaço, permaneceremos na superficialidade; os exércitos, os partidos, as empresas, as moedas e as modalidades de comportamento confrontam-se no espaço distante das regiões, esforçando-se para conquistar postos de comando e fatias de mercado, distribuídos nessa mesma extensão homogênea; nada de novo sob o sol, nem sob a monotonia da história. Quando mudamos de espaço, penetramos nos alicerces e alcançamos um terreno que perde qualquer referência de distância. Assim como a topologia constitui os espaços métricos, assim também a infra-estrutura das construções humanas reside na cultura.

Embaralhada como as cartas de um jogo, a distribuição dos genes nas descendências biológicas produz, por vezes, semelhanças em lugares além-mar e diferenças marcantes numa mesma linhagem. Qual o viajante que não encontrou um gêmeo seu em lugares exóticos, quando seu próprio irmão jamais saia de casa por vontade própria? Algumas poucas décadas atrás, quem teria adivinhado esse paradoxo que aproxima obra e existência, cultura e natureza? O que há de extraordinário nisso, uma vez que ambas contribuem para o nosso crescimento e nos permitem viver?

Temos aqui o quinto sentido do termo cultura, inicialmente topológico, depois infra-estrutural e, finalmente, vital e temporal, mais singular ainda que o segundo, visceralmente mais universal que o primeiro, de caráter humanista, e que o quarto, comercial e financeiro. Esse quinto sentido expressa o buquê aleatório de caminhos de cada um, multiplica os vaivéns do terceiro sentido a seu bel-prazer e vai em direção à visão de um espaço-tempo assintoticamente comum. Não resta dúvida de que não existe cultura a não ser na direção de um crescimento rumo ao universal humano.

Alegria

Se a mundialização transforma a cultura em mercadoria, não é a cultura que corre perigo. Qualquer experiência marítima que pretenda encenar o *Titanic* faz desse filme um gigantesco fiasco, tão divertido para quem navega quanto o filme *Limite Vertical* é engraçado para um alpinista. Se o ridículo matasse, a fachada da Disneylândia viraria mingau, sem qualquer prejuízo para a civilização e com muitas vantagens para a educação das crianças. É preciso muita coragem ou surdez para denominar música o que por vezes ouvimos sob esse nome. Não confundam filosofia com *O Mundo de Sofia.* Trata-se de mercadorias. Elas se consomem e consomem seus consumidores que saem diminuídos, debilitados, desencorajados. *Post Disneyland omne animal triste.* [Depois da Disneylândia todos os animais são tristes] A *Ilíada* e o *Tombeau de Couperin*[32] [Túmulo de Couperin] não são obras consumíveis nem se consomem; com o tempo elas se valorizam e o número de seus leitores e ouvintes aumenta.

Sepultar e estrangular a cultura em um único lugar a corrompe, sufoca e mata tão seguramente quanto a mundialização mercantil. Não conheço nenhuma cultura que tendo fechado suas portas a outras culturas não esteja agora morta e nenhuma igualmente que, ao franquear as fronteiras à conquista de clientes, não seja destruída pela monotonia das remunerações. A verdadeira cultura vive da aculturação, de um modo paradoxal seu desenvolvimento contribui para o estreitamento das relações. Você a reconhece por sua alegria.

A *rede rugosa*

A Internet apresenta-se hoje precisamente dessa maneira topológica, ou em diversas redes de neurônios. No passado nós a entendíamos como um espaço homogêneo de transparência e liberdade que sempre nos permitia ir sempre a qualquer lugar. Como em qualquer lugar em que se enfrentam interesses, desejos, baixezas, poder, generosidade, humanitarismo e desejo de conhecimento, ela evoluiu com uma pluralidade de transições e obstruções. Todos os dias essa combinação de características ocorre, multiplica-se e se adensa. Assim como existem múltiplos mapas de um mesmo território, do mesmo modo a Internet apresenta, sob múltiplas cartografias, uma topologia rugosa, granulada, tão mesclada do local e do global como as próprias culturas. Pouca cultura nos afasta da Internet e muita cultura nos conduz a ela.

32 *Le Tombeau de Couperin*, suíte para piano composta por Maurice Ravel, 1875-1937. (N.Ts.)

Espaços e Tempos

Espaços topológicos e projetivos

Uma nova carteira de identidade será uma mescla dos múltiplos e diversos pertencimentos que a vida encontra, experimenta e inventa; num espaço completamente diferente daquele em que a uniformidade favorece a guerra entre as culturas, um indivíduo ou grupo combinam as influências em distâncias e tempos imprevisíveis. Essas duas representações variadas acentuam e definem os limites da singularidade de cada um, seja um indivíduo ou uma coletividade. Como descrever de maneira positiva essa carteira de identidade e esse espaço? Podem suas particularidades convergir para um humanismo comum?

Que isso poderia acontecer já sabemos há muitos milênios, pois, antes mesmo de inundar o mundo inteiro, o relato de uma aventura feito a partir de uma ilha tão estreita quanto Ítaca surpreendeu os habitantes do Mediterrâneo e o de uma outra, originário da longínqua província romana da Judéia, fez brotar a fé em mais de um bilhão e meio de seres humanos de todas as latitudes. Por vezes, o particularismo conduz ainda mais ao universal do que quando ele parece abandonar uma pretensão desse tipo: depois de sair de um povoado situado na região de La Mancha, Sancho Pança viaja pelo mundo montado sobre um jumento e, mais próximo de nós, Cyrano encanta a todos os públicos quando somente os habitantes de Bergerac deveriam compreendê-lo.

Inúmeras cenografias para um geometral

De que forma conceber essa passagem, diante da possibilidade dessa experiência? Mudando novamente de espaço.

Observem esse vaso de cerâmica no centro da sala; você que acaba de entrar percebe a parte de trás do vaso, mas não enxerga nem sua asa nem sua decoração; ao contrário, você que se encontra no meio da sala pode apreciá-lo de frente; enquanto subo em direção ao patamar da escada que dá para essa sala, vejo o mesmo vaso, mas por baixo, ou mais precisamente, vejo o pedestal sobre o qual ele está apoiado; de pé sobre uma cadeira meu neto vê a abertura superior e as bordas recurvadas do vaso; em resumo, cada um só percebe desse objeto um perfil ou uma projeção, como diriam os geômetras, ou nos termos usados pelos arquitetos, segundo o plano e a elevação. De um ponto de vista singular, nada mais característico do que essa cenografia de um objeto ou paisagem.

É daí que dezenas de reflexões sobre a relatividade tiram seus argumentos: se a coisa existe tal como é, sob esses perfis diversos e, por vezes, contraditórios, ela se dissimula ao olhar: numa determinada seção, dada sobre o cone de visão que parte do olho em direção a seus contornos, você vê um círculo central, eu uma elipse bicêntrica e ele uma parábola de infinitas ramificações. Inversamente, como é agradável observar sobre a tela de um computador moléculas delicadamente articuladas girarem aleatoriamente em suas diversas configurações cuja representação não seria boa de um ponto de vista fixo!

Perfeitamente consciente dessas respectivas particularidades associadas a modos de ver irredutíveis, que eles consideravam como indicadores de nossa limitação enquanto criaturas finitas, os filósofos clássicos como Leibniz, por exemplo, questionavam-se se realmente podiam criar algo e se existia um ponto de vista privilegiado, um tipo de lugar que fosse a soma de todas as configurações possíveis, a partir do qual alguém que ali se encontrasse veria o objeto tal como ele é. Jamais o vemos, entretanto acreditamos que ele existe visto que afirmamos: o vaso, no exemplo da percepção, a construção, nos desenhos do arquiteto, a língua ou a música, apesar ou em razão das variações de sotaque, estilo, instrumento ou partitura. É nessa acepção que Leibniz concebia a integral dos pontos de vista ou das cenografias humanas em seus infinitos desdobramentos. Ele estendia essa configuração ao infinito, como se o limite do cone de visão de cada um se transformasse num cilindro. Fora do finito, Deus vê a integral dos perfis que revela a realidade do objeto. Leibniz denomina essa integral de geometral ou iconografia do objeto.

Designamos de maneira silenciosa e cega esse geometral quando falamos a respeito da língua; o que lemos são estilos e o que ouvimos resume-se apenas ao emprego de palavras pronunciadas de maneira ambígua; quando citamos um determinado fragmento de música e o que ouvimos são apenas interpretações; quando dizemos vaso e o que vemos são apenas seus lados; quando dizemos flor e o que sentimos é apenas cheiro de rosa ou de resedá. Pensamos no cotidiano universal sem o saber. Com freqüência, Leibniz afirmava, que sabemos ler esse geometral por trás de qualquer perfil. Por que o mesmo raciocínio não serviria no que concerne às pessoas e culturas humanas?

Novo espaço

No final de seu livro *A obra-prima ignorada,* Balzac[33] descreve o retrato de uma mulher que ele denomina *A Bela Criadora de Casos*, tela considerada pelo autor da pintura como a realização máxima de seu gênio. Mantido em segredo durante muito tempo e, depois, repentinamente revelado, o quadro se apresenta para o jovem Poussin,[34] discípulo do mestre Pourbus,[35] assim como a todos os visitantes que o admiram sem acreditar em seus olhos, como um inextricável caos de matizes, de limites fluidos e tonalidades indefinidas, numa desordem indecifrável. Obra de um louco, de um velho decadente ou intuição de um gênio? A carteira de identidade, da qual acabo de falar, assim como a identidade heterogênea de uma cultura assemelham-se ao quadro de Frenhofer, herói desse romance. O nome desse quadro também é *A Bela Criadora de Casos.* Nele a desordem, o ruído e a emoção ocultam a bela jovem, encobrem-na tornando os visitantes cegos diante da percepção que poderiam ter de seu corpo.

Poussin e os outros se curvam e se agacham para ter uma visão melhor, sem conseguir compreendê-lo. O que ninguém consegue porque

---

33 Honoré de Balzac (1799-1850), *A obra-prima ignorada*, tradução de Teixeira Coelho, São Paulo, Comuniqué Editorial, 2003. (N.Ts.)

34 Nicolas Poussin (1594-1665), pintor francês, passou a maior parte de sua vida em Roma. Exerceu influência marcante na pintura clássica dos séculos XVII e XVIII. (N.Ts.)

35 Michel Serres refere-se a François Pourbus II, o Jovem (1569-1699), pintor oficial da corte francesa. (N.Ts.)

o quadro, mais imaginativo que delirante, muda de espaço. Não se trata mais de uma representação feita de relevos, distâncias, formas e cores que se destacam, nem de perspectiva, projeção, ponto de vista, nem de uma cenografia confeccionada para o espaço perceptivo comum aos espectadores, mas de um espaço completamente diferente, mais exatamente de uma topologia que foi intuída por Leibniz e que Balzac concebeu e delineou antes mesmo que Riemann e Poincaré a inventassem.

Lembre-se: diante da fazenda alpina você também mudou de espaço e de representação para situar-se diante de uma mescla de tempos sobrepostos.

O *vestígio deixado pelo andar*

A narrativa de Balzac mostra que exteriormente a essa confusão sem ordem ou razão aparente surge a admirável figura da planta de um pé, cuja deliciosa tonalidade parece emergir da catástrofe, como se houvesse sido salva de um indescritível acúmulo de escombros. A forma do pé deixada sobre um suporte, que pode ser um caminho de terra ou uma praia deserta, recebe em grego o nome de *icnos, ichnos,* que significa a marca de um pé ou, de maneira mais generalizada, as pegadas de alguém que não está mais presente ou aquelas deixadas por um assassino e que podem ser detectadas por meio desses vestígios; é assim que os policiais, historiadores e comentadores procedem em suas investigações. Iconografia significa, portanto, a escritura desse tipo de vestígio. Se desordem quer dizer ruído e violência, aqui a marca distintiva remete a um caractere ou sinal que se distingue do ruído branco. Trata-se de algo tão indecifrável e simultaneamente tão integrado que se assemelha a uma singularidade imersa numa turbulência. Esse indício assinala uma ausência, ou melhor, torna presente essa ausência. Singularmente, *A Bela Criadora de Casos* continua a criar casos em virtude do caos e do ruído de fundo individual, mas ela continua a externar sua beleza pela emergência dessa marca pessoal. Bela, pelo *ichnos* ou representação da planta de seu pé, criadora de casos pelas cenas individuais. Em virtude dessa combinação ela se apresenta tão singular como eu e você e, assim como nós, carrega em alguma parte de si mesma a rubrica do Universal. Existe em cada um, em meio à confusão de sua carteira de identidade ou da heterogeneidade de sua cultura, alguma região na qual pode ser encontrado um indício do Universal ou da beleza; um sinal frágil e imperceptível, em outros momentos caloroso e sonoro que, por vezes, pode passar a emitir sua luminosidade de algum lugar impensável.

Você reconhecerá uma obra de arte por essa marca, cuja presença jamais engana. Você não precisa prestar demasiada atenção à assinatura singular desse homem ou dessa mulher, difusa em meio ao tumulto da própria obra, ela é tão particular que se aproxima bastante do ruído, porém muito mais do indício de sua ausência, de uma forma, de um som ou palavra emanados de um fundo de universalidade e das impressões deixadas por um pé sobre a cera fria. Dá-se o nome de hilo à cicatriz deixada pela ruptura do filamento ou cordão de nutrição sobre a película que envolve um grão. O niilismo refuta a própria existência desse *hilum* e desse *filum*, deste estigma que mal pode ser visto, desse fio com freqüência partido que nos liga à espécie, ao gênero, ao ser vivo e ao mundo.

O Universal se abriga ou brilha no singular como o mundo em Ítaca, em Bergerac ou nos vilarejos da Mancha, assim como a iconografia se oculta ou aparece nas cenografias, a língua sob os estilos, o palácio sobre seus planos de construção e a bela na desordem do quadro. Munido de seus infinitos elementos, o espaço projetivo auxilia na representação desse tipo de segredo perdido. Ao caminhar em direção a esse infinito, devemos buscar menos o Universal — nossa limitação dedicar-se-ia a isso até a morte — e mais a marca singular deixada por ele. O Universal se dissimula sob um pedregulho, sob a palha do estábulo, sob a beleza de seu sorriso. Por vezes, a própria eternidade parece fundir-se ao tempo que passa como o ouro perdido na moeda de um ducado ou o perfume que inebria o momento da emanação de seu aroma. Podemos encontrar ou oferecer somente um fragmento desse encadeamento de elementos, segurá-lo por suas extremidades e depois estirá-lo até que se rompa — gostaria muito de descobrir um elo de ligação entre todos os elementos do Universal — como um fio de palha, ele brilha sobre a superfície comum e singular da obra e da existência. A intensidade de sua luz brilha intermitentemente.

Vestígios dos passos rumo ao Universal

Sigam esse encadeamento difícil de ser lido, embora tão visível como o pé da criadora de casos sobre a tela, entre as ruínas da cultura grega, naquela escultura cicládica, entre os escombros latinos, nos lamentos de Lucrécio; no silêncio etrusco, nos dois enamorados unidos sobre sua própria tumba e ressuscitados pela noite; em meio à desordem do Khmer cambojano invadido pela selva, em um certo baixo-relevo de Angkor; nas danças dos aborígenes da Austrália, em alguma pintura extraordinária que os ocidentais chamam de abstrata; nos esquecimentos em que, atualmente, caíram os clássicos do Ocidente, como Dom Quixote, o cavaleiro da triste figura e a melancolia presente em Couperin.[36] A beleza deixou, deixa e deixará sua marca entre as incoerências de cada singularidade cultural de modo que cada um, próximo ou distante, no espaço ou no tempo, estranho ou familiar, possa um dia reconhecer os vestígios de seus próprios passos.

Dito de outra forma: o que entendemos das línguas é apenas a desordem singular das palavras, os ruídos e as emoções; quando, porém, Virgílio ou Cervantes compõem uma frase, eles o fazem de forma tal que todo mundo pode ouvir e compreender a linguagem; ambos encontram o espaço obscuro pelo qual ela se manifesta em meio às querelas; o que vemos de um objeto é apenas a desordem, o ruído de seus múltiplos perfis e a emoção das opiniões; entretanto, no lampejo de um raio, um narrador, profeta, pintor ou músico revelam sua presença e, subitamente, estamos diante dele; de um só golpe, eles penetram na intensidade das cenas e desvelam sua nudez. Da beleza percebemos apenas a desordem, o ruído e a emoção; porém, num canto do quadro, num fragmento do mármore, na descoberta de um tom fora do comum, Bonnard,[37] Houdon[38] ou Chopin constroem um túnel pelo qual a beleza flui; da verdade só conhecemos a desordem, o ruído e a emoção; mas nos contornos intuitivos de um teorema ou de um poema, Galois[39] ou Apolinário[40] escarificam suas marcas. O pé ou

[36] François Couperin (1668-1733), compositor e músico francês também conhecido como Coperin, o Grande, para distingui-lo de outros membros de sua família que também eram músicos conhecidos. Foi organista na corte de Luís XIV, e suas composições são consideradas monumentos da literatura e da técnica musical. (N.Ts.)

[37] Pierre Bonnard (1867-1947), pintor francês famoso por pintar mulheres nuas em cenas de banho. (N.Ts.)

[38] Jean-Antoine Houdon (1741-1828), um dos mais famosos escultores do neoclássico francês, famoso por seus trabalhos religiosos e mitológicos que são a expressão definitiva do estilo de escultura rococó do século XVIII. (N.Ts.)

[39] Évariste Galois (1811-1832), matemático francês que desenvolveu novas técnicas para estudar a solubilidade de equações. (N.Ts.)

[40] Guillaume Apollinaire (1880-1918), poeta que integrou movimentos literários franceses de vanguarda no início do século XX . Publicou livros considerados semipornográficos, foi precursor do teatro do absurdo e tornou famosa a escola de pintura conhecida como Cubismo por meio de seu livro de 1913, *Os pintores cubistas.* (N.Ts.).

o vestígio do passo da *Bela Criadora de Casos* abrem na tela uma brecha que vai da desordem à beleza, pela qual, um a um, passamos nós e toda a humanidade rumo ao outro lado do espelho de contornos humanos; transitamos do tempo para a eternidade.

O *tempo originado do espaço projetivo*

Se queremos construir um humanismo comum, é preciso mudar nossa visão de mundo, conceber inicialmente novos espaços topológicos e projetivos fornecidos por uma profusão de ciências matemáticas também comuns. Em seguida, devemos tentar decifrar os sinais incomuns em meio ao ruído. Precisamos também mudar de tempo. Esse considerável esforço refere-se, sobretudo, ao que aprendemos sob o nome de filosofia da história.

Ezequiel, Jeremias, Amos, os profetas escritores de Israel a conceberam. Antes deles, o tempo não existia. Inventaram a história, no sentido singular conferido a essa palavra no Ocidente, e deixaram-na como legado. Antes deles, a história não existia. Como precursores souberam identificar uma marca notável, única e divina em meio ao ruído e a emoção das batalhas, sucessões e heranças. Um Deus difícil de decifrar como a derradeira nuvem que guiava o povo hebreu pelo deserto, sempre presente e ausente como um vestígio perdido e, depois, reencontrado. O Messias-indivíduo contingente e necessário, que foi esperado por uns e que mais tarde chegou para outros, inicialmente representa e depois encarna a marca do Universal na desordem do tempo caótico. A personificação do Deus transcendente por meio da história imanente é algo imprevisível e contingente para o povo de Israel; o cumprimento da promessa ou a materialização da figura, descritos nos *Pensamentos* de Pascal, demonstram aqui que, ao repetir cada vez mais claramente este sinal, este apelo, este *logos* que emerge do ruído, esta brisa que sopra sobre a desordem originária e mesmo sobre os salmos e o Cântico dos Cânticos, a história se desdobra num espaço desorganizado portador de uma identidade. O tempo desenvolve a iconografia por meio de infinitas séries de cenografias. O projeto desenvolve o espaço projetivo em toda a sua extensão.

O *cronocentrismo: combate contra o primeiro moinho*

Leitores dos profetas, Bossuet[41] e Pascal inauguram a filosofia da história seguidos por Condorcet,[42] que substituiu a ciência pela religião e repetiu os próprios esquemas religiosos para combatê-la, assim como por Hegel e Auguste Comte. Um fluxo evolutivo, contínuo e linear, por vezes interrompido por obstáculos à moda dialética, progride fazendo com que os indivíduos oriundos de certas nações ou dessas próprias coletividades pareçam mais avançados ou atrasados do que outros, como as espécies mais ou menos desenvolvidas. Enquanto o Deus único e universal se personificava como uma marca identitária na história de um único povo, a questão comparativa se colocava pouco. A partir do momento em que a história mundializada convoca todas as nações da terra, como diferenciar seus respectivos países? Considerando de maneira inteiramente racista que o espírito descesse sobre essas nações, umas após outra, a última a receber essa unção seria, evidentemente, a do próprio filósofo, o que não constituiria surpresa.

Ainda fortemente difundidos, esses argumentos transportam sub-repticiamente no tempo os diversos "centrismos" que, com muita dificuldade, foram eliminados do espaço. Pode-se encontrar esse espaço triunfante menos no lugar do sol, centro do mundo, do que no ponto extremo de um processo temporal concebido como um progresso, enquanto isso seus rivais ficam para trás, submersos no primitivo, no arcaico, no inacabado. Sem que se possa vê-lo sempre com precisão, esse ponto substitui todos os centros do espaço. Esses abusos poderiam ser denominados cronocentrismos. Em lugar de conceber o Universal no espaço ou de cedê-lo à sua própria coletividade, o filósofo-historiador o idealiza no tempo. O centro espacial torna-se o ponto mais avançado. Os outros já desembarcaram há muito tempo do navio que, velozmente, continua a seguir em frente e permanecem sedentos sobre as margens em que foram deixados pelo tempo. O imperialismo passa do espaço à história.

Muitos viajantes achavam que os homens e mulheres de sua idade que encontravam em outras partes, certamente isso acontece ainda agora, *illic*

[41] Jacques-Bénigne Bossuet (1627-1704), grande orador, pedagogo e prelado defensor do catolicismo contra o protestantismo. Foi nomeado bispo da cidade de Meaux em 1681. (N.Ts.)

[42] Jean-Antoine-Nicolas de Caritat (1743-1794), marquês de Condorcet. Filósofo, matemático e homem político francês. (N.Ts.)

sed nunc, viviam, no entanto, em eras anteriores às suas, porque tinham costumes estranhos, habitavam outras latitudes e se submetiam a diferentes leis. Percebiam eles fantasmas ou mortos-vivos? Como pudemos acreditar nessas datações absurdas? Ainda hoje, quando fazemos alusão aos diversos graus de desenvolvimento das nações do planeta, cometemos o mesmo erro lógico e experimental, a mesma falta política e moral. Ao contrário, no *Supplément au voyage de Bougainville*[43] [Suplemento à viagem de Bougainville] ou no de M. Cook, Diderot e Giraudoux[44] tentam datar nosso usos e costumes de um tempo arcaico em relação a uma evolução positiva daqueles bons selvagens. Não à esquerda, não à direita, somos todos contemporâneos.

O *segundo: estreiteza e amplitude*

O combate foi facilmente vencido contra esse primeiro moinho. O segundo projeta-se sobre uma outra colina melhor defendida. Quando Pascal e Condorcet inventaram a idéia de progresso, quando Hegel previu o acontecimento do reinado do Espírito e Marx, o da sociedade sem classes, a duração do tempo examinada por eles nos parecia sempre tão longa que qualquer coisa poderia ser dita sobre intervalos tão vastos. Como Haeckel[45] e certos naturalistas de seu tempo, Augusto Comte[46] compara a marcha da humanidade às sucessivas idades do desenvolvimento individual; o positivismo anuncia a idade adulta de ambos: a escala que ia do fetichismo primitivo às ciências dominantes ainda nos parecia interminável. Aqui se interrompe o otimismo das eras clássicas. Husserl[47] deplora a

---

[43] Essa obra de Denis Diderot (1713-1784), escritor e filósofo francês, foi concebida como um diálogo que opõe duas formas de pensar e de viver. Ela levanta igualmente o problema do colonialismo e celebra a vida selvagem em relação ao homem civilizado que o texto denigre. (N.Ts.)

[44] Jean Giraudoux (1882-1944), escritor e crítico literário. (N.Ts.)

[45] Ernst von Haeckel (1834-1919), biólogo alemão que se tornou um grande defensor da teoria da evolução sem jamais confundir a evolução como um fato com a explicação de Darwin sobre a seleção natural. (N.Ts.)

[46] Auguste Comte (1798-1857), filósofo e sociólogo francês que forjou o termo sociologia para designar o estudo das leis relativas aos fenômenos sociais. (N.Ts.)

[47] Edmond Husserl (1859-1938), filosofo, original da antiga Tchecoslováquia. Judeu convertido ao cristianismo, foi perseguido pelo nazismo e seus manuscritos inéditos ameaçados de destruição pelo nacional-socialismo. Salvos e enviados a Louvain, formam hoje os Arquivos Husserl, compostos de mais de 300 mil páginas ainda por serem examinadas. (N.Ts.)

crise das ciências na Europa, Heidegger,[48] o esquecimento do Ser. Um desespero que transforma a cor do fluxo sem mudar sua natureza sucede ao triunfo.

Doravante, esses esquemas evolutivos que buscavam as leis universais pecam menos por excesso de amplitude do que por estreiteza. A aventura da humanidade se desenvolve inicialmente no mundo vivo e este, por sua vez, no Universo inerte. Não possuíamos qualquer idéia de nosso envelhecimento comum, nem do envelhecimento de nossa vida, de nossa terra comum ou de nosso universo. Em nossas desordens individuais recentes, os inumeráveis traços do Universal datam de épocas milenares, impossíveis de serem intuídas. Gostaria de contar novamente, mas de outra forma, o texto de Balzac e sua *Bela Criadora de Casos:* não muito distante das crateras formadas pela queda de aerólitos, foi necessário recuperar minúsculos fragmentos de matéria radioativa para, a partir deles, poder avaliar a idade exata da Terra. Entre a enorme desordem das coisas espalhadas sobre o planeta, um traço minúsculo — um fio, um encadeamento de pontos de ligação — revela subitamente seu tempo global. No meio do Rifte africano, alguns ossos revelam o quanto somos antigos. Admirem o quanto a arte e as humanidades precedem, e de longe, os métodos e visões do mundo que as ciências só descobrem muito tempo depois: atualmente, o tempo universal pode ser lido sobre os átomos e as partículas, tão improváveis e difíceis de traduzir quanto os vestígios do passo no caos do quadro, quanto a beleza no meio da desordem. Sobre a nova escala, nossas filosofias da história reduzem-se a alguns segundos.

Quatro prolongamentos

Hoje em dia, a tradição aparentemente longa delineada pela estreiteza dos pensadores ampliou-se efetivamente pelo menos quatro vezes. Retomemos a Grande Narrativa, começando, sem qualquer constrangimento, pelo *big-bang*, se é que ele existiu, pelo resfriamento de nosso planeta até chegar ao surgimento do ARN em torno do rifte queniano, segundo as perspectivas do Universo, da Terra, da vida ou do *Homo sapiens*, nos quatro tempos respectivos de sua emergência.

[48] Martin Heidegger (1889-1976), pensador alemão conhecido por seus conceitos sobre o Ser como raiz fundamental e origem de todas as coisas e *Dasein*, o ser-no-mundo, que se projeta para fora e diante de si mesmo. (N.Ts.)

Nos quatro casos, hoje parece ingênua a crença totalmente subjetiva em um gradiente globalmente positivo, ou, ao contrário, negativo de uma curva simples e linear; progresso global ou regressão geral, isso depende da sua digestão serena ou rezingona que pode se estender do dia precedente até a noite. Se passamos o século rindo desses juízes proféticos, considerando seus pontos de vista muito extensos e, portanto, passíveis de crítica por sua indeterminação, hoje parece faltar-lhes uma visão mais ampla; excluindo os não-europeus, os outros homens, as espécies vivas, o planeta inerte e o mundo em seu conjunto, esses intelectuais corporativistas que acreditam estar sozinhos no mundo, praticam um racismo universal.

Daí decorre a nova forma de acesso ao Universo. Na verdade, a Grande Narrativa inventa a mundialização, isso porque, pela primeira vez, ela se liga ao destino de todo Universo, de toda a Terra, de todos os seres vivos, de toda a humanidade e, mesmo depois de tudo isso, não chega a atingir a não ser contingentemente a política e as culturas que, nesse contexto, se tornam coisas minúsculas. Não se trata, com certeza, de uma *Légende des siècles*[49] [A lenda dos séculos], mas, por meio de recuos e avanços contingentes, de uma verdade provável acerca de bilhões de anos. Se a filosofia não se abrir a essas extensões, ela morrerá de insignificância e repetição. Pelo fato de versar sobre todas as coisas, a Grande Narrativa imprime sobre elas uma marca do tempo que passa que tem a duração de um passo, indicador incomum, pouco visível, difícil de decifrar, mas uma marca incontestável do tempo universal que se manifesta na diversidade dos espaços físicos, vivos ou culturais inextricavelmente amalgamados.

Assim como a duração tão efêmera da vida do inseto que morre na tarde do mesmo dia em que nasceu, que uma centelha de meu pensamento possa alcançar essa duração universal quase impossível de ser intuída, que esse milagre possa encantar os momentos de vida que me restam.

[49] Victor Hugo, *La légende des siècles*, Paris, Gallimard, 2002. Escrito em 1859, o tema desse livro de poesias é a história da humanidade concebida não por um erudito interessado na verdade dos fatos, mas por um poeta ligado à verdade simbólica dos mitos. (N.Ts.)

Prescrição

Tempo curto, tempo longo

Já é domingo, já retornou o inverno, já chegou minha velhice. Como passa rápido o tempo, todos nós experimentamos isso, tanto na idade madura quanto na juventude, no trabalho ou nas férias. Ritmos de produção, prazos financeiros, circulação de bens e informações chegam mesmo a acelerar-se, as mídias nos conectam a uma suposta atualidade sem distância nem recuo. Por vezes, invejamos nossos predecessores que, privados de notícias frescas, sem avião ou eletricidade, desfrutavam de viagens lentas e de auroras de tonalidades e matizes infinitos. Essa comparação contém em si mesma uma estranha contradição.

A percepção antiga e cotidiana da lentidão dessa duração era acompanhada de uma estimativa curta da história: na época do pedestre e da charrete a cavalo, o mundo tinha quatro ou cinco mil anos. Ao contrário, hoje que vivemos na velocidade da luz, o mundo conta com treze bilhões de anos. Deslocávamo-nos passo a passo em um Universo recente; manipulamos tempo real e simultaneidade num horizonte de fantástica antigüidade. Apesar de não muito distantes dessas gerações, não experimentamos nem o mesmo espaço, nem o mesmo tempo. Além disso, no mesmo intervalo, a expectativa de vida dessas gerações passou de 30 para 80 anos. O advérbio *por muito tempo* não tem mais o mesmo sentido. Somente hoje, entretanto, nossa vida se torna breve.

Abundam análises sobre nossa pressa; graças ao telefone celular não temos mais necessidade de administrar o emprego do tempo; graças à Internet, alguém que vive do outro lado da Terra continua nosso próximo. A essas observações verdadeiras faltam, porém, simetria e equilíbrio. Ao inverter a experiência de nossos ancestrais, o tempo longo chega até nós mais ou menos simultaneamente ao tempo curto. No momento em que nossas tecnologias nos fazem mergulhar vivos no intensamente veloz, nossas ciências nos fazem imergir numa inconcebível lentidão. Adaptamonos facilmente à primeira situação, sem perceber que, para compensá-la, seria preciso harmonizar nosso saber, nossa consciência e nossa percepção em relação à segunda.

Nossa velhice

Nossos órgãos e ossos são fantasticamente velhos; velha a vida e velho o Universo. Perpassada por durações completamente diferentes, nossa existência muda de natureza. Com freqüência adeptos do fixismo,[50] nossos predecessores datavam seus ancestrais de alguns milhares de anos. A partir da emergência da espécie humana há seis ou sete milhões de anos, do aparecimento da vida há três bilhões e meio e do Universo há treze, zombávamos do antigo preceito simultaneamente poético e moral: "O que significam cem anos, ou mil anos, visto que um único momento os faz desaparecer?" Rimos disso, entretanto, sem nada compreender, pois a própria intuição dessa nova duração nos escapa.

Devemos realizar atualmente um esforço simultâneo tanto teórico quanto existencial: tentar viver e compreender o conteúdo e o risco dessa nova antigüidade. Observamos inicialmente nossas mãos, nossa pele e a pele de nossos vizinhos cuja textura data de épocas incríveis; sem dúvida, cantarolamos nossas músicas há centenas de milhares de anos e, em seguida, contemplamos as galinhas, as andorinhas, os carvalhos e roseiras, companheiros por vezes ainda muito mais milenares do que nós; por meio dos novos marcadores de tempo, consideramos as montanhas, o vento, o mar e as estrelas como ambientes muito mais antigos ainda. Com esse súbito envelhecimento, o ser-no-mundo muda de ser e de mundo.

Quando uma coisa muda de escala, ela freqüentemente muda também de natureza. Podemos conceber a dimensão de alguns séculos, porque desde jovens o aprendizado da história nos prepara para esse exercício. A rigor, somos capazes de imaginar o intervalo de alguns milênios sem muita dificuldade, por uma simples extensão desse treinamento; observa-

[50] Teoria segundo a qual as espécies biológicas são imutáveis e idênticas desde a sua criação por Deus. (N.Ts.)

mos as grutas de Lascaux, as pinturas murais dos aborígenes australianos e os restos do esqueleto de Lucy. A modernidade, entretanto, requer de nós uma extensão completamente diferente dessa intuição temporal. Conceber as durações exigidas pela vida ou pela formação da Terra e do mundo nos parece difícil. No fim desse livro, tento fazer um esboço desse outro tempo.

Guerra e paz

Esse desafio teórico e existencial é também um desafio político. Enquanto nossa imaginação só era capaz de conceber durações seculares ou milenares, ainda podíamos pensar que éramos todos diferentes e nos odiar intensamente. Nessas pequenas escalas, línguas e usos já se haviam bifurcado e as fronteiras abalavam a face de Terra. Há muito tempo, sob a ação do sol e do clima, nossa primeira pele negra havia se tornado esbranquiçada, amarelada ou mais avermelhada e, por vezes, os graus de latitude haviam modelado a verdade segundo as culturas, os usos e as leis. Essas variantes recentes deram origem ao exótico, ao bárbaro e às guerras tribais. Longitudes, línguas e culturas haviam criado tantas diferenças que já não podíamos mais nos compreender. Desde que subsistam mais lembranças ou traços visíveis do passado do que textos escritos sobre ele, a vendeta não deixará de existir.

Ao contrário, desde que apreciamos a amplitude do tempo real, rendemo-nos à evidência de que nossa separação aconteceu há muito pouco tempo: em torno de cem milênios. Se não conseguirmos conceber essa duração e completá-la com a ajuda de uma intuição permanente e viva, não poderemos jamais pensar a humanidade na realidade de sua aventura vivida, nem saber como a herança de uma espécie originária do leste do continente africano foi deixada por um punhado de famílias, nem tampouco compreender como culturas e línguas descendem de um número restrito de aventureiros.

A pequena família mundial e a imensa diversidade africana

Em comparação com os três milhões de anos de Lucy ou com os seis ou sete de outros ancestrais tchadianos, essa separação aconteceu em data recente. Herdeiros diretos desses viajantes que se lançaram em muitas direções, todos os povos do globo, que se consideram tão diferentes, diferem menos entre si geneticamente que as populações atuais da África. A cor da pele e outros traços visíveis contam menos do que algumas dessas emigrações de pequena densidade que se dispersaram pelo planeta. Inversamente, o cálculo das distâncias genéticas permite conhecer ou confirmar essas diásporas primitivas. Do interminável platô de uma curva brota subitamente uma vertical fulgurante; em alguns pontos recentes e extraordinários nossa aventura se bifurca.

Enquanto a história começa com escrituras extraordinárias, nossas verdades nos opõem; se a história segue nossa duração comum, na qual essas datas decisivas aparecem, duas árvores genealógicas nos reaproximam, a luxuriante árvore genealógica dos africanos e o ramo direto dos outros povos do mundo. As guerras mundiais fazem com que irmãos se tornem oponentes e os conflitos que agitam o continente africano promovem batalhas entre primos. Aceito de bom grado que a história tenha começado com a escrita, mas com a única condição de que se estenda essa nossa escrita seletiva, manual, gravada ou impressa à escrita natural, codificada em quatro letras na intimidade de nosso corpo, em nossas células germinativas pelas longas combinações de nosso ADN. Nossa história começa com esta escrita.

A *assim chamada cultura antiga...*

Um esforço teórico ou uma simples intuição concernente aos números pode ter conseqüências sobre as ideologias sociais e a paz. Desde que ao fazer o cálculo de anos substituamos quatro ou cinco milhares de anos por cem, passaremos de estrangeiros a irmãos. Se mudarmos de número, reconstituiremos a família. Pelo menos por essa razão, devemos reformar o ensino da história e, para fazer isso, precisamos pensar o mais rápido possível sobre o tempo e o espaço numa escala compatível com a aventura humana, as espécies, a vida, o mundo e o Universo.

Nossa nova velhice traz consigo uma sabedoria. O velho da Antigüidade, cuja escultura em mármore branco conserva as rugas e a cabeleira, a quem os cristãos denominavam e ainda denominam padre, palavra de origem grega que designa aquele que atinge uma idade avançada, assim como o ancião que todas as culturas veneram, eram representações de sabedoria que permaneciam individuais. Seu testemunho limitava-se às lembranças adquiridas em alguns anos e sua tranqüilidade nos acalmava diante da brevidade da vida e da iminência da morte. Por vezes sábios, eles encontravam nos livros a memória mais extensa da história, ou seja, a memória antiga que começa com os textos escritos.

Doravante, todos nós nos tornamos extremamente velhos, segundo uma dada escrita impressa e decifrável no segredo de nossos corpos. Centenas de milhares de anos atrás, os inimagináveis ancestrais enterraram seus mortos, desenharam, pintaram, cantaram e estremeceram de emoção diante da beleza. A humanidade inteira como tal, você, eu, o próximo e o distante, ultrapassa os patriarcas. Ela atinge a idade da sabedoria. Não em número de indivíduos extraordinários e, por isso, venerados, mas como comunidade, como espécie, no segredo contido no corpo de cada um e de todos nós. Vocês todos, velhos filósofos, profetas barbudos, sábios gregos, ascetas hindus, monges tibetanos, gurus bramânicos, chefes de linhagem dos índios algonquinos das pradarias do sul do Canadá, padres cristãos, todos vocês se tornaram crianças.

... se torna infantil

No final de meu ensaio denominado *Hominescências,* pergunto-me por que nossas culturas não são suficientes para conter nossa violência. Como testemunhas de nossas diferenças elas parecem mesmo incitá-la. Descubram por quê: porque nunca ultrapassaram a possibilidade impiedosa da experiência individual e coletiva da infância. São civilizações muito jovens, jamais aquietadas, sempre prontas a exibir seu penico cheio de excrementos como fazem as crianças pequenas ou a superioridade de seus bíceps como fazem os adolescentes no pátio do recreio. Que paradoxo: esses jovens sábios alegavam possuir a mesma sabedoria que aqueles que a tinham acumulado durante muito tempo! Diante de pessoas jovens que discutem filosofia, no começo de sua *República* e no *Timeu,* Platão apresenta, respectivamente, um velho grego e um egípcio como se desejasse revestir a razão ainda verde por uma sabedoria mais madura, assim como a filosofia recente de uma espécie de sagrado fora de moda ou, pelo menos, arcaico. Como os patriarcas da Bíblia, esses ancestrais hoje parecem jovens inexperientes e seguros de si, vítimas da memória curta, apesar de todas as vantagens que contam. Afirmam que se lembram perfeitamente de algumas inundações diluvianas, de erupções vulcânicas e tremores de terra: trata-se, porém, de um passado sem densidade. Pense em quatro mil anos, na melhor das hipóteses! Esses ancestrais só enxergam a superfície e não as placas tectônicas profundas.

Doravante, nossa sabedoria coloca Lucy diante de Plínio, o Velho, as ossadas espalhadas nos vales do Tchad antes de Homero, o Cego, e de Noé, o Vinicultor, nossos pais e mães da África, antes de Adão e Eva no Éden e de todos os ancestrais venerados por todas as culturas; essa sabedoria lê o código genético antes do código de Hamurábi. Trata-se do homem e não de um branquelo falador e mau caráter que despreza o bárbaro vermelho. Além e aquém de todas essas características, trata-se sempre da própria vida; nós, os arrogantes ocidentais, só recentemente recuperamos as culturas que, com justa razão, reivindicam que uma espécie animal ou vegetal antecedeu seus ancestrais: dispunham elas de marcadores de tempo melhores que os nossos? Chego ao ponto de ler Darwin em algumas tradições consideradas fetichistas e sobre os degraus das pirâmides astecas.

Retorno ao espaço e ao tempo

Acontece o mesmo para quatro, cinco ou cem mil, três ou sete milhões, quantidades ou números diversos, assim como para os resultados de uma mudança de escala e de uma conversão de nossas intuições, conseqüências cognitivas que permitem esperar pela construção de uma nova cultura comum.

No que diz respeito ao espaço e ao tempo assumimos, com certeza, há muito o hábito de realizar maiores esforços teóricos e existenciais. Desde que Platão nos libertou de sua caverna, aprendemos a mudar de dimensão tantas vezes quantas forem necessárias para tomarmos conhecimento de coisas mais reais do que as aparências perceptivas. Mais que isso, não nos contentamos mais com um espaço único, o de Euclides, ou com um único tempo, o de Newton. Concebemos espaços sem medida, ou mesmo espaços projetivos sem dúvida abstratos, que permitem compreender igualmente certas circunstâncias sensíveis da visão, do tato, do bem-estar, da tensão e dos movimentos do corpo. Costurávamos e tricotávamos num espaço topológico, nossa visão acurada se exercia num tipo de espaço mais projetivo, enquanto nossos marceneiros e arquitetos ainda construíam de acordo com o velho Euclides. Imaginávamos uma multiplicidade de espaços, tínhamos igualmente aprendido a multiplicidade dos tempos: o reversível ou circular, os tempos irreversíveis da entropia ou da evolução, os imprevisíveis da contingência e do caos e, finalmente, o tempo da percolação que varia segundo seus pontos iniciais. Trata-se de esforços inumeráveis que permitem melhor perceber a carne e o espírito, as coisas e a vida, nosso destino e, por vezes, a história.

Reencontros e compromissos

Aqui o esforço me parece simultaneamente mais simples e mais difícil e, também, mais decisivo para a humanidade. Mais simples por não se tratar da natureza do tempo nem do espaço, problemas extremamente delicados, e sim de sua medida e de sua amplitude, uma coisa completamente natural. Trata-se com certeza de algo simples, embora difícil, pois, repito novamente, com freqüência uma mudança de escala provoca transformações sutis na própria natureza das coisas escalonadas de maneiras diversas. Construir um modelo reduzido exige apenas papel ou cartolina, construir em tamanho real exige aço. Passar das culturas locais e singulares fragmentadas sobre os continentes, à dispersão progressiva de um pequeno grupo humano no espaço global, transforma nossa visão do mundo e da duração. O mosaico do espaço cede lugar a um efeito temporal no qual uma imagem substitui progressivamente outra imagem. Sem mito nem mistificação, recomeçaremos a crer na unicidade primitiva das línguas? A mundialização se iniciou há mais ou menos cem mil anos. Nas escalas medíocres da história comum só existem diferenças; na escala da aventura humana real, o universal dita as regras.

Daí advém o caráter decisivo da nova Grande Narrativa para a história futura da humanidade, no mesmo momento em que ela retoma seus contatos, certamente ainda lacunares, sob o impacto das novas tecnologias. Nós nos separamos nas datas mencionadas, e hoje nos reencontramos. Quem poderia se surpreender se no momento dessa reunião a lembrança ainda próxima de nossa separação nos voltasse à memória? Eu diria que quando começamos a participar de nossa paradoxal aventura na velocidade da luz e na ubiqüidade, entendemos a extrema velhice e a imensa lentidão de nosso destino. Retraçando os laços que uniam a reduzida família de aventureiros que se arriscaram fora de nosso berço africano, nossas redes auxiliam na instauração dessa nova cultura universal, tão antiga em seus milhões de anos, quanto recente e impactante em velocidade eletrônica, ao lado da qual a Renascença só fazia anunciar sua impotência greco-latino-européia em definir o humanismo, cultura doravante comum à nossa espécie. Agora cabe a você conceber essa história finalmente completa, geral e, sobretudo, verdadeira da cultura, reflita sobre a insignificância dos números que a antiga história pedia que se imaginasse!

Sempre existe prescrição

Certamente descendemos de um parentesco comum, mas a paz perpétua não é uma decorrência imediata desse fato, pois mesmo irmãos gêmeos, muito mais que pessoas estranhas, encontram motivos para se estrangularem entre si. Não ignoramos a origem mimética da violência humana, podemos ignorar ainda menos os pretextos que ela busca na diferença. Os eruditos descobrem esses pretextos nos textos, quero dizer, nas lembranças, nos traços deixados pela história da forma como era entendida no passado. À medida que voltamos no tempo, essas marcas se tornam mais raras, a ponto de ser necessário escavar a terra mais profundamente e possuir um conhecimento ultra-especializado de suas camadas para reconhecê-las. Elas precedem e excedem os textos escritos e os traços visíveis como se fossem, literalmente, pré-textos.

Convido o leitor a meditar sobre o vocábulo jurídico *prescrição*, cujo sentido patente exprime o esgotamento ou a extinção de qualquer procedimento judiciário sobre um crime ou delito após um determinado lapso de tempo. Esse uso da palavra prescrição força a tomada de uma decisão mais consistente entre o tempo e o direito: o tempo aniquila o direito ou este resiste a corrosão do tempo? Fazer uso da prescrição parece ser uma violação do direito se, e apenas se, o direito prevalecer sobre o tempo. Inversamente, se o tempo prevalecer sobre direito, a prescrição se torna o fundamento do direito, pois, sem ela, a violência, sempre retomada, levaria ao eterno retorno da vingança. Se, em determinado momento, você não cessar os procedimentos com respeito a um crime, os herdeiros da vítima até a enésima geração continuarão a matar os herdeiros do assassino, de tal forma que ninguém mais conseguirá distinguir entre assassinos e assassinados, nem saber a razão dessa dialética interminável e insana. Tradicional, essa discussão, retomada por ocasião dos crimes imprescritíveis contra a humanidade, não leva em conta o significado literal do próprio termo prescrição.

Prescrever significa: escrever em cima, como um título ou algo que sempre precede o assunto de que o texto escrito tratará em seguida. Com respeito à palavra inglesa e latina *addiction*, dependência química, termo do direito e da droga, eu já havia encontrado em *Os cinco sentidos* essa precedência de determinados gestos não expressados na língua escrita ou mesmo falada. Enquanto discutimos aqui se o que predomina é o tempo ou o direito, esquecemos que o tempo de que falamos permanece na história escrita e subordina-se a ela. Nesse caso, a prescrição supõe que esse direito escrito encontre qualquer coisa escrita antes dele, alguma coisa que foi literalmente pré-escrita ou prescrita. Isso confina o tempo dentro de limites absolutamente estritos.

Porque nos habituamos a pensá-lo do lado de lá das fronteiras traçadas pelas culturas antigas como, por exemplo, no caso dos direitos, mesmo os mais antigos, nos vemos forçados a transgredir os limites quando sugerimos a questão: quais são os testemunhos de que dispomos antes da escrita? Resposta: restos raros que testemunham um tempo em que o direito escrito aparece como algo extraordinariamente recente. Procuro menos um texto escrito que precederia qualquer outro texto possível, do que algo que radicalmente preceda a escrita. O que existe antes dela? Uma longa e colossal prescrição. Dito de outra forma, a prescrição precede o direito, ela precede até mesmo toda escritura, a própria palavra diz isso. Qualquer pretexto que você utilizar para sua guerra, existe sempre antes dele e antes de qualquer texto uma prescrição imensamente mais longa. Ela significa que, sob o olhar do tempo, nossas diferenças se dissolvem, pois todos nós descendemos das mesmas linhagens.

O texto escrito retorna novamente, pois a própria frase precedente pode ser lida num texto real, precursor de qualquer texto inscrito em qualquer forma de direito, pré-escrito em relação a tudo aquilo que escrevemos desde a aurora da história e, portanto, realmente prescrito, embora o seja no ADN de nossos irmãos e primos. O código genético, ao qual os cientistas de todas as línguas deram um nome semelhante ao do código do direito escrito, precede nossos escritos reais e possíveis, de maneira que o tempo predomina e muito sobre o direito e sobre esse código, determinado, durável e transmissível, assim como sobre aqueles códigos que compomos à mão, em letras inábeis e sujeitos à decomposição; sempre anterior, essa prescrição funda o direito em sua própria natureza; se a paz triunfa sobre a guerra, isso se deve a esse código natural.

ACESSO AO UNIVERSAL

Seus Nomes

Tentativas

Na incerteza de minha identidade, pergunto a mim mesmo, qual é meu nome? Entre duas corvetas, no caminho que leva à ponte do navio-patrulha Recouvrance,[1] ouviu-se dizer que alguém parecido comigo morou numa casa em Brest, depois numa outra em Toulon, não distante da antiga rota dos alfandegários; esse alguém construiu três casas, uma delas sobre um vale no qual um pequeno riacho seguia em direção ao rio Garonne, as duas outras sobre os flancos de Gergovie, no Aubière e em Romagnat; depois disso reformou o que para ele parecia ser um hotel de prostituição, não muito distante do castelo e do bosque de Vincennes. Num momento ele foi marinheiro bretão, noutro, um representante do Auvergne, jamais um verdadeiro parisiense. Ele amou Quebec e suas praias invernais como sua segunda pátria. Por muito tempo circulou pela baia de Chesapeake em Baltimore, depois pela úmida cidade de São Paulo, em seguida por Búfalo, cidade próxima às cataratas do Niágara. Viveu ele em algum lugar por mais tempo do que em Palo Alto, entre o oceano Pacífico e Serra Nevada?

Quando a brisa da região bretã de Finistère o envolve em sua intensa doçura, quando ouve o rio Saint-Laurent lamentar-se como uma amante em virtude do ruído pungente produzido pelo descongelamento súbito de suas águas, quando reconhece sob a grama verde dos montes Dôme as crateras vermelho-escuras da Islândia, dos Andes ou do Etna, quando encontra o equilíbrio climático da Califórnia entre a aridez do deserto e o frio do oceano, em todos esses lugares ele se sente como se estivesse em casa. Onde, então, situar seu nicho? No meio do Japão do qual ele ama o poder frágil,

[1] O Recouvrance é a réplica de um navio militar do começo do século passado originalmente destinado a transmitir pedidos de socorro ou comandos urgentes. Subseqüentemente, suas funções foram estendidas ao patrulhamento e à proteção do comércio nas costas da África e das Antilhas. (N.Ts.)

nos Alpes, sustentado pelas cordas entre precipícios e paredões, em êxtase sobre o topo do Cervin ou do Cotopaxi, no Nepal, junto aos xerpas que vivem quase nus em meio à neve, a pé sobre as dunas do Saara ou pelo Outback australiano, sob o sol de Alice Springs, em Montevidéu ao longo do rio da Prata, do lado do Paraguai, no alto do vulcão Irazú, no pico da Fournaise ou nas falésias do Cap? Em todos esses lugares.

Jamais deixei, contudo, de habitar os terreiros da fazenda em Poulère, de mergulhar sob os arcos da Ponte de Pierre ou sob o leito da barragem em Beauregard, de andar ao longo dos canteiros de agrião. A infância ainda se encontra tão arraigada dentro de nós que continuamos temporariamente a reviver em outros lugares a recordação imprecisa dos acampamentos de que participamos quando crianças. O rio Garonne ainda corre em minhas veias. Somente deixei o lugar onde morava subjugado por uma desesperadora amargura. Passei pelo sofrimento de centenas de mortes ao erigir minha tenda aqui e ali como um nômade. Deixei sobre a estrada um pouco de sangue, muito suor e, como fazem os escargôs, uma enorme quantidade de saliva. Hoje, contudo, sobre a terra e o mar, a montanha e o vulcão, a savana e a floresta, o rio e o lago, eu enalteço minha casa global.

Começo a habitar o mapa do espaço.

*

Um outro clone meu construiu do outro lado das regiões da Ocitânia um castelo alicerçado sobre tragédias gregas e salmos traduzidos em língua latina, no francês do *Essais* [Ensaios] de Montaigne ou no do *Imprécations de Camille* [Imprecações de Camile] de Racine; estruturou essas fundações em locais ainda mais profundos, sobre as massas obscuras urdidas em certos *Noturnos* de Chopin; as composições polifônicas de Couperin e o *Tombeau* que lhe dedicou Ravel ecoam em suas abóbadas; as paisagens venezianas de Carpaccio e as encantadas campinas romanas de Poussin o circundam, por vezes, imerso entre as brumas de Turner e a paz agreste dos mestres flamengos. O ruído de fundo de seu mundo agita-se em Goya para ampliar-se em Cervantes e São João da Cruz. Sua carne feita de linguagem, seus muros e seu solo vibram em ondas celtiberas.[2]

---

2 Habitantes da antiga Espanha que viveram na Celtibéria do século III a.C. em diante, como resultado da fusão das migrações célticas com os iberos, povos autóctones que ali chegaram anteriormente. (N.Ts.)

Durante longo tempo, esse clone habitou as alas do palácio platônico cujas galerias de luz eram organizadas pela análise matemática, nas quais as estruturas algébricas desdobravam seus contrapontos e novas combinações de algoritmos eclodiam, sem mencionar o pátio em que jorrava a fonte da mecânica dos fluidos, a lareira flamejante da termodinâmica, ou os planos do arquiteto para a futura cidade multidimensional projetada pela teoria das supercordas. Finalmente, ele encontrou os habitantes do mundo no interior das moléculas e dos códigos; bactérias, algas e cogumelos enfileirados apresentam-se diante de Flora e de seus faunos para habitarem em seu templo cuja beleza necessitava de milhares de sinais indicativos para que sua energia fosse emitida.

Só confesso meu amor, entretanto, em língua latina, no espanhol ou gascão, como se no corpo a corpo a emoção retornasse à música ancestral. Não importa qual seja a língua ouvida nessa confissão, ela será sempre o eco da razão enciclopédica.

Começo a habitar o mapa do saber.

*

É preciso que se diga que ele construiu sua casa de pedregulhos, cimento e areia na companhia de sua verdadeira gente, artesãos e marinheiros com os quais eram partilhadas as primeiras horas da aurora, quando a pele ainda não transpirara muito; construiu estradas de asfalto sob o calor ardente do betume, transportou pesadas cargas em buldôzers e caçambas, trabalhou no cais de Bordeaux entre os estivadores e os operadores de gruas, navegou em barcos grandes e pequenos, ao lado de pescadores e timoneiros, rodeado pelas primeiras profissões que conheceu. Quando finalmente começou a despender mais tempo com os livros, teve a impressão de ter executado apenas trabalhos gerais ou marítimos e que, no futuro, se precisasse exercê-los novamente, ele o faria com um prazer natural. Apesar das inumeráveis trocas de pele, ele jamais esqueceu de suas costas de camponês, de seus braços de operário e de suas duas pernas de marinheiro, sempre em equilíbrio nos movimentos provocados pelo mau tempo.

Desde então, trabalhou em inúmeras áreas da ciência que, apesar de isoladas, eram freqüentadas ao mesmo tempo por ninguém e por muita gente, por uma multidão de visitantes atuais ou desaparecidos como Arquimedes e Lucrécio, Darwin e Monod, Hermes e os anjos. Encontrou-se com embaixadores e primeiros-ministros, gênios pouco reconhecidos e cabeças coroadas mais ou menos estúpidas, vedetes e sem-teto, glórias duradouras e notoriedades fugazes, humildes e arrogantes, miseráveis e milionários, cardeais e curas do interior, Prêmios Nobel e ignorantes, sábios e escroques, santos e assassinos, o que o fez convencer-se rapidamente de que nenhuma dessas categorias prevalece sobre as outras e que, longe de fazer com que ele se engajasse em manifestações obsoletas, o nascimento do mundo exigia que a política fosse reinventada o mais rápido possível.

Sob cada teto dourado, sobre cada tapete vermelho, nas periferias, nos hotéis de luxo e nas favelas, as solas de meus sapatos contêm a terra e as pedras de minha origem popular.

Na casa de todas as pessoas começo a habitar o mapa-múndi humano.

Viajante[3]

O aqui e agora valem também para as plantas e certos animais. Escrava da estaca em que está amarrada, a cabra se deixa comer pelo lobo que, por levar uma vida errante, é mais inteligente. Quem falará sobre os progressos alcançados pelos primeiros passos evolutivos da fauna, livre da imobilidade das flores, quem cantará a liberdade daquele que se evade do ventre de sua mãe, sai de seu berço tranqüilo, deixa seu domicílio, anda, constrói instrumentos a partir de si mesmo, sai da África há milênios, povoa o planisfério e ocupa territórios que abarcam terras e mares?

Podemos dar um nome a esse itinerante? Efêmero e local, esse homem apegado ao húmus, humilde produto da humildade, atado à fome e ao desejo, finito como comumente se repete, eu o considero viável e, por isso, apto a sobreviver, ou seja, adequado para lançar-se em muitos caminhos por ser, ele mesmo, composto de vários deles. *Via vita*, a vida caminha rápido. Sem os deslocamentos, não existiria vida humana, sem eles não haveria ritos de iniciação ou aprendizagem e, muito menos, pré-história ou antropologia. Do outro lado de nosso destino, entretanto, não existe vida sem caminho. A palavra viabilidade pode servir para ambos. Tudo se movimenta, mesmo a árvore cuja seiva circula e cuja folhagem balança sob a ação do vento quente. Tudo se move, mesmo as moléculas no interior da

[3] Viator no original. (N.Ts.)

mais fina célula. Tudo vive porque se comunica. Tudo existe em virtude da troca. A relação condiciona a vida e precede a existência. A ausência de uma teoria geral dos signos e de suas ressonâncias em nossas ciências biológicas mascara os segredos da vida. Dos lêmures e colibris aos monocelulares, das baleias, que enviam seus sinais a distância, às medusas, cujas túnicas raiadas de luz precipitam-se na obscuridade das profundezas marinhas, das sinapses às quinases,[4] a vida não cessa de trocar, sons, luz e moléculas, em resumo, uma multiplicidade de signos. Em busca da sobrevivência ela se projeta em inumeráveis caminhos. *Sine via non vita.* Não existe vida sem caminho.

O sujeito indeterminado, *o homem quase-sujeito transcendental*

Aos olhos do homem sedentário, entretanto, nada mais perigoso do que viajar por essas estradas ou fora delas. Com certeza, arrisca-se a vida em virtude dos precipícios e dos malfeitores, mas é principalmente nessas estradas que se faz um uso extremo da identidade, dos pertencimentos, dos costumes, crenças, apegos e paixões, enfim, da própria essência de todo sujeito. Quem não deixa seu nicho, permanece na infância; mas o bem-aventurado que percorre rápido o caminho acaba por perder-se nele. Nesse percurso o eu infantil penetra em muitos outros eus e vai se transformando até se tornar adulto. As idades da vida tornam-se independentes. O tempo não conserva nada como faz o açúcar nos doces de frutas, o que ele provoca é uma mutação na criança. Como? Pela perda do eu narcísico nos acasos da alteridade. No limite extremo, o sujeito se transforma em *sujeito indeterminado.* Eu me transformo em outro, depois em outros, em todo mundo e, finalmente, num *sujeito indeterminado.* Um magnífico pronome indeterminado, um verdadeiro sujeito transcendental, indiferenciado, branco, identifica-se afirmativamente sob o nome de homem. Alguns filósofos envergonharam-se de sua transformação em sujeitos indeterminados. Por medo de serem considerados homens comuns, pretendiam se tornar seres extraordinários e, talvez, adquiriram o hábito de filosofar para se transformarem numa raridade exterior à espécie, sem

[4] A enzima PI3 – quinase é uma molécula intracelular considerada essencial para o transporte de glicose. (N.Ts.)

perceber que todo mundo possui a mesma tendência para essa anomalia banal; nada mais vulgar do que querer evitar a vulgaridade.

Por sorte e felicidade, tornei-me um sujeito indeterminado. Um sujeito que pensa, fala e penetra na intimidade de todos. O sujeito indeterminado é a soma do eu, do tu, do nós, do vós e do eles. Os homens são feitos desse somatório. O pronome indeterminado é um tipo de ficha ou *jeton* que representa os pronomes. Minhas senhoras, longe de desprezar esse equivalente geral, esse intrometido que corre pelo bosque, mais vale defini-lo como um quase-sujeito. Da mesma forma que os químicos são incapazes de imaginar um átomo de hidrogênio ou de carbono sem conhecer o número de suas conexões, o sujeito do pensamento permanece impensável sem as relações que o precedem. Esse quase-sujeito totaliza em si o sujeito "atômico" e suas vias de comunicação. Ele envolve e integra de maneira indefinida o conjunto dessas relações. Privado de suas "valências", como poderia ele somar-se ao eu, ao tu, ao nós e ao vós ? Nessa soma calcula-se o "valor" do humano. Nesse quase-sujeito transcendental, nessa condição da espécie global e de suas práticas realiza-se a acreção ou a coalescência da humanidade em mim, em nós. O pronome indeterminado aproxima-se do Universal.

Os caminhos que conduzem a hábitats diversos no mapa do espaço permitem chegar a esse quase-sujeito federador dos conhecimentos do espaço e do tempo, a esse equivalente geral das pessoas e dos grupos. O nome do Incandescente é indeterminado.

Novas tentativas virtuais

A que frágil acaso devo eu o fato de não ter me tornado um camponês como meus ancestrais, um empresário do ramo de dragagem e serviços públicos como meu pai, um comerciante de especiarias ou um vendedor de mosquiteiros de proteção para cavalos, de não ter seguido o exemplo da família de minha mãe e me tornado um marinheiro sem fugir da Escola Naval, um deputado, como era o desejo de meu distrito administrativo logo que terminasse meus estudos, um pianista ou compositor, frustração melancólica de minha existência viciada em música como alguns o são no álcool, e, sobretudo, por que não me tornei um monge, minha segunda séria vocação, ainda atravessada em minha garganta como a espiral de um cone vertiginoso cuja queda se dirige ao abismo da alma? Qual foi a hesitação que no último segundo me impediu de fugir para um país estrangeiro, para o Brasil, Estados Unidos, China ou Japão?

Vejo-me como um ministro entediado ou o prefeito tosco de uma cidadezinha, posição em todo caso bem melhor do que aqueles que proferem discursos literários enfadonhos nas assembléias, como um almirante pacifista ou um oficial apaixonado por todos os oceanos, que perdeu suas divisas por ter inundado o depósito de munições, como um concertista ou um funcionário de piano-bar, incapaz de escrever ou de dizer em palavras as coisas essenciais, mas seguro de poder expressá-las por meio de poemas musicais polifônicos, como um abade erudito ou jardineiro do mosteiro, embriagado de Deus, como um engenheiro que aceita contratos para perfurar canais nos portos, construir pontes e, sobretudo, como um encarregado de manutenção inepto, sob o casco do navio, que perambula sempre solitário de um lado a outro como Caim, La Pérouse[5] ou o Judeu da lenda.

Como uma cadeia contingente de decisões infinitesimais, a vida busca o caminho de sua própria verdade quando ela adiciona à totalidade dos fatos que se tornaram manifestos o não vivido que permaneceu como possível, lastimado, por vezes recuperado, graças a um sopro de brisa que, como sempre, traz consigo um germe pleno de promessas. A vida mente para fazer crer que sempre seria possível recomeçar. Qualquer que fosse o caminho pelo qual um outro desejo tivesse me conduzido, as lágrimas teriam me acompanhado, inclusive no trajeto final. Por meio de sonatas ou quintetos, eu teria chorado por você no mar e nos rios, na Ásia e no Chile, como monge, bandido, rico, miserável, sedentário ou viajante, nos ramos delicados, virtuais e florescentes, assim como nos galhos reais e velhos que se assustam com o prenúncio da primavera.

Eu gostaria de dar o nome de *Meus clones virtuais* a uma heterobiografia cujo hipertexto leva em conta as bifurcações possíveis e que não foram fixadas, os ramos adjacentes que foram abandonados e que, por vezes, eram mais importantes que os galhos principais. Esses cotos exibem alguns nós reconhecíveis sobre o tronco, que podem ser considerados como feridas cujas cicatrizes identificam a árvore. Esses clones virtuais, que posso reconhecer facilmente dentro e fora de mim, reconciliam a necessidade fatal das metafísicas antigas com a contingência analisada pela

[5] Jean-François de Galaup, conde de la Pérouse (1741-1788), navegador e explorador francês que em 1785 liderou uma expedição francesa encarregada de encontrar uma passagem ao noroeste do oceano Pacífico com o objetivo de explorar as costas da América, da China, da Sibéria e os Mares do Sul. (N.Ts.)

teoria contemporânea do caos? Uma após outra, essas bifurcações gigantescas e inesperadas modelam uma vida. Não seriam elas o resultado das partes que a própria vida subtraiu e que permaneceram virtuais como se tivessem sido talhadas na árvore real? A ramificação é a única coisa que permanece, ela parece surgir de um lugar qualquer como um acontecimento inesperado em virtude da crueldade do vento seco que arranca, um a um, todos os outros galhos do luxuriante buquê que continha particularmente seu imprevisível caule? Com certeza, a necessidade continua, mas ela também retira as ervas daninhas e produz o que interpretamos como contingência. É muito pequena nossa capacidade de prever qual será o ramo novo que sobreviverá entre aqueles que morrem todos os dias.

Quem sou eu, então? O que resta da tenebrosa cesura que matou todos esses clones virtuais no momento de seu nascimento. Minha realidade sobrevive a esses mortos que, ao desaparecerem, caem em nosso esquecimento. Essa sobrevivência preserva os mais aptos, da mesma forma como se explica na história natural? Quem pode garantir que eu tenha desenvolvido o melhor de minhas possibilidades? É suficiente avaliar essa questão pelo peso de minhas frustrações e pelo trajeto de algumas de minhas esperanças: se Deus existir e quiser, espero passar meu primeiro milhão de anos de eternidade em companhia de não sei quem, compondo músicas que me livrem da pressão que a exigência de sentido provoca sobre o fluxo patético do ato de escrever. Durante essa ocasião, dançarei como jamais dancei nos braços de não sei quem. Além do mais, eu aconselharia a todos a navegar sempre em frente sem levar em conta o lugar ou as amarguras, pois suponho que sob a ausência resplandecente do tempo, a extensão oceânica se perde no horizonte. Por meio do virtual paradisíaco ou infernal, reagruparei meus clones. Voltarei a aglutinar-me. Tornarei a reestruturar totalmente a árvore e a recompor o buquê. Ao somar todas essas contingências, minha aspiração será a de tornar-me necessário. Eu lhes pergunto: de que serviria a eternidade se ela não restaurasse os itinerários do fluxo do tempo, se ela não reparasse as perdas da história, essa castradora que atirou meus membros dispersos aos quatro ventos? Recuperarei o tempo perdido, não por meio de lembranças vagas, mentirosas e narcísicas, mas pelo somatório ou inserção dos homens e mulheres que me faltaram, visto que o caminho os decepou de meu corpo. A vida deixa em seu rastro os cadáveres daqueles que não fui, juntamente com os cadáveres daqueles e daquelas que me abandonaram. A vida eterna os ressuscitará. Meu Deus, que multidão existe ao redor de cada um de nós! Restaurado a partir da mistura de todos seus clones, com seus membros recuperados, sem qualquer tipo de castração, é assim que acredito será reconstruído o corpo glorioso celebrado por Santo Agostinho. A realidade "platônica" dessa eternidade agregará às penúrias do indivíduo fragmentário todos esses virtuais ressuscitados.

Na esperança do reencontro no futuro ou no irreal, refiro-me a esses clones virtuais como se fossem amigos desaparecidos no passado, sinto, contudo, sua presença em minha carne, como uma ausência lancinante, como membros dispersos ou fantasmas. Peremptória, a duração faz de nós troncos esqueléticos que, a partir de uma floração de virtuais, recomeça a cada instante. Não podemos deixar de escolher, triar e dividir como se o tempo linear nos obrigasse a nos defrontar unicamente com a trajetória de uma linha reta, forçando-nos, assim, a lançar uma multiplicidade de novos recursos na torrente que freme desordenadamente nas profundezas do desfiladeiro. Poderíamos nós desistir de arrancar os ramos e conservar todo o buquê em seu estado natural? Podemos nós reinventar o tempo para que ele evolua intensamente, da mesma forma que uma geleira desliza pela encosta arrastando com sua força os detritos acumulados de seu degelo? Meus clones passaram pelo crivo cortante do terceiro excluído: todos eles percorreram a linha contínua desse itinerário. Não, quero ser todos eles e também o último. Desejo enriquecer-me, transformar-me em detritos acumulados do degelo, em rio, em legião, também em sujeito indeterminado e, por mais virtual que isso possa parecer, na espécie humana inteira.

Meu caro amigo malinês, você sabia muito bem o que fazia ao me recusar o status de homem branco; meu amigo chinês do lado leste de Pequim, você também soube reconhecer-me ao perguntar a qual minoria eu pertencia; em Israel, diziam-me que eu não poderia negar ser parente de judeus; nas montanhas do Atlas, encontrei meu velho irmão e na Índia minha irmã mais nova. Distribuído por todas as latitudes, o gênero humano se reduziu a uma família cujos laços são muito mais estreitos do que se crê.

Se o sujeito indeterminado e branco não percebe a existência de seus clones por todos os lugares, pelo menos vê seus primos. Como denominá-lo? Eu o chamo de *Pantópos, Pancrono, Panúrgio, Pangloss, Pangnose, Pantropo*,[6] uma designação textual e global para homens e mulheres seis

[6] Panúrgio, personagem nuclear do romance de François Rabelais, *Gargântua e Pantagruel*. Pangloss, personagem de Voltaire (1694-1778) no livro *Cândido*, tradução Maria Ermantina Galvão, 3. ed., São Paulo, Martins Fontes, 2003. Para os nomes restantes Pantope, Panchrone, Panúrgio, Pangloss Pangnose e Panthrope, optou-se pela grafia em português. (N.Ts)

vezes integrais. Longe de se afastar do comum por suas qualidades excepcionais, ocultas no interior do incandescente, ela e ele fundem-se no saber, nos homens e nos horizontes. O grande deus Pã retorna e os une. *Nemo* [ninguém] transforma-se no sujeito indeterminado, ou seja, em todo o mundo. Como?

Pantópos, Pancrono

Nossa astrofísica exibe em milhões de anos-luz um universo que na Idade Clássica era representado derisoriamente por um sistema solar reduzido e insignificante. Desde então, passamos a medir a exigüidade dos espaços "infinitos" que tanto atormentavam Pascal. O crescimento da extensão ao nosso redor provoca apenas um pouco de acrofobia ou agorafobia. Aqueles que temem os paredões da montanha experimentam antecipadamente essa leve vertigem. O velho junco torna-se consciente de sua insignificância; é isso o que ocorre.

O fato de que o tempo do mundo, que o próprio Newton na época de Pascal estimava em quatro milênios, subitamente tenha se ampliado a treze ou a quatro bilhões de anos desde o início da vida sobre a Terra, torna-se algo difícil de conceber. A duração não se dilata como o espaço. Ambos mudam as circunstâncias. O imperador da Lua retorna de suas viagens afirmando que todas as coisas se parecem com as coisas daqui, mas o que diria ele se pudesse se deslocar até o Cambriano, quando os primeiros organismos sólidos explodiram, ou se retrocedesse ao imenso calor do primeiro segundo que se seguiu à explosão inicial? A extensão euclidiana não transforma nem os perfis nem as estaturas, contudo deixa a salvo as reflexões cômicas da *commedia dell'arte*. Podemos conceber a idéia de nos deslocarmos em direção aos planetas próximos, mas quem seria capaz de sobreviver em eras arcaicas, anteriores ao aparecimento da primeira planta aquática? A viagem no tempo paralisa a respiração, decompõe o corpo em elementos, aniquila o pensamento e nega nossa existência. Quanto mais facilmente me considero merecedor do nome de Pantópos, ao ir da Lapônia à Nova Zelândia como um aviador, ou da Lua a Marte, saltando como um espaçonauta, mais difícil me parece alcançar o nome de Pancrono. A viagem no espaço absoluto deixaria o sujeito invariante, o deslocamento no tempo o aboliria. Pancrono tem dificuldade em nascer, visto que desaparece instantaneamente; há dez milhões de anos de distância daqui já se pode identificá-lo como quadrúpede; um pouco mais e ele se arrasta como um réptil ou voa como um pássaro; ele surge, enfim, reduzido a uma única célula.

Enquanto isso, esse Pancrono se aproxima de nós ainda melhor que Pantópos, contemporâneo de Gilgamesh, de Ulisses ou de Pantagruel, simples andarilhos que se defrontaram com alguns obstáculos, naufrágios, magos e sereias. Tanto o observador como eu devemos abandonar completamente o estatuto de sujeitos, a posição de observadores, o orgulho de pensar e o lugar de derradeira obra da evolução e, como Empédocles, entregar-nos de corpo e alma e mergulhar no rio de lavas ardentes no qual o tempo turbulento e caótico percola e destrói tudo, até chegar às raias do absurdo. Essa nova viagem se assemelharia muito mais às viagens de Ulisses, de Enéas ou de Dante aos Infernos ao qual se precipitam à procura de almas lívidas e translúcidas. Conseqüentemente, Pancrono se metamorfoseia, transforma-se em todas as espécies, remonta à evolução da fauna, flora, alga, monocelular e, retrocedendo ainda mais, ao elemento químico, hidrogênio primitivo, partícula, energia e luz. Quem é esse Pancrono, quem sou eu senão o resultado desse retorno, dessa capacidade de retraçar, desse rio de fogo imprevisível, dessa incursão interminável na qual, a partir de quase nada, se constitui esta contingência que hoje pensa? Entendo por que Pascal afirmava que por meio do pensamento ele conseguia compreender o espaço; ele se ocupava com o pensamento porque o espaço-objeto deixa invariante o caráter limitado do homem-arbusto,[7] esse sujeito do pensamento; ao agir assim, estaria Pascal duvidando de que fazia muito mais a apologia do espaço do que a do pensamento? Qual seria efetivamente o poder do pensamento se ele, Pascal, o fazia variar? Pancrono considera pertinentemente que o tempo é que faz variar o pensamento: por meio dele me transformo, ao retornar a ele desapareço, mas ao segui-lo eu me construo. Carrego em meu corpo os elementos constitutivos do Universo e de mim mesmo, mesmo que de maneira diferente; meus órgãos se compõem de milhares e milhares de células; não existe uma única extremidade de meu corpo que não seja o resultado de acontecimentos e bifurcações desse tempo, eu sou, vivo e penso em razão desses vestígios e marcas; mesmo a composição de meu meio interno se assemelha à dos oceanos dos quais saímos. A partir das partículas tornei-me um

---

[7] No original , *Pensée-roseau*. Serres refere-se aqui à célebre expressão de Pascal "*L'homme est un roseau pensant*" [O homem é um arbusto pensante] Pascal. *Pensamentos* (consultoria de Marilena Chauí), São Paulo, Nova Cultural, 1999 (artigo II: "Pensamento sobre o espírito e o estilo"), pp. 41/47. (N.Ts.)

espelho do Universo, não um espelho espacial ou de representação ótica em que os raios circulam pelo espaço, assim como você e eu, mas um espelho temporal, por meio de estratos e vestígios que no passado eram contingentes, mas que hoje se tornaram necessários em razão de sua capacidade construtora.

Conseqüentemente, Pancrono supera Pantópos em universalidade que, por sua vez, em relação a ele se reduz a um simples fantasma instável e agitado que retém apenas imagens e narrativas fragmentadas de suas andanças, o que afinal é muito pouco e quase sempre inverossímil. Quem nunca desconfiou que as histórias de Ulisses e de Dante, de Pitéas de Massaliota ou de Marco Polo eram fanfarronadas? Ao contrário, Pancrono se constrói a cada etapa, sob ameaça de morte. Não existe um átomo de seu corpo que não seja testemunha dessa duração, o que também é verdadeiro para o pé da bela criadora de casos no quadro do pintor. O corpo e o entendimento compõem-se de tempo. Melhor que isso, no tempo como em uma árvore, o Universo modela e desenreda seus próprios fluxos. Desde o ar que respira até o vapor d'água, unhas, excrementos e neurônios nobres, Pancrono contabiliza bilhões de anos. Quem teria acreditado, digamos há somente meio século, na desmesurada antigüidade de nosso corpo? Dessa forma, eu, Pancrono, conspiro com a totalidade das coisas, com o que vive e o que não vive, com as espécies e os elementos. Compreendo o tempo e o mundo, o que eles fazem de mim e o que sei sobre eles. Pancrono percola como o supercontinente da Pangéia. Como deixar de declarar esse eu universal e "natural"?

P*angloss*

Mesmo que o Incandescente encarne em todos os tempos, ele jamais falará todas as línguas dos homens e dos anjos. Esse somatório ultrapassa as capacidades de um só indivíduo. Mas cada um pode e deve se lembrar. Nas datas em que nossos ancestrais deixaram a mãe África, antes mesmo que surgissem divergências entre eles ou que, em seguida, se separassem em virtude do mosaico de dialetos, como faziam eles para se comunicarem entre si? Usavam eles uma língua comum ancestral e arcaica que deu origem a esse explosivo conjunto formado pelo somatório de todas as linguagens? Como encontrar essa nossa primeira língua? Não conservamos qualquer vestígio dela.

O que ainda temos em comum atualmente? A música. Não conhecemos qualquer cultura sem dança ou canções, sem trinado ou melopéia. *Homo musicus*. Com certeza, todos os instrumentos diferem entre si, assim como todas as composições, mas parece que ouço a emergência do grito e o tom grave do vocalise que os reúne. Bloqueada, soterrada, escondida em meio ao rumores do mundo, do próprio corpo e da multidão, a multiplicidade compacta das línguas ouvidas murmura o que as culturas desde sempre praticam sob o nome de música: a música é a fonte das linguagens, ela emana do ruído de fundo do mundo e de suas súplicas e avança em meio ao caos da Gênese e à salmodia dos profetas. No Evangelho de João a música é precursora do Verbo e do conjunto de todas as línguas; na manhã do Pentecostes, eles o recebem e sua musicalidade vibra no interior da dupla cavidade de minha garganta e de meus ouvidos, na dupla turbulência da tempestade e de meu desejo, a *ur-musik* ou tonalidade primordial da humanidade. Jamais tivemos outra coisa a não ser a música para exprimir o tempo: o tempo *allegro, vivace* ou *largo*, a melodia para que ele corresse ou quebrasse os silêncios, a medida para lhe dar ritmo, o ritmo para medi-lo, as duplas barras e os *da capo*, para que ele volte para trás. Em seus dois primeiros estudos, *allegro* e *presto* do opus 25, Frédéric Chopin faz com que se ouçam até mesmo os turbilhões do tempo. Pangloss nasce de Pancrono.

Em contrapartida, Pantópos também nasce dele. O espaço retorna sobre as asas do tempo e dos músicos. Nossa relação com os pardais e os colibris não se resume apenas à invenção das canções de nossos amores primaveris, às nossas tempestuosas angústias ou à nossa triste solidão, mas também aos sutis relacionamentos do ninho e do nicho. A galinha-d'angola, o pato selvagem, a pomba e a cegonha constroem seus ninhos no frio de altas latitudes e no verão transferem-nos para climas temperados ou tropicais, demonstrando dessa maneira que, ao migrar por milhares de quilômetros, por vezes por elevadas altitudes como as dos Alpes e do Himalaia, seu nicho global implica sempre um ninho local. Todo o mistério de sua conduta diz respeito a essa dupla instalação, que não é contraditória nem para mim nem para essas aves, que se explicita no cerne de um lugar limitado, seu abrigo familiar, e na extensão do Universo, seu biótipo eletivo; um portulano na frente dos olhos, dentro de sua cabeça, sob sua pele, com sextantes repletos de glândulas que servem de guia, que as acompanham e as conduzem em direção a pontos cuja imobilidade baliza um nicho compatível com o planisfério. Tão velha como os itinerários da vida, essa mundialização caracteriza múltiplas espécies. Assim fazem as colônias de lagostas, os bandos de bisões, as hordas de gnus, os recifes de arenques e de enguias, os vôos das gruas e dos gafanhotos, assim fazem as células, os parasitas e os órgãos no decorrer de seu desenvolvimento. Quantos dentre nós — pássaros, peixes, mamíferos migrantes? — nascem aqui, trabalham em outro lugar, amam fora de seu grupo social, criam pequenos mestiços, sem esquecer de retornar, não sem nostalgia, aos vales em que viveram na infância para colocar flores sobre algum túmulo? Pantópos possui o sangue e o canto de um alcatraz atlântico, Pangloss, a voz de um cetáceo que inunda as imensas bacias marítimas com seu chamado.

Espero ouvir esse arquejo elemental que, em seu semimutismo, se eleva sobre o frescor dos ventos, das vagas do alto-mar, do crepitar dos incêndios, dos sismos, das avalanchas glaciais e que se esconde sob Couperin e minha nostalgia, sob Houdon e a graça de teus gestos, sob Manet, Corneille e Ravel, sob a textura de sua voz e sob a seiva de minha solidão. Graal de toda inspiração, não quero morrer sem ter descoberto a fonte da qual emerge o primeiro murmúrio. A música cria todas as artes, codifica todas as ciências, inspira todos os pensamentos, melhor ainda, dá ritmo a todas as palavras; oculto entre ela e esse extenso chamado das coisas jaz o mistério silencioso, o cofre que guarda todos os segredos. Quem o descobrir falará virtualmente todas as línguas: Pangloss.

O rouxinol de papo-vermelho dispõe de um repertório enorme: mais de mil cantos diferentes; entre a felosa palustre e seus vizinhos, ouvimos polifonias organizadas existentes mesmo entre diferentes espécies voadoras. No meio da noite, grupos de chimpanzés gritam em coros que se fazem e desfazem. Sem jamais terem tido contato, povos nômades e seminômades como os peuls da Nigéria, os nagas de Assam e os albaneses cantam em modalidades pentatônicas sobre bordões idênticos. Tão universal entre os homens como os números, a música se generaliza pelo menos entre os macacos e os pássaros. Como é possível que, mesmo dotados de um cérebro minúsculo, alguns deles mudem de melodia a cada estação amorosa e consigam produzir obras-primas de tamanha claridade sonora? Graças à música, voamos como pássaros, dançamos na tridimensionalidade da água, saltamos dentre as árvores, descobrimos e construímos o lugar e o espaço. Nossa imaginação nos permitiu, porém, fazer isso também no íntimo de nossa alma e nas confissões feitas para outrem.

Se muito poucos dentre nós escrevem e só fazem isso recentemente, não resta dúvida de que todos falamos há milhares de anos. Mas antes dessa palavra de milhões de anos, a música era dentetora de uma colossal antigüidade. Talvez tenhamos descido das árvores como nossos primos macacos, mas nesses mesmos galhos em que nos balançávamos alguns pássaros voavam. Nossas modulações plangentes de desejo ou de luto ainda hoje alcançam neurônios profundos em nosso cérebro reptiliano que partilhamos com os tentilhões, os chapins-azuis e os colibris. Tivemos inicialmente necessidade de nos comunicar por melopéias, inflexões e curvas melódicas, danças e vocalizes espiralados que imitavam gestos e situações. Para descrever a geografia de seu imenso deserto por meio de uma arte refinada, os aborígines da Austrália ainda agem da mesma forma. Nessas pré-melopéias nas quais certas inflexões deveriam servir como preposições fabricadoras do sentido, as modulações modificavam o espaço e o tempo. As sociedades se mantinham coesas por meio de suas orquestras, ocupavam extensões circunvizinhas, agiam, previam e se lembravam por meio dessas partituras musicais que não abandonavam o corpo e eram suficientes para a sobrevivência. Antes da adoção, contingente, desnecessária e, sobretudo, recente da linguagem articulada, essas pré-músicas duraram milhões de anos, durantes os quais conseguíamos alcançar continuamente a excelência, imersos na polifonia alada de certos primos dotados de expressão.

Como muitos camponeses, ao falar com os pássaros, o trovador São Francisco sabia disso; Ronsard,[8] em seu poema *Amours* [Amores] dedicado a alguém a quem amava e por quem não estava certo de ser correspondido, invoca o canto do rouxinol entre os salgueiros; a melancolia do poeta e amante rechaçado advém do fato de que para seduzir ele só utiliza palavras dotadas de sentido, "se bem que ambos tenham estratégias musicais semelhantes". O Espírito Santo desce sobre nós sob a forma de uma pomba, para que venham as rajadas de vento, o fogo crepitante e as vibrantes ondas inertes, além da viva inspiração musical que jaz imóvel e ardente sob toda língua, para que seu rumor se faça compreender por todos os povos presentes? O pássaro de Pentecostes ainda gorjeia em certos galhos.

Todos nós sabemos disso: por que então escandalizar-nos com fato de que em nossas conversas raramente se trocam sentidos, uma vez que há milhões de anos o que nos torna semelhantes são as tonalidades frias e luminosas, as alturas, os compassos e as modulações, o *crescendo* e o *andante*? Excepcional e precioso, o sentido se incrusta num fluxo de rumores que naturalmente afeta a aspereza ou coalescência de nossas relações. Algumas peças para piano deslocam para a mão esquerda as massas obscuras desse clamor de vento, rio ou vulcão, enquanto a mão direita,

[8] Pierre de Ronsard (1524-1585), um dos poetas mais importantes de seu século. (N.Ts.)

alta e clara, dedilha algumas raras pedras preciosas de sentido sobre essa almofada de veludo. Esse apelo sonoro, mesmo tendo origem no ruído de fundo do mundo, mal saiu dele e já passa a imprimir uma direção ao mundo, às coletividades e à história. Ele faz com que, juntos, nos acomodemos no espaço. Sim, Pantópos deriva de Pangloss. A migração em massa depende da modulação dos sinais.

No momento da nova catástrofe na qual se inventou o sentido, o que ganhamos em precisão perdemos em adequação. Essa é a razão pela qual a filosofia se assemelha a uma montanha que se eleva, única, entre os arquipélagos de evocações recitadas, elas mesmas provenientes de um oceano de movimentos impetuosos do peito. Todos sabem que um texto feito apenas de enunciados, cuja sonoridade e ritmo não alcançam a profundidade desses milhões de anos, desses neurônios aviculares que se encontram armazenados em nós, soa como prolixo e vazio, além de causar tédio e cansaço. O ato de escrever ou falar só acontece se, à força de escutar, forem acionadas, de uma só vez, todas as camadas da língua cuja densidade se mede a partir do precioso sentido depositado na parte superior do tecido acústico, nas vogais, nos ritmos, nas palavras e movimentos, até a base inferior na qual esse clamor entra em contato com a música-tronco a partir da qual o conjunto das línguas se bifurca. Além disso, observem a superfície das montanhas e lagos, as margens dos rios, as igrejas e caminhos, escavem a terra como faz o camponês quando semeia e o mineiro nas minas de carvão, façam, enfim, como esses cientistas da natureza que incursionam até as placas tectônicas nas quais minúsculos deslocamentos determinam a erupção das crateras e o aniquilamento de cidades na turbulência da superficialidade histórica. Penetrar nesse magma compacto e arcaico sob seu recente significado e sob o canto sutil que o esculpe, engrandece todas as singularidades, o francesismo do francês, a lusitanidade do português e o somatório latino das línguas romanas, mas conduz à cavidade sombria de onde brota a *ur-musik*, a música primordial. Assim como ocorre com essa cavidade sombria, de toda grande obra emana o imenso espaço do sentido, uma espécie de melancolia sonora, uma brisa suave que sopra sobre um lago de lágrimas. Quem faz ouvir seu rumor não apenas escreve ou diz, mas começa a falar no mesmo compasso das línguas como se fosse um anjo.

Chego finalmente ao cume da duna de onde se enxerga o mar. À medida que se sobe, cresce o caos das ondas, invisível por trás das cristas. Distantes da inclinação final, sob a proteção dessa imensa barreira, quando a vida e o tempo começam, não se ouve mais essa ressaca. Enquanto avança, seu ruído irregular toma conta do ouvido até cessar a capacidade de distinguir as vozes e, conseqüentemente, as palavras, as raras confissões e as melodias sutis; em um determinado momento essa fantástica desordem substituirá qualquer sinal isolado e sobrepujará todas as ondas.

Muito antes de ter chegado ao sopé da duna, acredito, entretanto, ter ouvido no passado o alento disperso das coisas numerosas; os apelos familiares, as belas demonstrações, certas músicas extraordinárias e confissões amorosas, mais extraordinárias ainda, distraíam meus ouvidos desse rumor. Costuma-se dizer que com o avanço da idade os tímpanos se deterioram; não é verdade, mesmo a surdez solitária percebe sutilmente essas sensações auditivas naturais cuja ondulação resiste ao avanço temporal do corpo, como a imensa crista de uma onda, muralha de arestas exuberantes e sinuosas diante da proa de um navio.

Numa certa manhã, tendo alcançado o alto de uma duna que se abria no horizonte, vi aproximar-se uma vaga cuja altura se elevava verticalmente no céu e vinha diretamente em minha direção, mas não ouvirei senão o ruído produzido por ela. Chegará então o minuto em que o crepitar do fogo de Deus cobrirá o último de meus lamentos e o seu também.

Pantópos e Pangnose

Nem o Padre Huc[9] nem M. de Bougainville[10] percorreram todos os mares e continentes do globo. Até mesmo o Pico de la Mirandola[11] afirmava não saber tudo. Isso tudo mudou no dia em que os cosmonautas nos

[9] Père Régis Evariste Huc (1813-1860), missionário francês e explorador que viajou pela China, Tibé e Índia. Seus relatos de viagem foram publicados pela primeira vez em 1850 e depois em 1948 sob o título *The high road in Tartary* [A longa estrada para a Tartária]. (N.Ts.)

[10] Louis-Antoine de Bougainville (1729-1811), estadista e matemático francês. Colonizou as ilhas Malvinas, viajou ao redor do mundo, participou da Guerra de Independência Americana e das Guerras Napoleônicas, além de escrever tratados matemáticos e científicos. Depois de sua morte em 1811, muitas ilhas, montanhas e plantas receberam seu nome. (N.Ts.)

[11] Giovanni Pico de la Mirandola (1463-1494), filósofo e humanista italiano que se distinguiu pela extensão de seu conhecimento e a originalidade de sua filosofia, segundo a qual todas as religiões convergiam ao cristianismo. Escreveu a famosa "Oração sobre a dignidade do homem". (N.Ts.)

fizeram admirar o planeta redondo, enquanto nossos ancestrais jamais puderam ver a Lua dessa forma, visto que uma de suas faces permanece oculta. Se de um lado nossas viagens locais, assim como os aeroportos, se multiplicam sobre a face da Terra, de outro essa ampliação os integra em um mapa-múndi completo e atual que fecha o quebra-cabeça antes que consigamos juntar suas peças uma a uma. Desde o dia em que vimos, mesmo que apenas em imagem, a nave global em que embarcaram nossas vidas, nasceu um relacionamento do todo com suas partes, muito distante da quarta regra cartesiana que, para assegurar que nada fosse omitido, exigia inventários completos e revisões gerais. Como acontece um pouco no cálculo integral, não tínhamos mais necessidade de passar por cada lugar, nem de memorizar todos eles, um após o outro, pois antes mesmo do fechamento dessa lista já desfrutávamos da totalização. Melhor ainda, esse ponto de vista livre e um pouco insolente ampliava-se com um conjunto de visões de um refinamento tal que jamais foram descobertas outras tão precisas. Conseguimos acessar o geometral do mundo?

Nessa época, surgiram também novidades em nossas relações com o saber. Com certeza, ninguém pode demonstrar todos os teoremas das matemáticas, realizar todas as experiências da física, nem observar todas as galáxias, no mínimo o que todos podem adquirir por meio das revistas especializadas, com seus resultados, imagens, gráficos e estimativas, é o que eu denominaria, de bom grado, a nova cultura erudita. Essa nova cultura apresenta até mesmo uma tendência a suplantar a antiga em seus fundamentos e horizontes "literários". Ao mesmo tempo em que cada um afirma que a síntese de todas as ciências ultrapassa todas as esperanças, uma outra totalização disponibiliza-se quase naturalmente.

Há mais. Antiga reflexão de raríssimos especialistas, a epistemologia se desdobra hoje em especialidades variadas distribuídas entre as ciências: administradores e capitalistas que buscam investir na pesquisa privada ou pública, moralistas e juristas preocupados com a ética, jornalistas da grande imprensa ou da imprensa especializada, todos ocupados em decidir sobre os destinos do saber, sobre a divisão de suas disciplinas, sobre o salário e a moral de seus pesquisadores, detentores de um discurso sobre as ciências — origem da palavra epistemologia — cujo conteúdo e forma dependem precisamente dos diversos níveis de observação. Tal como ocorria com os operários no passado, quando os profissionais da ciência, que raramente decidem sobre seus destinos, não deixam a superfície restrita de sua especialidade, outros desfrutam de uma visão de médio ou longo alcance. Em vez de rir da validade desse empreendimento, apenas constato sua existência. Da astronomia à bioquímica, é preciso uma grande surdez para que não se ouça falar de tudo, quer isso seja feito pelo conjunto das mídias, por revistas, livros e museus, decisões políticas, pânicos públicos, esperanças frustradas, indignações humanitárias, pelas éticas de todos os tipos, pela Internet e, enfim, por vagos rumores. De uma maneira diferenciada e progressiva, todo mundo hoje tem acesso à enciclopédia, mesmo que se possa deplorar o fato de que, muito mais do que na época dos iluministas, estranhas trevas a envolvam. No passado solitária, a epistemologia surpreende-se por encontrar-se submersa nessa imensa desordem de informações. Mais ou menos, bem ou mal, todos praticam sua profissão, o que era um acontecimento raro no passado.

Os *panepistemólogos*

Elevadas ou medianas, essas novas abordagens têm seus inconvenientes e suas vantagens. Para compreendê-las melhor, apresento uma imagem intermediária entre o trabalho humilde na superfície do solo e a imagem astronáutica de sobrevôo, ainda considerada heróica: o pouso de helicóptero. Sem ter de escalar, os que têm medo da montanha, as pessoas apressadas, os velhos caducos, os ministros e os jornalistas podem pousar sobre os mais perigosos picos por meio dessas caríssimas máquinas. Enquanto isso, o cientista assemelha-se ao valoroso guia que, juntamente com seus clientes, se expõem ao perigo sustentados pelas cordas, transpirando por dezenas de horas para escalar os flancos cheios de fissuras e saliências de um grandioso paredão, surpresos às vezes por encontrar sobre o cimo da montanha os membros de uma equipe de televisão que, sem conhecerem absolutamente nada dele, mostram ao público com suas câmeras toda a cadeia de montanhas num sobrevôo de cem segundos de duração; essa seqüência concederá ao apresentador, que permaneceu o tempo inteiro no estúdio, muito mais glória do que aos obscuros alpinistas, considerados masoquistas, e do que aos fotógrafos atordoados pela vertigem. Sem ganchos de ferro, nem bastão de alpinista, o ruído rápido de um motor se eleva no ar, caso alguém se disponha a pagar por ele. No dia seguinte, confortavelmente instalada na mesma máquina voadora e ruidosa, a mesma equipe passará em revista outras muralhas ainda muito mais difíceis.

Temos diante de nós uma nova pergunta: no limite de sua profissão, quem conhecerá melhor as questões concernentes à montanha? O guia ou o câmera, aquele que abriu algumas vias elevadas e escorregadias com ajuda de agarras e pitons, ou aquele que sobrevoou todas as cadeias de montanhas e que mostra a todo mundo as imagens locais do planeta inteiro? Não se destrinça essa pergunta muito facilmente. Podemos julgar o fotógrafo sem mérito algum e o guia como um sério conhecedor por ter exposto sua pele ao perigo; inversamente, porém, as imagens são instrutivas, e o montanhista especializado, bastante limitado. Da mesma forma, quem será melhor conhecedor das questões da ciência: o reitor da universidade que participou de centenas de reuniões com os especialistas, o ministro que é mais jurista que algebrista, mas que negocia contratos internacionais, seu chefe de gabinete que redige esses contratos, o magistrado que deve arbitrar em processos em que se arriscam a vida e a morte, o acionista majoritário de certa empresa que engloba laboratórios de pesquisa, o comentador de rádio e televisão que entrevistou todos os Prêmios Nobel, juntamente com todos os que fizeram parte dessa lista, cada um dos que freqüentemente folheavam cada dossiê sem saber distinguir entre dois números, cada um daqueles que se beneficiaram do pouso de helicóptero, ou o humilde inventor de uma máquina como essa a quem muito freqüentemente os outros jamais dedicaram mais que alguns poucos segundos para responder a suas apressadas perguntas? Se tiverem a ousadia, designem o conhecedor ou o melhor dos epistemólogos. Não sei se posso fazer isso.

Que tipo de conhecimento obtive eu sobre os Alpes quando os atravessei de Airbus, a onze mil metros de altitude, bebendo um insípido suco de laranja e folheando uma revista idiota? Graças às múltiplas possibilidades de vôo e a esses pousos e deslocamentos, atualmente, qualquer um, mesmo que muito distante do saber científico, pode escrever em alguns dias um certo número de livros bastante longos sobre assuntos altamente sofisticados, em geral bem documentados, por exemplo, por meio da Internet, e, além disso, beneficiando-se de sua ignorância que o ajuda a explicar aos compradores, na aparência pelo menos, porque não se pode compreender determinados assuntos de que tratam esses livros. Segundo as mídias, a inteligibilidade cresce em razão dessa estúpida falta de conhecimento. A dificuldade desse tipo de argumentação reside numa maior tendência em se condenar supostos abusos da ciência do que para um entusiasmo em relação às suas conquistas. Quando o saber se transforma num fato social total, todo mundo fala mais ou menos dele, julga-o e, maravilha da democracia, torna-se responsável por ele. De modo geral, observamos uma elevação no número de julgamentos de valor moral feitos por pessoas cujo conhecimento das ciências que julgam é nulo. Em resumo, o saber encontra-se no centro de um jogo coletivo tão difícil e grosseiro quanto a política, as finanças, as companhias de seguros, o direito, as mídias, a administração, a opinião pública, a ética e as religiões, isto porque a sociedade como um todo também debate sobre ele. Há algumas décadas, quem poderia ter adivinhado que um partido verde universal seria fundado a partir de reflexões sobre as aplicações técnicas das teorias?

Todo mundo sabe tudo sobre tudo. Volto a repetir porque se trata de um acontecimento bastante novo: o que parecia, ou parece impossível, transforma-se na coisa mais compartilhada do mundo. Doravante, esse saber se difunde na coletividade como a atmosfera que ela respira. Pangnose torna-se um nome comum e o prenome de todos. Estamos diante de uma curiosa e nova resposta a uma das famosas questões kantianas, hoje tão fáceis de responder: "O que posso eu saber?" Com certeza tudo, e não apenas eu, mas todos nós. Mas como e sob que aspecto sabemos? A partir de que distância, de que ângulo de obliqüidade que nos dispensa de obstáculos, ainda conhecemos alguma coisa, depois pouca e, finalmente, mais nada? Não destrinçamos essa questão muito facilmente. As distâncias e angulações mensuradas pelo menos definem o espaço social. Quando o pouso fácil por helicóptero substitui o treinamento, permanece o fato de que o vôo astronáutico e talvez alguns outros tipos de vôo exigem, por sua vez, um treinamento mais ou menos rigoroso. Conhecendo unicamente saberes que ela não havia inventado, a antiga epistemologia dedicava-se apenas a um trabalho tão fácil, repetitivo e parasitário quanto o debate universitário; a nova epistemologia tem diante de si o novo saber, um objeto inesperado, desconhecido, globalizado, de tonalidades matizadas, mais difícil de construir e observar. Uma democracia da ciência surge quando o saber se massifica. Embora possa ser considerada como perigosa, nos dias de hoje essa democracia é a melhor dentre todas as formas políticas disponíveis.

O *fluxo de expansão*

Ao se expandirem dessa maneira, os conhecimentos configuram uma continuidade matizada que abrange áreas que vão da ciência à informação, sem que se possam demarcar as fronteiras entre o cognitivo, o econômico, o jurídico e o político. Conseqüentemente, essas fronteiras mudam de estatuto e de origem. No passado, nossa língua louvava o saber rigoroso e desprezava o saber confuso e flou e, em suas metáforas, associava o que é sólido e cristalino à precisão e o que é vago e incerto à fluidez do líquido. Tanto em épocas correspondentes da Antigüidade quanto na manhã de ontem, o saber se concentrava em lugares institucionais, nas mãos de especialistas designados nominalmente: escolas e universidades, cátedras e doutos; corporações, mestres artesãos, arquitetos e engenheiros; igrejas e dogmas; palácios, reis, financistas e magistrados. Estável como seu próprio nome indica, a instituição e seus acólitos divulgavam conhecimentos que levavam seu timbre. Em resumo, o saber possuía um endereço. Todos esses territórios contêm um conjunto de padrões e normas, uma multiplicidade de itinerários que atualmente comandam os fluxos da ignorância. Ao que tudo indica, passamos desses fluxos para um mar de ignorância. O livro *Hominescências* refere-se ao fim da era das redes. Desde então, navegamos sobre um oceano de informações. Aquele que ensina encontra diante de si aprendizes que sabem mais do ele sobre determinado tema; aquele que reina não pode satisfazer os inumeráveis especialistas quanto às novas questões políticas que ele próprio ainda não domina; as decisões da administração se efetivam baseadas em dossiês e as do presidente após a deliberação do conselho, em lugar de uma multidão que próxima da revolta, freqüentemente com muita razão, ri da ignorância abissal de seus administradores. A crise do autor e da autoridade decorre do novo estatuto da expansão dos conhecimentos.

Tudo pode ser encontrado na Internet e a qualquer hora, o que pode fornecer, a qualquer um, um ponto de vista cognitivo confuso, simultaneamente verdadeiro e falso, superior ao oferecidos por mestres obsoletos que ele não pode mais suportar. O cognitivo impregna o político e o econômico, cada um dos três interage sobre cada um dos outros. O novo estado fluente de conhecimentos não transtorna apenas o saber, as escolas e os pesquisadores, a economia, os trabalhadores e os especialistas, o Estado, os professores e cidadãos, mas também a totalidade dos laços sociais e as relações com as coisas, o mundo e a sociedade, a ética e as religiões. Nesse sentido, na qualidade de equivalente geral o cognitivo acaba de adquirir a mesma capacidade do dinheiro. Sob inumeráveis espécies de moedas falsas ou verdadeiras, o cognitivo circula como dinheiro, desfrutando de sua ubiqüidade.

Pantropo

Da mesma forma, quem pode se gabar de conhecer as classes sociais de seu país, as culturas de sua zona climática, os corpos, os rostos e os costumes dos cinco continentes, as equipagens dos navios que navegam sobre os sete oceanos e todos os aviões que existem em terra ou no ar, os padres, guerreiros, cientistas, operários, os montanheses dos Andes, os xerpas do Himalaia, os camponeses da China e os da Europa, os pastores ameríndios, os da Mongólia e os aborígenes sem agricultura? Ofereçam-me um antropólogo por cidade, uma monografia por família, um lingüista por tribo, um médico por indivíduo, sem esquecer de uma infinidade de intérpretes para cada uma das condutas.

Recordo-me de nossas ilhas na época anterior à Segunda Guerra Mundial. As notícias da cidade chegavam distorcidas à fazenda; quem eram os que saíam do vilarejo em direção à cidade e desta para a capital ou para o exterior? Alguns jovens recrutas que ficavam sem retornar durante muito tempo, alguns homens do mar à procura de merluzas nos recifes da Terra-Nova, por quem as namoradas esperavam sobre as areias do cais. O que reportavam eles a não ser histórias de botequins, do próprio navio e de outros arquipélagos? Esses tipos de isolamento desapareceram; segundo a língua, não mais partimos se o significado da palavra partir for separação. Até mesmo os cosmonautas de dentro de seus escafandros não cessam de nos instruir com seus gestos, de nos mostrar o que vêem, como se estivéssemos voando com eles e usufruíssemos da mesma falta de peso. Se quisermos, permaneceremos em comunicação mesmo diante da total ausência física. O mundo se coagula, se congela, se massifica. Transformamos vagarosamente a própria noção de distância de um espaço que se reorganiza incessantemente em milhões de topologias.

Conseqüentemente, o anúncio de Pantropo transforma as redes em algo fugaz. Temos apenas nossos próximos. Ao caçar o boi almiscarado, o esquimó visitava ontem a minha sala que tinha como piso o solo perpetuamente gelado das regiões árticas; quer eu fique ininterruptamente mudando de canal ou o faça num só clique, o indígena ou o patagônio substituirão o lapão, tendo os Pampas como tapete. O intelectual e o repórter que se ocupavam de tudo e de todos desaparecem porque as virtualidades desenvolvidas por eles se transformaram na mais compartilhada de todas as banalidades. Nada mais em relação ao homem nos parece estranho.

O fato de adorarmos falar a respeito da impossibilidade do homem ser compreendido globalmente em sua imensa multiplicidade constitui um obstáculo que há muito tempo caracteriza o saber. No mesmo momento em que supomos que esse saber contém uma montanha de dificuldades, ela parece desaparecer como os insignificantes montículos de terra deixados pelas toupeiras quando cavam suas galerias subterrâneas. Andem pela floresta de Landes ou pelas regiões pantanosas ao sul de Orleans, entre os vales do rio Loire e do rio Cher, vocês sempre encontrarão um homem ou uma mulher cujo conhecimento sobre os *inuits*,[12] será simultaneamente igual e diferente ao de um estudante que prepara sua tese de doutorado no Museu do Homem.

Pantropo reúne-se novamente a Pangnose. O saber humano e o saber do mundo das coisas tornam-se a coisa mais comum do mundo.

Homo humilis

Todos esses nomes como Pantópos, Pangloss... que servem como prefixo de totalidade para o espaço, o saber, as línguas e a humanidade, não são testemunhas de um orgulho divino, demoníaco e insensato. Não, eles dão nome ao *pronome indeterminado*. Em contrapartida, esse *pronome indeterminado* que reduz o nome do homem fez eco à sua humildade. Proveniente da terra, o húmus compõe a textura de sua carne e a raiz de seu nome. Aprendemos que o excesso de orgulho faz com que as coisas vãs da língua, seu saber especializado e sua expertise técnica se situem acima de todas as outras coisas; o orgulho sempre provém da atitude egocêntrica de alguém que exagera sua própria importância. Parece claro que a profusão policrômica das multiplicidades, o número restrito de nossos genes e a cor marrom da argila nos ensinam a permanecer humildes, a sorrir desses lugares que exageram a importância de seus objetivos medíocres. Conhecem-se milhares de figuras, perfis e avatares que agiram assim. Escolhi um deles ao acaso. Falta explicar não a qualidade decididamente inferior de *Cyrano* de Rostand,[13] mas sua popularidade universal. Em todas as latitudes, sobretudo naquelas em que existe um espaço aberto ao teatro, um diretor desesperado monta essa peça na certeza de alcançar o sucesso. Por que essa eficácia se manifesta em todos os lugares?

Porque Cyrano de Bergerac desvela um segredo dos homens. Mesmo sem confessá-lo, os mais bonitos, dotados de um perfil grego, sabem que

[12] Esquimós que vivem no extremo norte do Canadá e que se autodenominam *inuits*, que quer dizer "seres humanos". Jamais perderam contato com o mar, mesmo ao imigrarem para ao sul do Alasca. (N.Ts.)

[13] Edmond Rostand (Marseille,1868 – Paris, 1918), escritor de dramas heróicos e autor de *Cyrano de Bergerac.* (N.Ts.)

esse tipo de nariz, de cuja existência sempre duvidam, faz com que Roxane lhes seja inacessível. Quem dentre eles, ao chegar a hora, sente confiança em sua aparência, em sua linguagem e se lança com segurança ao ato do amor? Quando chega esse momento, quem não teme falhar em conseguir uma ereção. Ah! O monólogo do nariz! Um pico, um cabo, uma península? Não, o fiasco, um estojo de tesouras.[14] Desafiar a morte sobre qualquer campo de batalha exige menos coragem. Nos bailes populares, os rapazes se embriagam antes de abordar as moças com quem desejam dançar ou então esperam, por vezes por toda vida, por iniciativas da parte delas que nunca acontecem. Sem demonstrá-lo, as moças sabem que, com freqüência, as primeiras a se saírem bem são aquelas que esperam pela iniciativa deles.

Sabemos, portanto, qual foi o erro de La Rochefoucauld.[15] Distante da generalidade, seu amor-próprio refletia apenas o nobre orgulho do Grande Século, a pena de galo usada por alguns aristocratas. Como uma planta rara, esse amor-próprio ainda precisava ser encorajado, regado e perfumado para que se tentasse ignorar sua fragilidade. As *Maximes* [Máximas] de La Rochefoucauld tecem com muita dificuldade um estojo protetor peniano para o nariz do Sr. de Bergerac, seu contemporâneo. Não, senhor duque, o ódio-próprio freqüentemente sobrepuja o amor-próprio que, para compensar, deriva dessa humildade essencial. Em sua fonte, Narciso descobre em si mesmo um nariz-vilão.

Compreendam esse nariz, como um promontório de tamanho exagerado, como um pênis em dolorosa ereção. Como uma máscara teatral, ele dissimula a matéria plana e maleável de que são feitos o rosto e o eu universal. Todos nós viemos da terra, dessa argila arenosa modelável de que quase todas as línguas falam, que os mitos e as religiões divulgam, que mesmo os filósofos, por vezes, confessam e que, no *Timeu*, Platão denomina a *khòra*.[16] Adoramos ser reconhecidos em razão de algum relevo especial construído sobre essa argila, sobre esse pedaço compacto de terra, como se fôssemos um pequeno pico, uma colina medíocre ou o grandioso Everest, por nosso poder político, por vencer os Jogos Olímpicos, por rece-

---

[14] Michel Serres refere-se ao "monólogo do nariz", trecho da obra *Cyrano de Bergerac* de Edmond Rostand. (N.Ts.)

[15] François de La Rochefoucauld (1613-1680), escritor francês mais conhecido por suas *Máximas*, epigramas que expressam de forma concisa a natureza paradoxal e crua da verdade. (N.Ts.)

[16] *Khòra*, vocábulo grego que significa matéria informe, desordenada, amorfa, caótica, um receptáculo. *Timeu*, 49a-51b. (N.Ts.)

ber o Prêmio Nobel, ou por viver na companhia do diabo e de sua comitiva. Por mais imponente que seja, o monte Cervin sabe muito bem que é feito do mesmo material que um montinho de terra. Saímos todos da mesma terra, da mesma mãe, da mesma matéria universal. Todo mundo já sabe que a altura desse relevo nada altera da característica essencial, ela só pode ser observada nas aparências e nas representações teatrais, nas quais, como todo mundo sabe, é encarada como motivo de riso. Só nos distinguimos por meio de máscaras. A terra universal nos forma, somos compostos de carbono, hidrogênio, azoto e de alguns tipos raros de terra. Todos correm para admirar os penachos de seu chapéu e seu nariz, mas quem é que tem a ousadia de afirmar: Cyrano sou eu, um sujeito indeterminado e generoso? O homem, sujeito indeterminado; o húmus, a terra, a Pagéia humana.

Conclusão sob o signo de Panúrgio

A palavra grega *ergon* significa ação ou trabalho, energia e técnica, obra e prática, astúcia ou desvio. A língua francesa a utiliza no termo cirurgia: trabalho com a mão. Deveríamos denominar as plantas e os animais programados de *Monúrgio*. Como já afirmei anteriormente que somos desprogramados e, portanto, abertos a todas as alternativas, merecemos ser chamados de Panúrgio, hábeis e industriosos, em suma, inteligentes.

Essa panurgia passa da desprogramação biológica às atividades práticas, livres ou impostas pelas necessidades e pelo meio ambiente. À medida que as técnicas "avançam", alonga-se a lista das energias que nos propomos explorar: muscular, animal, mecânica, solar, eólica, hidráulica, elétrica, nuclear, informática e, de novo, a biológica. Será que essa lista algum dia se encerrará? Não sabemos. Não podemos ignorar, entretanto, o fato de que as buscamos incessantemente em todos os lugares, que somos caracterizados por essa abertura múltipla que Rabelais explicitou na figura de Panúrgio quando generalizou os talentos e ardis de Ulisses que ainda era conhecido apenas como Politropo, o que possuía muitas habilidades especiais, além de outros tantos estratagemas e subterfúgios guardados no bolso. O homem do mar tem muitas habilidades; Panúrgio ou Pantropo possuem todas elas. Ele é assim denominado por integrar e adicionar todas as habilidades profissionais dos homens, passadas, presentes e imprevisivelmente contingentes.

Os tempos de Homero e da Renascença ignoravam a diferença entre a força que move e os perfis das máquinas pelas quais essa força transmite os movimentos que produz. O *ergon* era interpretado nos dois sentidos. Ao distingui-los dessa maneira, transformamo-nos duas vezes em Panúrgio, na pesquisa, exploração e distribuição das energias de base, na própria motricidade e nas máquinas. O que fazemos nós com essas forças e por quê? Inicialmente construímos instrumentos de escala entrópica, desde o martelo até a bomba termonuclear que servem para renovar a face da Terra e transformar o destino da humanidade. Desde a origem da escrita, entretanto, nós os complementamos com outros tipos de máquinas destinadas a armazenar, receber e transmitir a informação: hardware e software. Nossa previsão sobre elas foi tão insignificante que até mesmo os filósofos, que desprezam ou louvam as técnicas, não tinham dúvidas de que, ao lerem e escreverem sobre elas, manipulavam as verdadeiras máquinas destinadas a armazenar e transmitir a energia doce. Se o *ergon* aliviava o trabalho do corpo, era porque há milhares de anos ele já vinha em socorro das obras do espírito. Não podemos hesitar em chamar de universais as máquinas de Turing,[17] assim como os programas que se pretendem sejam tão abertos quanto nós.

Quem atualmente pode prever outros desenvolvimentos? Podemos conceber uma tecnologia ou ciência geral dos motores e máquinas, dos meios e das mídias? Repito que já não sei mais. Quer se trate da energia motora, das máquinas que ela move, dos usos para os quais mobilizamos essas forças e esses meios, nossa tendência se dirige ao Universal: a todas as energias, todas as máquinas e todos os usos possíveis. Como o saber e a música, a técnica nos coloca diante do horizonte de nossa universalidade. Pantópos vagueia pelo espaço branco das possibilidades; seus "avanços" bifurcam contingentemente nesse espaço-tempo de múltiplas dimensões pelo qual também vagueia Pancrono; Pangnose desce do espaço branco da cronopedia; Pangloss reorganiza a desordem por meio de um conjunto compacto de signos. Para Panúrgio, as máquinas universais situam-se entre a universalidade genética de suas possibilidades corporais e a universalidade que se distribui pelo mundo todo.

Mesmo ao conceber essas novas máquinas, nunca sabemos conectar esses dois últimos universais: os devires de nosso corpo branco e o do

---

[17] Alan Mathison Turing (1912-1954), matemático inglês. A máquina de Turing era um instrumento universal de cálculo que simulava procedimentos de tratamento das informações. (N.Ts.)

mundo; apostamos somente que eles pertencem à mesma ordem, como se fossem eqüipotentes. Todo pensamento, ciência, ação e esperança se fundamentam nesse desafio. O jogo aberto das conexões entre esses dois universais nos impõe a intervenção técnica e os costumes culturais, linguagens e saberes. Monúrgio, assim como qualquer outro ser vivo que participa pouco do mundo, não possui qualquer necessidade dessas mediações, visto que seu programa o dispensa delas. Nossa livre desprogramação nos submete a esses intermediários indiretos cuja atividade universal é constituída pelas línguas, ciência e técnicas. Essa fluidez permite mentira e verdade, suscita medo e entusiasmo. Ignoramos se nossa universalidade ultrapassa o Universo, equivale a ele ou se submeterá diante de seu poder. Existe perigo para ele, para eles, ou para nós se todos excedermos nosso próprio universo? Nesse caso, o que significa "exceder"?

Manejamos tão mal e dominamos tão pouco essas categorias globais que durante milênios nós as rejeitamos na metafísica. Desde então, ela faz parte de nosso cotidiano e hesitamos diante do caminho aberto pelo conjunto dessas somas: a soma de Pantópos, Pancrono, Pangloss, Pangnose, Pantropo e Panúrgio, a soma das integrais indefinidas de nossas possibilidades, a soma dos universais, da brancura e da incandescência, a nossa soma no horizonte desses nomes e a soma do Universo. Como já afirmei antes, essa hesitação que gera simultaneamente angústia e entusiasmo, com a qual doravante precisamos negociar, caracteriza o hominescente cujo pânico decorre muito mais dessa nova infinitude do que da confortável finitude tão freqüentemente celebrada nos livros de filosofia.

Essas questões que atualmente dizem respeito à nossa universalidade se expressam nas práticas cotidianas tão numerosas que, doravante, devem ser negociadas com apreensão e vacilação, para não dizer com prudência. Tudo o que chamamos de ecologia, reaquecimento do planeta, erradicação das espécies, proteção do meio ambiente, ética, prudência e desenvolvimento sustentável tende a exigir que o próprio mundo coloque os limites para os nossos empreendimentos; nossa exploração universal do Universo nos amedronta. Esses novos prenomes que contêm o prefixo *pan* nos provocam pânico. Exigimos que o Universo em sua universalidade acompanhe, contextualize e modere a panurgia do humano.

Novo fundamento de nossas ações, mediações, ciências e pensamentos, o Contrato natural exige que o meio ambiente se alinhe ao nosso lado ou à nossa frente como sujeito ativo ou reativo de nosso esforço empreendedor. Ele tenta regular o antigo desafio, o jogo aberto entre a universalidade dos homens e a do mundo. No contexto de nossas decisões imanentes, ele assume o lugar da harmonia preestabelecida que supunha que Deus é quem impõe a regra universal desse jogo. Na ausência de Deus, o Contrato natural substitui Sua lei eterna. Isso não significa que todos devemos nos tornar ateus, visto que um contrato pode ser fundado tanto sobre uma pura convenção imanente entre as partes presentes, quanto sobre uma natureza sempre anterior e transcendente em relação a eles. Sob o pano de fundo da obrigação contratual, a decisão religiosa permanece em aberto: um único laço pode se efetivar por si mesmo, o que pressupõe que aquilo que se estabelece aqui e agora se restabelece *a priori* e também fora do espaço-tempo.

Retornemos aos pressupostos do Contrato natural. Nesse contrato, o Universal exige que o antigo sujeito e seu objeto arcaico se reúnam sob as ordens de um único chefe. Tão refinada em saberes e ações como proeminente em generosidade, a sabedoria contemporânea aberta por esse contrato não apresenta nada mais do que seu perfil jurídico: sozinhos não podemos existir como homens, nem como grupos unidos, não podemos existir como seres vivos ou como uma quantidade material de terra, nem como sujeitos ou como objetos, como seres passivos ou independentes, não podemos existir nem no comando como o piloto de um navio. Devemos nossa saúde unicamente aos caminhos indefinidos, livres, sábios e inextricáveis da solidariedade universal. Assim como Pangnose precisa das ciências e Pantropo dos homens, Panúrgio necessita do mundo que se tornou tão global em seu desenvolvimento quanto as empresas, os conhecimentos, as línguas, o espaço e o tempo de todo aquele que, totalmente integrado ao mundo, é merecedor desses nomes. Um panteísmo é revelado no horizonte dessa sabedoria? Depende dos termos em que desejamos alicerçar nosso contrato.

Entre outras universalidades, aquele que busca ou promete uma filosofia apropriada ao nosso tempo, e isso é apenas uma parte das condições atuais, encontra também a filosofia da violência, da miséria e do mal radical.

Origem de seu sétimo nome: *Pânico.*

O Mal

O *eu recente*

Por quanto tempo homens e mulheres viveram sem conhecerem-se a si mesmos? Sem dúvida, por milhões de anos. Os filósofos gregos, a quem a chamada cultura ocidental deve seus quadros conceituais, não haviam ainda inventado o sujeito, a não ser em alguns preceitos de Sócrates quanto à abordagem cognitiva, de Epíteto e depois de Marco Aurélio, com relação à conduta. Como e quando apareceu o sujeito? Quando o encontro dos mundos semita e greco-latino, do direito romano e da moral cristã inauguraram nossa era: Santo Agostinho enuncia o *cogito* pela primeira vez e a anamnese de suas *Confissões* também explora os desdobramentos de uma consciência moral e de um eu já considerado como psicológico. A recomendação de salvar a alma e a proclamação do Credo, em que a fé diz respeito à própria pessoa, contribuíram para generalizar a universalidade do sujeito de direito e, ao conceder-lhe a dimensão de destino, aumentar as esperanças das mulheres e dos escravos.

Apesar dessa afirmação inteiramente teórica e por intermédio de uma sobrevivência da qual a história fornece inumeráveis exemplos, a noção de indivíduo levou séculos para se propagar no Ocidente; os retratos descritos pelo romance e o teatro ou esboçados pela pintura raramente mostram o desconhecido, o vulgar, o burguês, o plebeu ou os transeuntes a não ser em multidões nas festas flamengas. Príncipes posam para o quadro *Les Paysans* [Os camponeses] de Le Nain,[18] a Corte de Maria Antonieta brinca de tirar leite das vacas e recolher o feno nas fazendas do Trianon. Desde a Idade Clássica, os registros civis, os seguros de vida e a lei dos grandes números contam os homens estatisticamente e não mais em massa como nos recenseamentos. Foi talvez necessário aguardar os inícios da frenologia e da fotografia para finalmente perceber entre as massas alguns rostos

[18] Antoine Le Nain (1588-1648), Louis Le Nain (1593-1648) e Mathieu Le Nain (1607-1677), pintores franceses nascidos em Laon, que se instalaram em Paris em 1629. Apesar das diferenças evidentes entre as "mãos" dos três irmãos, os historiadores da arte

quase anônimos, de frente ou de perfil, assassinos, Thénardiers,[19] forçados, Jean Valjean, que declarava no tribunal que os miseráveis tinham tão poucos nomes quanto casas para morar, Rougons e Macquarts,[20] palavras que significam mancha vermelha e que transformam sua epopéia genética num ciclo de pecado original e de cruel culpabilidade. Durante muito tempo, somente os reis, os nobres, os ricos Forsyte,[21] alguns heróis e mártires conquistam o status de sujeito. Apenas algumas superioridades inatas ou a excepcionalidade de alguns gênios são garantia de que se possa simplesmente ser alguém. Os iluministas e os direitos do homem ainda não concretizaram essa universalidade potencial. Tenho vergonha de meu país, cuja hipocrisia durante muito tempo reivindicou o sufrágio universal sem conceder o direito de voto às mulheres, que somente foram consideradas como sujeitos depois da Segunda Guerra Mundial; a oligarquia machista assujeitava as minorias de direito que compunham mais da metade de sua população. Vivemos sempre na aristocracia: nascimento, dinheiro, diplomas, mérito, sexo.

---

não conseguiram até hoje designar com certeza a autoria individual de mais de sessenta quadros atribuídos a eles. (N.Ts.)

[19] Personagens da obra *Os miseráveis*, de Victor Hugo. (N.Ts.)

[20] Ciclo de contos de autoria de Émile Zola cujo subtítulo era "Histoire naturelle et sociale d'une famille sous le second empire" [História natural e social de uma família sob o segundo império]. (N.Ts.)

[21] *The Forsyte Saga* [A saga dos Forsyte], originalmente publicado em três volumes entre 1906 e 1920, conta a história da aristocrática família Forsyte entre os anos 1879 e 1920. Foi o livro mais popular dos anos 1920 e deu a seu autor, John Galsworthy, o Prêmio Nobel de Literatura de 1932. Uma série baseada nesse livro foi produzida na Inglaterra em 1967 e obteve enorme sucesso. (N.Ts.)

O Antigo Trágico

No direito romano e mais tarde no direito "natural", assim como na teologia cristã ou nos romances de Zola, o sujeito aflora, não sem sofrimento, submetido a uma escolha moral ou sob a ameaça de ser condenado diante dos tribunais. Jurídica, ética ou salvadora, a responsabilidade produz a alma, a consciência moral e o sujeito de direito, três eus ainda anônimos. Os primeiros indivíduos de quem acabo de citar os nomes próprios só aparecem em autênticas epopéias da miséria, nos dois sentidos dessa palavra, crime e penúria. *Os miseráveis* batizam os pobres e os Rougon-Macquart, os camponeses, lavadeiras e pequeno-burgueses, numa epopéia de suor e de assassinatos. Como todo mundo, o sujeito nasce na dor. Procedemos de lugares sem nome: *inter faces,* como seres vivos, *inter pauperes,* como animais sociais, *inter reos,* como sujeitos de direito.

Ao comentar os textos de Leibniz, Christiane Frémont[22] descobre neles uma genealogia esquecida, embora explícita. O dogma do pecado original, diz ela, não implica um retorno ao começo dos tempos, mas afirma que mesmo Adão e Eva nasceram como sujeitos livres, responsáveis, com um nome e que, no momento de uma escolha, foram colocados na presença do Mal. Deus nos criou acima de qualquer erro, sem pecados, mas na condição de não-sujeitos; por meio da trágica opção da falta, ao sermos expulsos do paraíso, fomos arrastados aos vales da história onde só

[22] Pesquisadora do CNRS, Centre National de la Recherche Scientifique. Seu livro *Singularités. Individus et relations dans le système de Leibniz* [Singularidades. Indivíduos e relações no sistema de Leibniz], Librairie Philosophique Vrin, Paris, 2003, fornece uma visão coerente da constituição, das transformações e diversidades que formam o "Sistema de Leibniz". (N.Ts.)

nos restam, trabalho, enfermidades, lágrimas e morte. Em conseqüência disso, criamo-nos a nós mesmos como sujeitos livres. No momento em que nossos primeiros antepassados se viram nus, passaram a existir como indivíduos pela primeira vez. Eles começaram a perceber a singularidade em si mesmos, em você e em mim. Uma escolha que pode se revelar errada, pois o pecado, o julgamento, a acusação e a defesa, as tribulações, os sofrimento e a agonia, em suma o Mal, podem sozinhos produzir o sujeito. Como não conservaria ele essas marcas?

Quase ignorado pelos gregos, o *ego* nasceu duas vezes no direito romano: uma vez diante do risco de condenação nos tribunais e a outra pela novidade cristã que exige que ele tenha fé para salvar-se da danação. Em ambos os casos, é preciso batalhar para livrar-se do mal: o eu nasce desse combate e do sofrimento provocado por ele. Com certeza, nem a teologia e, sem dúvida, nem a filosofia, nem a história separam a emergência do sujeito dessa pregnância maléfica. A psicologia nascerá da psicopatologia.

Anjos

No mesmo texto, Christiane Frémont oferece como contra-exemplo a angelologia: incandescentes, anônimos, unidos numa calma multidão de coros celestiais, anjos e arcanjos ignoram o ego; apenas três ou quatro aproximam-se dele e passam a receber um nome; Satã, o príncipe do orgulho, do mal essencial e desse mundo contingente, olha para si próprio em seu narcisismo solitário; Miguel combate o violento dragão; Gabriel anuncia a redenção, a expiação do pecado; Rafael, patrono dos médicos, propõe a Tobias um remédio contra a dor física. Eles merecem ser distinguidos da massa cândida e indiferenciada do coral celestial, merecem individuar-se, visto que todos eles se aproximam do pior. Essa é a contraprova de que o sujeito surge do mal.

Christiane Frémont tem razão, senão Pascal não teria afirmado que o eu era algo odioso. Amá-lo, mesmo que ternamente, seria amar novamente a malignidade de onde ele emana. Nesse caso, o ódio do eu é decorrente do mesmo ódio dos males. Contrariamente ao que pretende La Rochefoucauld, quem é que não compartilha desses sentimentos? Existe sim no sujeito algo diabólico; sentado no centro do inferno onde sozinho respira as deliciosas oferendas aromáticas incensadas pelos homens de poder e glória, Satã inflama-se de vaidade. O *ego* que nasce nos aposentos bem aquecidos de Descartes também é testemunha disso, ele lutou corpo a corpo com o próprio gênio do mal. Poder-se-ia jurar que o filósofo consegue escapar dele! O sujeito moderno converte-se igualmente em uma testemunha que, de Sade à Bataille, se deleita com a destruição. Não existe consciência que não seja implacável, não há psicologia que não seja resultado da dor na consciência. A literatura, por sua vez, é testemunha de que nem o teatro nem os romances criam personagens de bom caráter e de bons sentimentos. Diante da massa de anjos puros, fantasmas oriundos da imaginação, emerge o eu nitidamente histórico, concreto, cotidiano: o eu maligno. Cada um de nós sente seu corpo apenas quando ele sofre. A consciência emerge com a falta e a miséria.

Na realidade das coisas e nas crônicas dos grupos, no tribunal, na teologia, nos primeiros e últimos julgamentos da cognição, nas decisões que arbitram a dúvida, a história repete as mesmas cenas do direito: todas essas instâncias limpam do eu a sujeira original, da mesma maneira que se lava o dinheiro proveniente dos narcóticos.

Origem vista pela tragédia

Antes de emergência do indivíduo, antes que o sujeito de direito se universalizasse, a coletividade fabricava sujeitos excepcionais em meio à guerra, ao sacrifício e a uma concorrência também mortal; celebrávamos heróis e mártires, exceções que a pedagogia corrente convidava a imitar. No passado valorizados como modelos, a violência os produziu. Como diz Bergson, reconheçam nesses exemplos, nesses campeões que abrem as sociedades fechadas em si mesmas, os bodes expiatórios analisados por René Girard.

O grupo reunido por ocasião de uma crise transforma uma vítima nesse bode expiatório, culpando-o por todas as faltas do mundo; o grupo o aniquila para depois celebrá-lo como deus; ele o muda de espécie, transforma o homem num animal, para depois matá-lo; por meio da apoteose, o grupo o metamorfoseia em divindade. Esse personagem trágico, tanto no sentido comum como no sentido etimológico da palavra *tragos*, que em grego significa bode, sofre o processo de individuação cujo famoso princípio se reduz ao sacrifício simples e cruel da morte de algo que serve de bode expiatório. Ao fabricar o eu por meio do assassinato, o grupo se transforma em nós.

Os próprios homens e mulheres, ainda não individuados, juntam-se unânimes e conseguem formar uma coletividade ao redor dos primeiros indivíduos, vítimas do assassinato. Sem o indivíduo, o coletivo se individua. O assassinato que esse grupo perpetra já pode ser considerado o próprio princípio da individuação: o eu emana do nós e vice-versa. Heróis e mártires, reis ou campeões, todos nascem do homicida vitimário.[23] Ainda uma vez, esse sujeito nasce do Mal cuja raiz *sub jectus* designa precisamente alguém que foi desprezado, pisado, arruinado, apedrejado, linchado, sacrificado.

Uma tragédia-modelo

Obra-prima do espírito clássico e talvez mesmo do espírito humano, o *Horácio* de Corneille descreve com precisão o processo mortal pelo qual as cidades de Roma e de Alba impelem seus soldados a lutar por elas, enquanto o resto da população assiste extasiada aos exércitos que, por sua vez, mandam à sua frente seus campeões Curiácio e Horácio para lutar em seu lugar, os que restam são combatentes antigos que assistem ao espetáculo, dois irmãos que terminam a luta num duelo, enquanto quatro outros agonizam. Dessas contínuas subtrações nasce a representação. Empurrar qualquer um para lutar em seu lugar ou condená-lo à morte, qual é a diferença? Essa é a razão pela qual *Hominescências* define todas as guerras como uma decisão tomada por velhos que as declaram para matar seus filhos; esses perversos assistem ao espetáculo sãos e salvos, felizes porque as guerras consolidam seu poder de decisão.

Não contente em alicerçar a própria representação na razão, *Horácio* batiza os primeiros sujeitos nascidos desse processo de escolha mortal, assim como seus espectadores que produzem essa individuação. Para isso, Tito Lívio e Corneille colocam em cena uma guerra coletiva que, ao ser interrompida, provoca um crime individual que, perpetrado contra um cunhado e, em seguida, contra uma irmã, propicia ao tribunal reunido vacilar entre a condenação e a apoteose. Essa seqüência repleta de representações faz nascer, um após outro, o rei sacrificial, legislador e político; o herói militar, jurídico e quase religioso; o próprio teatro trágico, que surge inicialmente do sacrifício humano; e, finalmente, o tribunal, que o substitui porque o conhece. A obra-prima traz consigo sua própria lei,

[23] Esse é um conceito usado por Renée Girard em *A violência e o sagrado*, tradução de Martha Conceição Gambini, revisão técnica de Edgard de Assis Carvalho, São Paulo, Paz e Terra; Unesp, 1990. (N.Ts.)

além das gêneses respectivas das representações do teatro, do sujeito individual, do sujeito de direito e, finalmente, da emergência do Judiciário.

Apesar de coletivo e mais completo, esse processo quase não difere do processo seguido pelas *Meditações* de Descartes, em que o sujeito do pensamento nasce de uma representação também teatral da dúvida radical, em que o gênio maligno trava contra ele uma luta na qual se torna necessário que um elimine o outro. Ao afrontarem a morte ou o diabo, esses dois avatares do mal, o herói corneliano e o *ego* cartesiano transformam-se em indivíduos. A tragédia-modelo reúne o dinamismo religioso sacrificial, o processo político emergencial da realeza, o nascimento do direito e o do sujeito na coletividade e por meio dela; a filosofia a acompanha ao inventar, quase paralelamente, o sujeito do pensamento na ante-sala da dúvida. Mesmo o sujeito transcendental de Kant nascerá na *Critique*, do lado de um tribunal, depois que a teodicéia colocou a responsabilidade diante do Mal mundial no próprio Deus.

Da violência do primeiro ato à violência jurídica do último, *Horácio* desenvolve um processo de transformação no qual o espectador logo adivinha que em dimensão e tempo reais ele se perpetua mais que esse modelo. Não se passa tão rápida ou naturalmente da guerra de todos contra todos ao contrato social. Além disso, Hobbes, por exemplo, parece acreditar que a violência inicial desaparece desse acordo. Não, sua soma permanece como a constante de energia num sistema físico. A violência se transforma lentamente e parece imobilizar-se na forma de fervor religioso, de autoridade política e de legislação: ato após ato, era após era, instituições após instituições, deuses, reis e leis a condensam e a ocultam. É muito melhor reconhecer lucidamente sua presença congelada sob essas as aparências.

Campeões fabricados por meio de venenos

Do teatro clássico ao estádio contemporâneo: perseguido de direito, mas tolerado de fato, o doping funciona como estratagema esportivo e risco sanitário; ele falsifica a igualdade leal entre adversários e coloca em perigo sua saúde. Sejam elas fundamentadas sobre a moral da igualdade de oportunidades ou pela salvaguarda médica, todas as leis antidoping hoje em dia acabam por ceder diante da imensa demanda social, mediática e financeira de um espetáculo exaltado e de alcance mundial. A voz popular, o bolso dos magnatas e a sociedade como um todo fazem pressão para que isso continue. Por quê?

Porque no estádio trágico os esportistas atuam como gladiadores. Ao entrar na arena, os gladiadores saudavam César antes de morrer: *Ave, Caesar, morituri te salutant* [Ave, César, os que vão morrer te saúdam]. Condenamos como bárbaro o combate de gladiadores, porque eles procuravam matar um ao outro. O calor, a leveza e os detalhes táticos da luta escondiam dos olhos dos espectadores, porém, a necessidade de sacrifício humano que todas as sociedades, tanto as nossas quanto as outras, dizem recalcar, mas ao qual se aplicam com constância; quem não é capaz de reconhecer esse sacrifício humano hoje nos repetidos espetáculos de televisão, nas notícias que só falam de cadáveres? O doping retoma essas práticas e também as oculta. No final das contas, os esportistas também se matam. Certamente, eles não se matam entre si, salvo nas lutas de boxe ou nos jogos de rúgbi, suicidam-se, porém, diretamente na estrada ou, alguns anos mais tarde, sobre seus leitos, para que a multidão, saciada em sua necessidade inveterada de assistir ao espetáculo da morte de um tipo de deus, ressuscite o laço social desaparecido ao redor do cadáver.

Não é suficiente combater as práticas do pão e circo como se elas fossem um tipo de droga que impediria as pessoas de se ocuparem de suas atividades políticas. É necessário perceber, sobretudo, que ninguém mais tem ocasião de desfrutar dos laços sociais destruídos pelo dinheiro. Como fazer para recriar esse laço? Por meio da mais antiga das receitas: pelo sacrifício, sobretudo o humano, o mais arcaico e eficaz de todos. De um modo dissimulado, os esportes se transformam em shows nos quais a morte ronda homens e mulheres que no decorrer de uma disputa se oferecem como espetáculo. Na verdade, eles fazem o que nossos espetáculos mostram de forma virtual. Enquanto isso, o doping se transforma de droga em veneno e o dopado em vítima sacrificial.

Ainda melhor, mais do que ninguém, o dinheiro cuida e organiza para que esse efeito ocorra. Dessa forma, ele demonstra sua analogia com a droga. Excessivamente bem pagos sob o efeito de uma overdose, é assim que se identifica o vencedor e o campeão. Como em *Horácio* de Corneille, no estádio, lugar de enfrentamento sem linguagem, a origem da tragédia e a do tribunal são colocadas em cena.

A morte do herói, os suplícios dos mártires, as penitências, as austeridades, as mortificações dos ascetas e as dos campeões contemporâneos que enfrentam os mais duros treinamentos e submetem seus corpos a inumeráveis privações e aos riscos mortais do doping, demonstram que os indivíduos excepcionais nascem dessa mesma dinâmica da qual todas as espécies de indivíduos maus constituem a maior parte: nascimento simultaneamente do indivíduo excepcional e do coletivo que nos envolve. Os ditos heróis instauram a sociedade como pretende Bergson?

Fim da mitologia

Não, eles ainda a obstaculizam duplamente, pois esse caminho rapidamente fica obstruído: para que cada um nasça como indivíduo dessa maneira única seria necessário que todos se transformassem em vítimas. A partir de então, para instaurar uma pedagogia por meio do exemplo ou por meio do campeão, seria necessário que cada um entrasse em uma dinâmica na qual todos os outros se reunissem ao redor dele para o assassinato ou para a glória. Impossível. Interminável. Contraditório. A mesma argumentação serve para a rocha Tarpéia[24] dos ignóbeis e para o Capitólio dos gloriosos, duas representações em espelho ou em série que demandam a assistência de toda a população da cidade e hoje do mundo. Nem todo mundo pode se tornar rei. Se cada um de nós almeja a notoriedade, só pode conquistá-la por meio dos outros; mas, como todos a querem, ninguém pode ou quer concedê-la. A mitologia ou fabricação de exceções morre em virtude dessa contradição que emana da glória.

Duas manias contemporâneas se desenvolvem e se aproximam para demarcar os limites de uma intenção portadora de brechas visíveis. Para se fazer ouvir, para assegurar sua publicidade, cada um busca a glória de perseguir um acusado ou de assumir o mais depressa possível o lugar da vítima: cada um insiste que todos querem que ele faça isso. Mas todos desejam justamente o que todo mundo deseja, visto que essa rocha Tarpéia do suplício precede ou segue o Capitólio do poder e da glória. Esse tribunal diante do qual qualquer indivíduo deseja ser levado, essa antropodicéia generalizada que substitui e vende a teodicéia em que Deus se tornava Deus porque se fosse acusado morreria aceleram uma paranóia tão perigosa quanto o foram as mitologias antigas e muitas das coletividades que, entretanto, se vangloriam de seus avanços civilizatórios.

De maneira inversa e complementar, as mídias hoje sabem fabricar com todas as peças um campeão proveniente do sujeito indeterminado sem qualidades; sem ser bonito ou genial, herói ou santo, sem haver realizado qualquer trabalho, ou ter batido qualquer recorde, aquele ou aquela

[24] Tarpéia, nome do rochedo situado em Roma de onde eram atirados os criminosos. (N.Ts.)

naturalmente se tornam vedetes invejadas que mostram em público a mediocridade de seu cotidiano: todos percebem que podem ter acesso a isso. Escandalizamo-nos com essas fábricas midiáticas porque permanecemos drogados pelos mitos que exigem sangue e morte para uma exceção.

Insanas, a perseguição ao acusado ou a corrida em direção à vítima mostram o fim de um processo multimilenar, o desaparecimento dos processos por meio dos quais nascia a mitologia, ainda viva no tempo de Nietzsche, apesar de suas afirmações, visto que ele ainda sonha com o super-homem, a quem Bergson confere seu derradeiro suspiro; Bergson duvidava de que sua teoria dos gênios, heróis ou santos traduzisse a última versão do próprio mito e a dinâmica por meio da qual ele produzia acontecimentos extraordinários? Atualmente, essa concepção tem sido tão utilizada que terminamos por enxergar suas contradições.

Ao contrário disso, o caráter banal da segunda fabricação abre uma nova era com a qual convém nos alegrarmos. Essa é uma invenção real: acredito no direito de cada um de tornar-se um campeão, de enfim usufruir de uma glória vã e inofensiva, mesmo que ela regurgitasse sangue e morte. Ao final de um longo caminho antropológico, descobrimos, sem qualquer possibilidade de engano, a autêntica falsidade dos falsos deuses e a frivolidade do orgulho.

Formada por esses processos, a consciência de si começa pela consciência do mal. Narciso acaba por afogar-se em seu próprio reflexo. O eu nasce do mal. Por meio dos mesmos processos, contudo, o nós coletivo nasce também da violência sacrificial, que nada mais é do que outra forma do mal.

Infinitude e definição

Leibniz afirmava que a infinitude era algo inseparável da limitação original das criaturas, prova de que ele próprio tinha algo a ver com sua definição. Não há definição sem um limite, por exemplo, aquele que com ênfases trágicas denominamos finitude. Essa finitude imitava as separações que delimitam nossas propriedades rurais, as concessões de posse sobre os territórios e as fronteiras entre as nações? Essa barreira original é uma reprodução daquelas cercas que se instalavam nas fazendas para evitar que os cavalos escapassem? Sim, essas cercas determinam e definem os limites de minha propriedade: meus animais, minha casa, minha pátria, como se o homem fosse definido pelas coisas das quais se apropriava.

Nova confusão entre pertencimentos e identidade: pertencer a um subconjunto ou ter o sentimento de que as coisas e os seres vivos pertencem àquele que se envolve nesses pertencimentos. Todo corpo estranho que se aproxima da fronteira e a ultrapassa transforma-se num inimigo a ser combatido, banido, morto. Impossível que ambos permaneçam simultaneamente e nas mesmas circunstâncias sobre o mesmo lugar: encontram-se aqui os princípios da contradição e do terceiro excluído que, inteiramente fortificados, emergem do pertencimento, da finitude e da limitação. Sim, nesse momento passo a compreender a origem do mal tal como foi concebida por Leibniz: seguramente o mal decorre da violência produzida nas proximidades das fronteiras pela exclusão do terceiro.

Sabemos doravante construir o princípio da identidade que, no passado, era algo tautológico; ele remonta à descoberta de um terceiro e à sua literal expulsão ao princípio do terceiro excluído; à invenção do bode expiatório e, portanto, à violência e o mal. Não somente a metafísica do eu, mas também a mais pura lógica encontram seu fundamento, ou pelo menos seu equivalente, na antropologia. Conseqüentemente, o elogio justificado da finitude assemelha-se muito mais a uma petição *pro aris et focis*, ou seja, em favor de nossos altares sacrificiais e de nossas casas e em defesa das fronteiras, para que não haja suspeitas de que um patriotismo que protege a integridade de minha tribo, de minha cultura e de minha propriedade se transforme em algo reacionário.

Fim do solo autóctone

O Ocidente moderno beneficiou-se de uma rara oportunidade. No início lentamente e, depois, em massa, ele se converteu a uma religião importada proveniente de uma outra terra que não a sua, a Terra Santa, situada alhures, na Palestina onde se desenrola a história santa, a história do povo eleito e da redenção pela vinda do Messias. Acontecimentos decisivos para a salvação ocorreram em algum lugar distante de seu lar e diziam respeito a outros personagens que não os ancestrais de sua cultura. Nem a história, nem a geografia se ajoelham a seus santos pés, as pessoas envolvidas não falam sua língua. Ao deixar de divinizar seu próprio solo, os povos do Ocidente separaram o espiritual das raízes ctônicas. Dessa maneira eles abandonaram o *pagus* do paganismo e os pequenos deuses de seus campos. Desde sua origem, o Ocidente pratica a assim chamada desterritorialização. Ou melhor: ele deve sua brusca bifurcação a essa saída de sua própria terra.

Iniciada como o Êxodo do povo hebreu rumo à Terra Prometida, a santa aventura, prolongada a limites extremos, levou os cristãos a considerar essa terra de leite e mel como algo inacessível nesse mundo: exilados, nós não voltaremos a ela; desde então, aspiramos à Jerusalém celeste. A modernidade não pode emergir ou ser concebida sem essa abstração do solo imanente, sem essa passagem da Cidade Terrestre à Cidade de Deus descrita por Santo Agostinho. Quantos mortos pela terra-pátria essa esperança conseguiu poupar em tempos de guerra *pro aris et focis;* pela pátria que nada mais é do que a terra sagrada dos ancestrais cujos sulcos se encontram inundados de sangue impuro? Quantos mortos ela ainda não evitaria nos dias de hoje?

Fim dos laços de sangue

Se o pai não fecunda, se nesta terra o filho só conhece seu pai adotivo e sua mãe permanece virgem, rompe-se o esquema familiar e, mais ainda, os laços de sangue. *Hominescências* descreve a Sagrada Família, que dessa forma foi libertada dessa cadeia. Não temos uma definição, não nascemos nem de um lugar, nem de uma linhagem definidas.

O Ocidente provém desse duplo abandono: da terra e do tronco familiar; de duas abstrações correlativas: a primeira abandona seu próprio solo, seus limites finitos, até mesmo toda a terra, em benefício de um reino que está situado fora deste mundo; a segunda deixa de lado o sangue em favor da adoção e de um prolongamento da família, que para o futuro pode implicar uma escolha afetiva para a humanidade em geral. Todo homem tem o direito de se sentir em casa em todos os lugares e de se sentir em família ao lado de todas as pessoas. O Ocidente decorre desse abandono do local e do fato de conter em si o nascimento desse Universal.

Não é necessário dizer que ele nunca fez uso adequado dessa imensa descoberta. Ele abandona bruscamente a si mesmo e à sua cultura. Devido a esse duplo abandono, o cristianismo carrega consigo uma saída para outras religiões e o Ocidente traz em si sua própria abdicação. Nem eu nem nós nascemos nele, nem pensamos como ele. Sem terra nem tribo, vemo-nos como cidadãos do mundo e irmãos dos homens. A ciência provém dessa nova antropologia, cujo duplo abandono implicava no final das contas, como acabo de descrever, o fim de toda mitologia.

Nunca podemos compreender as verdades religiosas, pois elas possuem uma imensa sobrevivência histórica e cultural em relação às verdades científicas adquiridas, assimiladas e exploradas quase imediatamente e, por isso mesmo, freqüentemente temporárias. Pouco a pouco o Ocidente começa a compreender a si próprio e desdobra sua história segundo esse longo e lento esclarecimento que, em compensação, o apaga. Investimos dois milênios no reconhecimento desse afastamento, desse desenraizamento em relação ao sangue e ao solo. Sim, dessa ausência de limites e de definição, dessa infinitude.

Traduzida claramente, atualmente ela se impõe como a operação que necessitamos para inventar nossas condutas diante do fim da antiga agricultura, da explosão demográfica e das biotecnologias, em resumo, para assumir nossas responsabilidades em relação aos avanços da auto-evolução que nos caracterizará. Reciprocamente, a chegada imprevista dessa auto-evolução só poderia acontecer nessas condições de afastamento. Na história, ou mesmo numa autobiografia, voltar à terra e ao sangue poderia representar um retorno ao paganismo, algo aquém da ciência moderna. A sobrevivência das verdades religiosas por vezes ultrapassa profeticamente a razão.

O Arcaico Trágico e Contemporâneo

Violência e vida

Plural ou singular, eu ou nós, a consciência subjetiva sobrevém com o mal e a violência. O lobo devora o cordeiro sem ter disso qualquer consciência. Essa lei simples da cadeia alimentar só é chamada de violência, contudo, no momento em que surge essa consciência. É precisamente nesse ponto que o curso da evolução se bifurca? Foi o homem o responsável por dar nome às leis cotidianas da vida? Por chamar de violência e mal à fatalidade de ter de matar para sobreviver? Ao descobrir a morte inevitável e conjuntural, esse animal foge dela, abomina-a e lhe dá o nome de Mal? Assistimos ao surgimento de um ser vivo que ama e detesta a vida, que repentinamente odeia a morte que faz parte da vida. Esse ódio alicerça sua consciência e sua moral. Nesse ponto certamente abstrato, sem dúvida imaginário e seguramente inexato de duração desse momento, que ocorre desde o surgimento do homem, mas que ainda não conseguiu completar seu circuito, em resumo, nessa instância plena de sentido, a evolução executa uma reviravolta na qual o sentido e a direção do tempo vivo se alteram.

Esse mal do qual buscamos nos livrar, essa guerra de todos contra todos, essa violência invariante em todas as coletividades caracterizam a vida e a evolução em seu sentido darwiniano. Essa luta atroz que procuramos abandonar desde que passamos a sonhar com o paraíso terrestre cola-se, entretanto, à pele de nossos corpos assim como à duração, antes mesmo da história e de nossa Grande Narrativa. A não-espécie humana surge de forma ininterrupta quando, a duras penas, se afasta dessa guerra das espécies, voltando, porém, a ser espécie quando nela permanece. O mal equivale à vida, que não sabemos nem queremos definir para evitarmos reconhecer que ela equivale a essa violência. A longo prazo a violência mata por mutação, seleção e adaptação, mata cotidianamente pela sobrevivência alimentar, mata enfim para não morrer devorada e, por vezes, mata sobretudo pelo prazer de matar. Como, então, livrar-se do mal sem abandonar a própria vida, uma vez que ela mesma implica morte, entropia, maldades e crimes?

Pelo menos a vida possui dois valores

Longe de saber como definir a vida, ignoramos de tal maneira seu segredo, se é que ele existe, que, recentemente, os biólogos decidiram não mais tentar descobri-lo. Privados da visão, só podemos apreciar, prezar e valorizar a vida, o que a transforma num valor por excelência. É evidente que detestamos e odiamos a vida, pois matamos nossos inimigos e, por vezes, nossos vizinhos, condenamos nossos filhos à morte nas guerras e os pobres ao cadafalso, caçamos, pescamos, criamos e colhemos nossas provisões alimentares, erradicamos as espécies, queimamos e destruímos florestas, esquecemos de nossa saúde no momento em que, silenciosa, ela floresce, suicidamo-nos abundantemente, sacrificamos nossa existência em favor de ideais virtuais, de amores ausentes, de obras da imaginação, de sonhos e de delírios, do emprego insensato do tempo, de projetos absurdos e do acúmulo inútil de dinheiro. Com certeza, nós a amamos, pois às vezes nos afastamos do sofrimento, apreciamos nossa tranqüilidade e acariciamos nossos netos. Nosso conhecimento da vida não se efetiva pela ciência, nem tampouco pela razão, pois sobre a vida só produzimos julgamentos de valor. Existe algo mais normal do que isso, uma vez que em sua raiz a palavra valor designa a saúde ou a força vital? Pelo menos no que diz respeito à nutrição, à defesa, à conservação e à reprodução, a vida implica a morte. Julgamo-la simultaneamente divertida e atroz, epifânica e letal, positiva e negativa. Um bem supremo, embora um mal radical.

Aventura e festa

Proponho dois equivalentes para a vida: inicialmente a aventura portadora de dois valores, sempre imprevisível, palpitante, arriscada, laboriosa, alerta, estressante, inventiva e perigosa; além da aventura e de suas atribulações, proponho, sobretudo, a festa.

Não conhecemos cultura sem festa. Todas as civilizações organizam diversões regulares, ritos, celebrações religiosas, aniversários, momentos singulares nos quais o indivíduo e a coletividade tentam esquecer o cotidiano. Por vezes, não existe nada mais estranho e particular, nada mais revelador das singularidades de um país e de seus habitantes, nada mais difundido pelo mapa-múndi dos costumes do que uma festa. Paradoxo: um hábito universal e comum que evidencia as particularidades de cada lugar e de um único dia. A vida se repete na universalidade das épocas, mas revela-se singular em cada indivíduo.

Ao ver-se o vinho escorrer dos tonéis, os casais dançarem em seus trajes tradicionais, ao se ouvir o trompete soar ao lado das gaitas de fole e as muralhas acústicas dos estádios rugirem sob os decibéis das guitarras elétricas, dir-se-ia que a alegria do acontecimento explode na praça da cidade ou entre a multidão que lota o estádio. Sim e não, pois a festa celebra, simultaneamente, um começo e um fim; aqui e agora, revela-se a morte completa de uma era: o rei morreu, viva o rei; um ano termina, viva o ano seguinte; a luminosidade fenece sobre a terra, viva o solstício; depois do enterro, viva a Ressurreição. À tristeza de um luto corresponde o prazer suscitado por um começo. Aquém dele resta apenas um cadáver, por vezes nós o conhecemos porque fomos nós que sacrificamos a vítima, prisioneiro, escravo, bezerro, touro ou matador, hóstia ou símbolo. Em razão desse sacrifício, a festa merece um nome sagrado. Nascimento e desaparecimento, hinos e poemas, risos e lágrimas, flores e cinzas, tudo se mescla nesse turbilhão festivo. Depois do baile, os ciumentos começam a brigar; passado o desfile de 14 de Julho, os pilantras colocam fogo nos automóveis; após a vitória conquistada na Copa do Mundo, os *hooligans* destroem o estádio; a festa sempre acaba mal e se transforma numa baderna geral. No nascimento de uma tragédia, o vinho se transforma em sangue; inversão do trágico e da boa nova: o sangue se transforma em vinho.

Assim como a vida, a aventura e os grandes amores, a festa também possui dois valores e ambos conectam duas eras, de um lado a emergência e do outro as obséquias. Ambos se sobrepõem à mesma mescla de tempo cotidiano, regular, excepcional e morno, monótono e entusiástico, astro errante que nasce e morre no horizonte, sempre embriagador e patético, atraente e misterioso, delicioso como uma tentação, doloroso como uma adversidade. É preciso triturar o trigo para proceder à triagem, socá-lo para que seus grãos se soltem da espiga, esmagá-lo para que dele salte a farinha. É preciso, finalmente, assar a massa no forno do inferno para que a baguete fique dourada. Festas da colheita, da debulha, da ronda dos moinhos, cenas em que o pão se transubstancia. Amorosas e temerárias, as adversidades trituram e escolhem.

Mesmo a extensa experiência e o lampejo da razão não podem enxergar melhor equivalente para a vida do que a festa. Ambas possuem a mesma duração, as mesmas nuanças, os mesmos clamores, a mesma multidão e as mesmas complicações, pois elas começam e terminam da mesma forma. Pela duração do tempo que nos resta de vida, cada instante de respiração, cada pulsão de desejo, falta e saciedade, risos e lágrimas, sofrimento lancinante, sede e embriaguez, *frisson* e transpiração, alvorada e crepúsculo, felicidade e inquietação, desespero e esperança celebram em tempo real, começam, aniquilam, entusiasmam e matam essa inauguração, esse júbilo, essa expiação, essa quaresma, esse gigantesco festim da vida e, mesmo nas lágrimas, não cessam de se regozijar por ela. Se houver êxito na realização dessas núpcias, que o coração pulse por elas.

Como separar a energia vital da agressividade sem permitir que a primeira se transforme na segunda? Aqui reside o fundamento da moral: filtrar a vida a partir da morte. Em geral desagradável devido à falta de harmonia das cores, aos fogos medíocres, às músicas banais e às palavras grosseiras, algumas vezes acontece que essa festa silenciosamente estabeleça uma trégua muda e adquira uma intensidade leve, incerta e transparente que se efetiva por intermédio dos galhos das árvores, das nuvens que passam e do vôo dos estorninhos. Nesse momento, aquele que contempla sua vida miserável e vazia não chora mais em virtude da privação ou da desolação, mas do êxtase que emana da beleza.

Amor e ódio da vida

Odiamos e simultaneamente amamos a vida. Quem, nós? Os seres vivos. Mas quem, pergunto mais uma vez? O indivíduo, você, eu; os grupos, nós; a nossa espécie e as outras; esses são os três elementos da vida. Nesses três sentidos, para se manter e perpetuar, a vida mata, deseja e reproduz a própria vida. Como espécie, o *sapiens* ama e detesta sua própria vida e as de outras espécies, ele as erradica e as pesquisa. Uma força grandiosa, transbordante de crime e deleite.

Essa força implica o conhecimento que, como sabemos, permite que ela produza o bem-estar e as armas, embora não melhore necessariamente os que a praticam, sujeitos que, por vezes, são indiferentes, com freqüência rivais e até mesmo gângsteres. Predadoras, as ciências humanas pesquisam homens e grupos sob a condição de que os sujeitos estudados permaneçam em situação de inferioridade em relação àqueles que os estudam. "Não se interroga mais a vida dentro dos laboratórios", afirma o bioquímico; isso ocorre não em virtude do hábito adquirido da física ou da química, ciências que lidam com objetos inertes e mortos, mas, penso eu, em razão dessa força propriamente originária já enunciada por Empédocles[25] no século V antes de Jesus Cristo; ele intuiu que uma lei de Amor e Ódio regia nossas existências públicas e privadas, nossas práticas e saberes, os quatro elementos, as pedras e os seres vivos. Não entendam essa descoberta como uma regra racional da física, parecida com a da atração e da repulsão. O Amor e o Ódio, ao contrário, dominam todos os princípios e todas as leis. No limite, o poder do amor e do ódio produz a existência e a ciência. Dele brota uma verdade profunda da natureza, da vida e do homem. Há tanta violência no conhecimento quanto nas fronteiras das cidades ou no coração das florestas primitivas. Mesmo sendo portadores do conhecimento, não deixamos de caçar, de planejar escaramuças, de construir armadilhas e de esperar pacientemente pela oportunidade de matar. Caça e conhecimento são partes integrantes da vida, resultam de sua força e seguem seu fluxo. Sim, ambos são trágicos, o segredo da vida se aproxima do segredo do conhecimento,

Virilidade, vida e violência, *vir, vis e vita* figuram como aspectos de um único poder, de uma mesma potencialidade, como as margens contíguas de uma torrente ou como variantes de um mesmo tema. Sinto-a em mim mesmo, experimento-a em relação aos meus semelhantes, identifico em todos os seres vivos a mesma força soberba e terrível, impressionante e perigosa, poética e cega, bela como um rio e terrível como seus transbordamentos; radiante, minha força vital pode provocar fogo com suas flamas; amo essa energia vital não apenas como algo próximo, interior e íntimo, mas também como algo ao qual devo tudo, da tensão de meus músculos à velocidade de minhas pernas, do orgulho das articulações aos refinamentos do intelecto, do entusiasmo do coração às ternuras do sexo, do bem-estar dos afetos aos horrores das pulsões devastadoras; eu a amo e a odeio, talvez eu não ame nada nem ninguém além dessa energia soberana, mas, com certeza, não execro nada nem ninguém de maneira tão intensa

[25] Empédocles (492-432 a.C.), um dos mais importantes e influentes filósofos pré-socráticos. (N.Ts.)

quanto essa atração mortífera da qual ela é portadora. Não resta dúvida de que nesse dia arderei tanto de Ódio quanto de Amor, isso se as chamas da guerra já não tiverem incendiado para sempre o ódio; conservei deles o suficiente para poder compreender com serenidade e paciência as pompas e obras diabólicas. Sem que ninguém saiba como distinguir o júbilo da angústia, a vida brota da alegria e emana da angústia, ela envolve a morte não apenas na existência aparente, mas também nessa maneira profunda e secreta. Essa experiência não é partilhada apenas por mim e por todos os homens, mas é vivida em comum com os seres vivos de todos os reinos, desde o protozoário ciliado até a sequóia, que primeiro imergiram e depois foram arrastados nessa imensa massa movediça e compósita semelhante ao melaço. Mesmo as plantas, de caráter pacífico, que só se alimentam de luz, tentam suplantar seus vizinhos em seu pequeno território. Vivemos, logo amamos; vivemos, logo odiamos. Eu amo e odeio a vida, logo existo.

Transformamo-nos lentamente, com variações individuais, num gênero pacífico e arrogante, inventivo e exterminador, amoroso e tanatocrático, de Stalin a São Francisco de Assis, do caçador impiedoso a São Júlio, o Hospitaleiro, do parasita ao simbionte, da loucura dos que adoram o poder ao surpreendente punhado de santos que dedicam seu poder ao amor.

Violência e conhecimento

Produtor e destruidor do conjunto global e do acúmulo de conhecimento, a aglutinação desse rio de Amor e Ódio coordena a evolução das espécies, a história coletiva do gênero humano e a conduta dos indivíduos. As mutações inventam, matam e constroem; a seleção natural mata, destrói e, ao adaptar, constrói analiticamente o detalhamento sutil dos organismos. Essa torrente nutritiva e devastadora engloba todos os poderes de desenvolvimento da existência e da cognição.

Como escapar do custo dessa força, como negociar com seu componente negativo? Da mesma forma que a vida se constrói a partir de seu gerenciamento, as culturas humanas, flutuantes em virtude de suas tribulações, também são resultantes de negociações semelhantes; somente produzimos obras, técnicas ou instituições para nos livrarmos dessa matança e, ao construí-las, nós as destruímos na mesma proporção. Aquilo que protege expõe. Elaboram-se bolsões de neguentropia quando a entropia circundante aumenta. O fogo brilha, aquece e queima. A força se reverte e se redireciona. O movimento agita e entusiasma. A vida gera e assassina. Felicidade e ruína dos homens, o conhecimento traz consigo a regressão e o progresso. Tudo tem um preço.

Como uma força pode conter em si mesma o conhecimento? Como se pode conceber tal coisa? Na verdade, não sei como responder a isso, mas muitas vezes cheguei a constatar até que ponto o ódio adora atingir até mesmo o mínimo detalhe: sua força exasperadora é capaz de dividir qualquer coisa em minúsculos pedaços para depois tentar descobrir como analisá-los. A destruição faz aparecer o detalhe; conhecer o detalhe obriga a destruir. Análise vem do verbo grego λνω, *luô*, que significa desligar ou dissolver. Para destruir o bezerro de ouro adorado pelo povo hebreu, o encolerizado Moisés transformou-o num fino pó e fez com que os idólatras o bebessem; a ira do profeta finalizou-se com a análise. A cena se inicia ao pé da montanha santa e se completa por meio da química e da farmácia. Será necessário tanto furor para analisar ou filtrar o falso a partir do verdadeiro?

O *conhecimento de si ou o que é o homem*?

Para refinar um conhecimento de si exigido pela sabedoria ocidental desde a época de Sócrates, para nos descrevermos como indivíduos singulares, mesmo que semelhantes, como culturas extraordinariamente diferenciadas, como classes sociais em conflito, gastamos tesouros de inteligência. Será que nesse infinito trabalho não teríamos omitido a imensa paixão pelas cegas ações demonstrada por nossa espécie, que se tornou espécie em virtude de seus atos no decorrer do último ato da Grande Narrativa? Talvez apenas o velho Aristóteles, alguns especialistas na pré-história e biólogos recentes tentam nos definir da mesma forma que a um carvalho ou a um marsupial.

Tentemos arduamente responder à questão: "Quem somos nós?" consultando a Grande Narrativa, a mitologia universal que nos precede e as tendências que se apresentam entre as ações que realizamos. Quem somos nós, então? Uma espécie cuja originalidade diz respeito ao relacionamento com a vida e com o mundo. Questão: o que fez durante tanto tempo, o que faz hoje e, sem dúvida, o que fará essa espécie tão empreendedora que conquistou o mundo e a vida e que se reconhece como parte integrante do Universo?

Considerado em relação aos milhões de anos de sua lenta hominização, o homem vive cada vez menos no mundo e na vida, no espaço e no tempo, segue cada vez menos o elã vital, como se estivesse imerso em seu fluxo de Amor e Ódio e fosse dirigido por ele, de tal forma que no decorrer de sua evolução ele emerge lentamente desse fluxo, desliga-se dele, continua cada vez menos a depender dele, para dirigir-se pacientemente rumo a um estado no qual vive cada vez mais independente do mundo e de seu corpo, da vida e de suas leis, um estado em que cada passo é imprevisível.

Acidentes singulares marcam as diversas etapas de sua trajetória de afastamento da vida. Inicialmente, a diversificação dos nichos e o caráter geral e absoluto da alimentação o distinguem de sua espécie de origem, sem dúvida herbívora e vinculada a seu nicho. Em seguida, seus deslocamentos por terra e mar distanciam-no de seus hábitats. O onívoro errante libera-se simultaneamente de uma fonte única de nutrição que poderia fazer-lhe falta, assim como de um refúgio, área ou abrigo cujas condições não lhe seriam mais suficientes. Fora de um nicho ecológico único ele começa e continua a viver afastado da ecologia. Fora de lugar ou *Horla*.[26]

D*a primeira cena ao último ato da* G*rande* N*arrativa*

No decorrer de seus deslocamentos, ao encontrar por acaso uma planície agradável sem qualquer predador superior por perto, o homem se dedica como antes ao extermínio de numerosas espécies, passa a dominar os reinos contíguos da flora e da fauna, inicialmente de maneira parcial na agricultura e na criação de animais, em seguida, de maneira progressiva, a partir do conhecimento e da história natural; esse estranho animal que coleciona animais nos zoológicos e a flora no Jardim Botânico, denomina a si mesmo Senhor dos reinos antes de descobrir que viveu durante muito tempo e continua a sobreviver como o Exterminador das espécies. Ele se distingue novamente até mesmo dos outros carnívoros, dos onívoros, de todos os predadores e parasitas, pelo fato de deixar atrás de si não apenas os cadáveres devorados da sua e de outras espécies, mas também de gêneros inteiros; com o mesmo movimento de violência e de acumulação, ele mata e conhece, como se a narrativa da Gênese ensinasse a verdade de que

[26] O autor utiliza um neologismo para significar *Hors-là*, ou seja, algo que se encontra fora de lugar. (N.Ts.)

a árvore do saber traz consigo queda e pecado. *Homo specierum exterminador* [Homem exterminador das espécies].

No limite extremo dessa malversação do ser vivo, como seu derradeiro projeto ou sua infinita tarefa, aparece o próprio conhecimento da vida, certamente não o especulativo, mas o ativo e prático, fato que caracteriza o conhecimento atual. Longe de pesquisar seu segredo, o homem explora seu poder. Ao fazer uso das invenções industriais do século passado concernentes à matéria inerte, ele não mais se utiliza da excelência do ganso, da força de um tipo de boi ou de uma determinada espécie de cavalo, mas do elã vital que, em completa plenitude, emana de todo ser vivo e que, de agora em diante, passa a ser utilizável. Em resumo, como definir esse animal que agora decifra o código e pratica a engenharia genética, a não ser entendendo-o no contexto desse movimento de emergência_que irrompe lentamente do ser vivo há milhares de anos? Não se trata mais de um movimento vital cujo élan só nos diz respeito do exterior; nele percebemos doravante o segredo produtivo. Como esse movimento também diz respeito à nossa vida, encontramo-nos no caminho da auto-evolução.

O *Exterminador*

Ao chegar a esse limite tão inovador, lembramo-nos da Grande Narrativa no decorrer da qual saímos da vida e do quanto sofremos, durante milhões de anos, em virtude da guerra perpétua das leis darwinianas, da luta pela vida, da obrigação cotidiana de matar e da infelicidade diária de assistir à morte dos fracos, em particular a de nossos filhos. Uma lembrança sombria, em oposição àquela que encanta ou tortura o indivíduo solitário, uma anamnese característica da espécie nos faz submergir novamente no curso evolutivo de onde o animal humano emergiu. Recordemos que o gênero humano é parte integrante da memória. Existe algo de patético dentro de mim, cuja intensidade me aproxima dos animais e me revela seu sofrimento. O nosso sofrimento. A necessidade de matar. O homicídio diário. Sim, eu me lembro do lobo, do cão salivante, do carneiro hipócrita, lembro-me também do corvo, do tigre e do inseto ressecado pela quitina que um dia fomos, eu os reconheço nos fetiches, no horror sangrento das *Metamorfoses* de Ovídio e na melancolia das *Fábulas* de Esopo. Não posso assistir a uma relação de violência entre homens sem identificar neles, de imediato, dois animais atrozes, o pescoço sufocado de um entre as garras do outro. Eu os percebo sem roupas, nem palavras, lembro-me deles como se fosse ontem; eles se conduzem cotidianamente dessa maneira cruel para que eu não tenha dificuldade de reavivar em mim essa lembrança.

Perguntamos mais uma vez, quem somos nós? O Exterminador. A espécie que não somente caça para comer, mas que mata desbaratadamente a ponto de destruir não somente indivíduos, mas espécies inteiras que se encontram em extinção devido a esses excessos. Todo ser vivo caça ou parasita outros indivíduos, o homem erradica as espécies. Temos aqui uma primeira definição do animal humano: a espécie que extermina as espécies. Nas guerras ele se dedica não somente ao assassinato do pai, dos filhos, do irmão inimigo e ao assujeitamento das mulheres, mas também à guerra de todos contra todos, ao assassinato intra-específico, à destruição das espécies e dos reinos e ao homicídio do sujeito coletivo constituído por nós mesmos; já faz cem anos que declaramos guerra aos monocelulares; em suma, à destruição de tudo aquilo que, mesmo inerte, se movimenta, nasce ou morre; esse é o ser vivo, o sujeito indeterminado. Espécie repugnante da destruição. Dela possuímos muitos restos arqueológicos sobre os continentes e as ilhas do mundo. Por que essas decisões repressivas são levadas a cabo por um único sujeito individual, eu?

Lembro-me desse pânico, desse oceano de ódio que obriga tantas espécies a sair apenas à noite. Trazemos conosco nossas três memórias. Recordo-me de minha própria violência, que meu pai reprimia atirando baldes de água em cima de mim, mas sobretudo as violências das últimas guerras, dos horrores da guerra da Espanha, do conflito mundial e das liberações coloniais; essas atrocidades conflagraram em todos nós um ódio sem limites que quase provocou nossa extinção, juntaram-se a elas os pesadelos ensinados pela "cultura" escrita, o francês antigo de *La Chanson de Roland*[27] [A Canção de Rolando], o latim da *Eneida* de Virgílio, o grego da *Ilíada* de Homero e as contínuas hostilidades relatadas na Bíblia; basta ler Darwin para abandonar o texto escrito e os assuntos que se restringem ao eu e ao nós; pelo mesmo caminho que excede os limites de nossa cultura agrícola e depois escolar, estimulada e posteriormente considerada como artística, será forçoso reconhecer em nossa espécie um exterminador de outra extirpe e com outras capacidades além das exigidas pela caça que se destina apenas à alimentação e à sobrevivência. Esse exterminador é mais cruel que o mais sanguinário de todos os predadores, mais hábil que o pior dos parasitas. Diferenciamo-nos duplamente dos animais: por

---

27 É a mais antiga das canções em língua francesa. Escrita em 1098 por um certo Turold, do qual se ignora se é um autor, um copista, um trovador ou outra fonte qualquer. (N.Ts.)

esse extermínio universal e pelo fato surpreendente de havermos reconhecido isso.

Sobre a culpabilidade

Denomino culpabilidade a minha memória e a memória universal. Essa cavidade genérica e sem fundo, definitivamente implantada em nosso tórax e nossas costas tanto quanto nos de nossos irmãos, é uma condição que, por vezes, ainda nos impede, mesmo que em meio às lágrimas, de matarmo-nos uns aos outros, mas que muito raramente refreia nossas ações destrutivas. A lembrança dessa culpabilidade mascara o corpo físico do Exterminador, ela não pertence a nenhum indivíduo, nem é especificada por qualquer tradição ou religião em particular. Ela é compartilhada universalmente por homens e mulheres. Não é ela que atualmente serve de fonte de inspiração para nossas angústias ambientais? Não é ela que prescreve os termos de um Contrato natural? Mesmo em se tratando de algo muito partilhado por todas as latitudes e culturas, a culpabilidade continua tão inútil quanto a ausência dela. Exemplo disso foi o que aconteceu com os carrascos nazistas ou stalinistas cujas vítimas reais pagavam com sua própria vida o desaparecimento da referida culpabilidade. A partir dos lobos que matam os cordeiros, sem qualquer questionamento e diante do processo que nos transformou em seres humanos, quem será capaz de demonstrar o lado positivo da culpabilidade? Ela faz com que a espécie seja celebrada sobre as fontes batismais.

A primeira das espécies que, devido às circunstâncias do acaso, foi conduzida em suas errâncias a um jardim sem qualquer predador perigoso, subitamente passou a viver, compreender e, não encontro palavras para dizê-lo, a contemplar a submissão universal da vida a esta lei de ódio que pôde, conseqüentemente, de alguma forma distanciar-se dela o suficiente para senti-la como ódio ou mesmo dar-lhe o nome de Mal. Foi em razão desse fato crucial que essa espécie se transformou em homem. Seu surgimento como espécie ocorreu simultaneamente à consciência desse homicídio universal. Assim como o eu individual singular e o nós coletivo nasceram do Mal, o sujeito indeterminado genérico emergiu dele. A quádrupla raiz temporal à qual se aderem nosso corpo, nossos escritos, nossos genes e nossas experiências vitais nos liga a esse fato crucial e faz com que o rememoremos. Nunca deixamos de recordá-lo. O que denominamos culpabilidade faz com que esse fato sempre se restabeleça em nossa consciência, juntamente com a certeza de pertencer a uma espécie e de defini-la. A culpabilidade excita em nós a extraordinária esperança de uma liberação do Mal. Aprendemos rapidamente que extrair o Bem dessa força suscita uma esperança tão extraordinária quanto a de extrair o ouro contido em uma peça de liga metálica ou de filtrar a essência excipiente de um perfume. Por meio desse vínculo inevitável, a culpabilidade surge até mesmo das coisas boas. Ela nos rodeia e nos inquieta tanto quanto a mescla entre o fluxo de Amor e Ódio que, desde então, denominamos de Bem e Mal.

Voltamos a afirmar: emergimos da vida evolutiva em virtude de nosso status e nosso poder de extermínio. Vencedor da batalha por matar em excesso, um ancestral inimaginável viu pela primeira vez uma planície recoberta de cadáveres. Sentiu medo de seus semelhantes e de si mesmo. Ele sabia qual era a origem desse medo. Ele reconheceu o pesadelo darwiniano. Quase religioso, o imenso sucesso de Darwin adveio do fato de que se pôde ver esse ancestral regozijar-se com essa cena primitiva. Esse ancestral antigo e recente, inimaginável e científico, sentiu piedade pela primeira vez. Nesse oceano de ódio circulou uma surpreendente corrente de amor. Ele conheceu. Acreditou que podia distinguir entre o amor pela vida e ódio da vida, entre a paz e a violência, entre o Bem o Mal. Além do texto escrito, recorda-se esse primeiro conhecimento que ainda modela nosso corpo. Será que algum dia nos consolaremos com essa dificuldade em nos livrarmos do ódio e continuarmos diariamente a mergulhar nele até a medula, com o fato de vermos o ouro converter-se no dinheiro abjeto? De sobrevivermos na condição de homens livres mesmo sendo filhos do Mal? De matarmos cotidianamente como fazíamos nos primeiros dias, de regozijar-nos incessantemente com as cenas pré-originárias que precederam o conhecimento? É desse modo que se define o pecado original, trans-histórico, cometido tanto hoje como sempre em tempo real: violência perpetrada contra tudo o que vive. A espécie expulsa a si mesma de seus paraísos, que foram descobertos em seus deslocamentos ocorridos ao acaso. Basta observar a lei da selva humana exercer cotidianamente sua devastação para aprender que o verdadeiro saber da vida, sempre aproximativo e parcial, não difere do conhecimento e da difícil distinção entre o Bem e o Mal. Freqüentemente o Mal advém do fato de que acreditamos poder distingui-los.

Essa evidência ultrapassa qualquer palavra escrita ou oral, ela envolve e impõe limites às ciências, às filosofias e à sabedoria; sua transparência paira além da junção entre a piedade e a alegria expressadas pela música; sua verdade subterrânea desvela-se em meio à emoção e aos soluços. As notas emitidas pela garganta e os gestos do corpo pairam sob as palavras produzidas pela boca e pela língua; a patética torrente da memória freme sob esses trinados e lamentos. Nenhuma linguagem, nenhum texto diz a que veio se não possuir musicalidade; nenhuma música emociona sem provocar essas lágrimas que emanam de nossa própria origem.

Os primeiros textos de nossa cultura não relatam o começo do mundo, da Terra ou das espécies, mas tentam falar do início da cultura humana e de sua bifurcação em relação à lei darwiniana. Com certeza, eles não se referem à Grande Narrativa, mas ao modo como ela se completa e por meio de qual bifurcação a história começa, ou seja, como ocorre a primeira cena de seu último ato, ambos contingentes. Eles fazem a conexão de nossa memória genética com a historia textual, da vida com a cultura, do extermínio universal com alguns homicídios eletivos, como o assassinato de um irmão por seu próprio irmão; um pequeno pecado local que mascara a catástrofe global da matança universal. Esses textos relatam o nascimento da culpabilidade, cuja tríplice recordação gera o homem constituído de três elementos que, por vezes, obriga o Exterminador a sentir piedade, que transforma a lei do Ódio na lei do Amor que o acompanha de maneira miraculosa e extraordinária. Exatamente o que o próprio Darwin escreveu.

Universalidade do Mal e da Solução

Soluções locais-mínimas; solução global-máxima

Quem somos nós? O Exterminador. De onde viemos? Das lágrimas universais derramadas sobre nós mesmos. O eu e o nós nascem inicialmente da violência sacrificial, o sujeito indeterminado finalmente nasce da violência vital; todos nascem do mal universal. Para onde iremos nós? Segundo nossos novos poderes globais, que nos batizam com nomes de prefixo pan, hoje temos à nossa frente um horizonte universal: a possível erradicação das culturas humanas, das espécies vivas, das coisas inertes e do planeta por nós mesmos. Somos detentores desse poder aterrorizante.

Quanto ao problema universal do mal, descobrimos e descobriremos soluções locais mínimas que permitem gerenciar temporariamente sua inevitável constância. Uma solução global máxima e universal, que se não foi descoberta foi pelo menos imposta pela presença pregnante desse horizonte de destruição, se faz presente pela primeira vez na hominização e no papel que desempenhamos na Grande Narrativa. A universalidade da erradicação delineia-se diante da universalidade de nossa violência e do mal da mesma forma que, em determinado momento, o Universo como tal delineava-se diante da infinitude adquirida de Panúrgio. Nos dias atuais, a consciência desse risco máximo faz nascer uma opinião pública mundial que chega até mesmo a superar as filosofias políticas, as práticas e as instituições: o que iremos fazer diante desse horizonte ameaçador, doravante visível e acessível? Não se tem escolha: tem-se no mínimo uma ética, ou pelo menos um novo contrato que fundamenta uma outra forma de direto.

Ampla e vaga, essa solução não possui qualquer força imediata ou concreta, pois os indivíduos não têm nenhum poder sobre ela e os governantes permanecem um século atrasados. Aqui e agora, ela não obriga que qualquer indivíduo responsável, ou mesmo a humanidade em geral assuma essa ou aquela conduta. Seu poder é apenas regulador, embora essa solução recupere o lado perceptível e o pensável oriundos de sua própria obscuridade.

DEMONSTRAÇÃO POR GRANDES NÚMEROS

Demonstramos quantitativamente a constância e a universalidade do mal. Mesmo que seja uma pesquisa teórica sem valor supor que nunca iremos encontrar a origem do mal, gostaríamos muito de nos livrar dele. Um exemplo de luta contra o mal: além de ser um remédio eficaz contra a dor de cabeça, a aspirina também torna o sangue mais fluido e impede sua coagulação; ao mesmo tempo em que evita a embolia, ela é um obstáculo à cicatrização de ferimentos. Alivia a dor de centenas de milhões de pessoas por ano em todo o mundo, porém mata algumas dezenas delas. Mesmo tendo seu uso difundido entre grandes populações, não existe nenhum tipo de cura com risco zero. Grandes conjuntos numéricos impedem de pensar em branco e preto, falso e verdadeiro, bem e mal; o valor de uma tara está imbricado em qualquer tipo de medida. Toda ação provoca uma reação cujas conseqüências são proporcionais à repetição múltipla da mesma ação.

Passagem local global: as grandes cifras e sua parte maldita

Depois de ter preparado centenas de omeletes, quem pode afirmar nunca ter quebrado um ovo no caminho entre o refrigerador e o fogão? Num período de vinte anos, os cem mil profissionais treinados pela *Cordon Bleu*, a Academia de Arte Culinária de Paris, carregarão toneladas de ovos e, fatalmente, quebrarão algumas dúzias deles. Quando se passa de pequenas para grandes quantidades, do local para o global, do caso isolado para o múltiplo e, finalmente, para o universal, é impossível eliminar a perda. Vícios, acidentes, imperfeições, erros e catástrofes infalivelmente acompanham as grandes cifras, mesmo que se trate de remédios ou de um ato generoso. Entre os milhares de excelentes pedagogos, é inexorável que se encontre sempre um punhado de pedófilos. Os especialistas em ciências naturais, médicas e humanas hesitam e oscilam diante dessas essas porcentagens aproximativas, que não podem ser eliminadas, enquanto a ação política ou jurídica quer e deve arbitrar sobre o número de ocorrências surpreendentes e lamentáveis que escandalizam as multidões ávidas por soluções vingadoras. Como evitar as conseqüências sombrias dessa mudança de escala?

Mídias e políticas manipulam simultaneamente as grandes cifras, os casos isolados, os grupos e os indivíduos; a publicidade, as informações, as sondagens e as novas tecnologias, em resumo, essa pluralidade de profissões comuns alcança atualmente cifras muito maiores do que no passado e chegam, por vezes, até mesmo a atingir modalidades institucionais mais amplas como as companhias de seguros ou as campanhas de vacinação obrigatórias; a questão da origem do mal reaparece como no primeiro dia, só que de uma outra maneira: seu retorno inexorável é evocado pelo cálculo das porcentagens imposto pelas grandes cifras.

Curiosamente ignorante dessa estabilidade, o puritanismo dominante exige a ausência de bactérias mesmo em locais em que elas se desenvolvem às centenas de milhares, ele exige assepsia total, ausência de defeitos, perigo nulo, risco zero, um universo cuja superfície esteja livre de quaisquer asperezas. Quando os problemas se tornam universais, essas grandes cifras deixam em seu rastro uma parte maldita que acredito não possa ser eliminada, uma vez que se assemelha muito ao montante de violência que, anteriormente, comparei à constante de energia no interior de um sistema físico. Existiria uma espécie de primeiro princípio dinâmico nas coletividades? Não sei dizer, mas reflito sobre isso.

Novamente o pânico

Essa passagem do local para o global transforma nossa maneira de raciocinar. Falamos de rigor, precisão e exatidão nas ciências e usamos categorias binárias que fomos buscar nas antigas metafísicas, o Ser e o Nada, Mal e Bem, Ódio e Amor. A guerra teatral do Bem contra o Mal, de São Jorge contra o Dragão, torna-se ineficaz e tola quando legiões de Jorges perseguem exércitos de Dragões. Todos perdem sua letra maiúscula. Essas representações tinham valor para populações medíocres. O crescimento demográfico e a globalização mudam de escala em dimensões, poder e eficácia. Um objeto ou instrumento que possui a altura de um montículo de terra, que cresce e alcança a altura do monte Everest não obedece mais às mesmas leis. Um sapo que não se alimenta, não se reproduz, nem pode viver como um boi. Quem é que não sabe que não se pode governar uma nação da mesma forma que se administra uma empresa ou se organiza uma família?

Imposta pouco a pouco pelas catástrofes de Hiroshima, de Séveso e pelas manipulações genéticas, a ética da ciência decorreu da passagem para o que, desde há meio século, se denomina *big science* ou, pelo menos, para o que denomino objetos-mundo, como a bomba atômica, resíduos nucleares e redes derivados da ampliação da técnica? De novo, a mudança de escala impõe as malditas porcentagens próprias das grandes cifras. Leibniz afirma, por vezes, que o problema do mal depende da dimensão de nossa capacidade de apreensão das coisas: visto de perto, esse motivo é gritante, mas de longe parece estar em harmonia. Em lugar de fazer uso da perspectiva que torna essa cena subjetiva e adequada ao argumento, por que será que o teórico em assuntos de segurança não percebe que, a partir das grandes cifras, um simples cálculo pode prever precisamente que haverá um número inevitável de mortes, de doenças incuráveis, de vícios e de corrupção em uma determinada população? Seis pessoas podem viver três dias num acampamento na praia sem causar qualquer problema, dez mil pessoas podem transformar essa mesma praia numa cloaca; o turismo saqueia o planeta e transforma recantos de beleza em depósito de detritos. Isso abrange inumeráveis escândalos contemporâneos e situações de pânico previsíveis; sim, aqui a palavra pânico adapta-se perfeitamente: ela significa o acesso de todos a tudo. O múltiplo amedronta: o mal faz parte integrante das grandes cifras?

O mal nasce da passagem do pouco para o muito, do pequeno grupo para as grandes populações, deste lugar ao mundo, do eu ao nós, do nós ao sujeito indeterminado, do indivíduo ao grupo e à espécie, acompanha o crescimento em direção ao Universal, dissemina-se juntamente com a Grande Narrativa, uma vez que ela arrebata todas as coisas do mundo? A parte maldita característica das grandes cifras situa-se necessariamente na interseção entre o caso singular e o coletivo, entre o sujeito particular e o comum, entre o elemento e o conjunto. Se o eu, o nós e o sujeito indeterminado nascem do mal, o mal decorre do encontro entre o sujeito indeterminado, o nós e o eu. Em compensação, um circuito que gera e alimenta a si próprio une o mal e os três sujeitos; a morte arrebata e cria o sujeito pessoal eu; nós ocidentais ressuscitamos os mortos latinos, gregos, egípcios assírios e babilônicos. Nessa mesma manhã, nascemos como espécie do horizonte da auto-erradicação da espécie. Hoje, alguns eus, um ou dois nós podem causar a morte do sujeito indeterminado.

Uma primeira solução local, prática

Longe de adormecer sobre a parte maldita implícita nesse crescimento irrevogável, a sabedoria, ao contrário, desperta algumas morais estimuladas pela proximidade, trata as porcentagens com atenção e trabalho redobrados, administra-as com prudência e, tenazmente, as conduz a um mínimo ainda mais fechado.

Para alcançar essa nova sabedoria, porém, é conveniente saber que as circunstâncias podem inverter a lei. Uma pequena pedra que cai vinda do espaço dos planetas não apresenta nenhum perigo; quantos já sentiram o choque da queda de um aerólito sobre a cabeça? Contudo, uma raríssima exceção pode contradizer essa improbabilidade; podemos citar esse caso como exemplo, mas não podemos fazer dele uma lei. Com freqüência, acompanhamos o espetáculo raro e lamentável do enunciado dessa lei apresentar um resultado totalmente oposto; com certeza, em um determinado lugar, um certo remédio matou alguém, porém, na maioria dos outros curou, fato que aliás ocorre com muito mais freqüência.

Ao darmos maior preferência às leis gerais do que aos casos particulares, definimos a democracia. Esta última se baseia em eleições, logo sobre uma lei que rege as grandes cifras. Em virtude disso, possui defeitos como qualquer outra coisa. Ao decidir sobre a exceção, restauramos inversamente uma aristocracia ou a casuística. Isso quer dizer que devemos restringir a parte maldita ao mínimo possível.

Associação pânica

Não existe bem sem mácula, mas em contrapartida não existe mal radical; não existe virtuoso sem vícios nem pecador sem alguma virtude. O mais abominável dos indivíduos pode, numa bela manhã de neve, revelar-se bondoso como o bom Samaritano na estrada. A melhor das morais afirma que o pior também pode ser bom. Mesmo um inimigo do gênero humano pode sentir compaixão e piedade. Com isso ele se redime.

Trata-se de uma outra solução local para o problema do mal. Inversamente, numa noite tempestuosa o amor pode transformar-se em ódio. Alguém preso ontem em flagrante delito administrou honestamente a maioria de seus negócios durante toda sua vida e, muitas vezes, manifestou sua generosidade. Em virtude das circunstâncias e do acaso, mesmo a singularidade individual manipula grandes cifras. Tudo se passa como elas filtrassem essa associação, como se o mal fosse decantado por meio de seu crescimento, como se as grandes populações lhe servissem de elemento revelador. Impedido por incontáveis obstáculos, considero-me falido, mesmo que minha existência tenha transcorrido por anos de honestidade, sou um homem honesto em meio a centenas de vilanias. Quem pode vangloriar-se de haver praticado a ética em todos os tempos e lugares, a quem se deve condenar totalmente? Como atear fogo a essa mistura pânica?

O *branqueamento do* Incandescente

A chama interior do homem santo é muito mais visível do que sua própria pureza. Ele brilha porque queima em si o mais ignóbil de todos os combustíveis possíveis. É necessário, portanto, que ele carregue consigo muito Ódio para que as chamas incandescentes do Amor se elevem muito mais alto. Ao se inflamarem, essas chamas pouco a pouco eliminam a substância calcinada que o encobre e purificam o resto de seu ser.

Se eu soubesse como expressá-la, a moral revelaria o segredo, difícil de ser encontrado, de como dissipar o Mal. O que é o Bem senão a própria chama que, sem que eu exija isso de qualquer outra pessoa, consome o Mal que jamais se ausenta de mim? Para agir contra o mal nada melhor do que começar por um exercício de simbiose individual: conviver com ele. Como negociar essa ignomínia? Faço dela meu melhor combustível, é dela que retiro a energia necessária para isso. É com ela que brilho, incandescente. O mal implica essa outra solução eminentemente local.

A emergência do sujeito se efetiva com o problema do mal porque ele mesmo fixa uma instância própria para resolvê-lo. Nem o nós, nem o sujeito indeterminado, nem o coletivo, nem a espécie podem chegar a fazê-lo, precisamente em razão das grandes cifras e da constante de violência. Além de uma certa quantidade, não se pode erradicar a proporção de morte, perversão, sofrimento ou doença, qualquer que seja o nome que você dê aos homens e aos fatos, ou aos dejetos, detritos e impropriedades inerentes a qualquer fenômeno vivo. Sempre resta alguma coisa, sempre há uma perda, uma defasagem no rendimento de uma máquina, um custo, um preço a pagar. Nada é gratuito, não existe nada cem por cento sem defeito, nem algo que não permita um certo grau de tolerância.

Não se conhece nenhum lugar isento de germes, totalmente livre de micróbios ou integralmente asséptico. Suponhamos que esse lugar existisse; na primeira brecha, milhares de bactérias estariam prontas para invadi-lo; paradoxalmente, ele poderia até mesmo servir de insígnia para o perigo extremo ou então permanecer inteiramente exposto pois, para existir, esse lugar teria necessidade de defesas e proteções infinitas. Uma questão metafísica e moral pode ser destrinçada pela aritmética, mesmo que isso não seja habitual: a lei das grandes cifras descreve a existência estável, a perpetuação de algo que funciona como um depósito residual que nunca pode ser erradicado. Em resumo, o risco, o perigo e o Mal permanecem impossíveis de eliminar, pois estão associados ao próprio funcionamento da vida, à própria existência, aos numerosos coletivos e ao caráter extremamente numeroso da espécie.

A emergência do sujeito se efetiva com a questão do Mal porque ele inventa e assegura que pode contribuir, com pouco que seja, para o seu apaziguamento e alívio. Não me refiro aqui à solução integral do Mal, porque isso não existe a não ser como um horizonte distante: refiro-me, sim, à melhoria relativa do mal e à sua aculturação. O sujeito pode deixar seu pertencimento e desligar-se do subconjunto, o que supõe exclusão, pode retirar-se do conjunto, o que supõe o extermínio, pode tentar separar-se do nós, abstrair-se do sujeito indeterminado em sua vida individual e em sua consciência singular, pode tentar não se conduzir nem como um ser exclusivo, nem como exterminador específico.

Posso recusar-me à vingança. Individualmente posso recusar-me à violência. Nesse caso, ela depende de mim. Ela não depende de mim coletiva ou especificamente. Por vezes pacifistas, os mais bem-intencionados militantes políticos lutam e, de certo modo, propagam uma batalha cuja violência aterradora se revela quando assumem o poder. Assim sendo, os grupos de pressão, enquanto grupos, trazem profundamente arraigados em si os próprios males que, com a maior boa vontade possível, buscam eliminar e erradicar no decorrer da luta; dessa forma, os "engajados" ou se condenam a uma fidelidade cega e, portanto, estúpida, ou terminam como traidores que abandonam os primeiros ideais de suas ações. Em contrapartida, posso arrancar de meu ser essa violência, eliminar esse depósito de resíduos excrementícios e, em seguida, convidar meu próximo a fazer o mesmo: convido você, a quem não trato com brutalidade, para que tenha a mesma iniciativa e, ao menos como exemplo, convido-o dizer e a fazer o mesmo em relação ao seu vizinho, ao seu grupo e assim sucessivamente. Não me dirijo à coletividade, nem ao conjunto da humanidade, mas por uma espécie de prolongamento analítico dirijo-me apenas e especificamente ao meu vizinho e ao vizinho de meu vizinho. Só tenho acesso à forma de propagação que se efetiva de cada um para com o seu próximo.

De modo semelhante, as questões de ética científica resolvem-se menos por decretos, princípios gerais e decisões coletivas, que no final acabam sempre sendo contornadas muito mais por um acordo individual, cujo caráter eminentemente local eu propus ao final do Prefácio do *Dictionnaire des sciences* [Dicionário das ciências].[28]

Queijo e vacina: sobre a experiência

A introdução de um certo tipo de bactéria no leite produz o queijo, resultado por vezes delicioso. Um tipo particular de culinária transforma a putrefação em algo vantajoso para nós. Tomem como exemplo disso o queijo ou o vinho, dons divinos. Lave-se bem, mas não excessivamente, ou ficará doente. Fazer do organismo, da pele ou das mucosas um território asséptico é torná-los frágeis e expô-los à morte.

Submeta-se à vacinação, acolha em si mesmo o mal em pequenas doses para que algumas defesas especiais possam nascer. Experimente um modelo reduzido da violência no pátio de recreio, exerça-a no boxe, na esgrima e no rúgbi, cujas regras podem controlá-la, exponha-se aos miasmas das florestas úmidas e dos pântanos cheios de mosquitos, viaje pelo espaço e pelo corpo social, encare de frente a tragédia, não sinta repugnância em visitar os *bas-fonds*, considere o poder como uma cloaca, e não como um fato social. A experiência fortifica; o que não mata, reforça. Conviva com os germes. Entre Eva e Adão, os dois pérfidos incandescentes que eram inocentes antes do pecado original e a humanidade purificada e redimida, fervilha uma incalculável multidão de almas entristecidas, ou seja, nós mesmos.

---

[28] Michel Serres, *Le trésor. Dictionnaire des sciences* (en collaboration), Paris, Flammarion, 1997. (N.Ts.)

Outra solução local: as duas tolerâncias

Façamos uma distinção entre dois tipos de tolerância. Uma virtuosa que acolhe as diferenças: nascido na Aquitânia como Montesquieu, faz muito tempo que não me surpreendo mais com meus amigos persas; canhoto, vivo tranqüilamente sob a lei majoritária dos destros, em Bamako, posso considerar desagradável o aspecto amarelado de minha pele; sim, vale mais a pena morar na região norte do Hemisfério Sul, mais ensolarada. Não exageremos no esforço exigido para a aceitação dessas situações: essa *lectio facilis* [escolha fácil] envolve uma tolerância que pode ser traduzida por algumas mudanças em nossos hábitos climáticos e culturais. É preciso muita inadaptação para não usar um bom senso pelo menos mediano.

Por outro lado, a fisiologia e a medicina definem a aptidão de um organismo em suportar sem adoecer a intervenção, por vezes brutal, de um agente químico ou físico cujo efeito nocivo pode abalar seu sistema imunológico. Entre uma tolerância e outra existe a tolerância do Mal, que constitui uma *lectio difficilior* [difícil lição]. Essa virtude corporal me parece fundamental. Jamais consideramos o outro como um Mal, se nós aculturamos o Mal como um outro. Como um dos muitos outros que existem em mim. Como um de meus simbiontes. Como meus irmãos gêmeos repletos de imperfeições.

A *experiência moral*

Se os preceitos morais provocam riso, se aquele que cumpre seu dever acaba se indispondo, pois ninguém pode viver como um anjo, a experiência vital é o que verdadeiramente importa. Se um filósofo deseja escrever um manual de ética, é melhor que fale sobre fatos novos e verdadeiros, nos quais alguns heróis ou modelos enfrentam positivamente o mundo tal como ele é. Ao contrário de uma vida tola e sem graça que nunca se expõe ao perigo, uma vida plena expõe-se a ele e, assim como a inteligência, está sempre querendo inventar coisas novas. Ela mergulha nessa experiência, nessa aventura excepcional e cotidiana na qual a miséria, o sofrimento, o malogro, a frustração, os erros e o próprio pecado ensinam mais do que qualquer outra coisa do mundo.

O mal não pode ser suprimido, nós nos livramos dele: isso prova que nós o vivenciamos. Em lugar de matar micróbios ou células malignas, a terapêutica faria melhor se tentasse utilizar técnicas de simbiose. Nada pode ser demonstrado a não ser por meio de experimentações. Substituam as tentações fáceis pelos tormentos causados pelo desconforto. Assim como as ciências se dedicam à pesquisa de campo, o moralista não hesita em executar as tarefas mais árduas de seu trabalho. Ele não escapa dali totalmente incólume. Ele pode até mesmo ser consumido seriamente por isso. Não escute lições de nenhuma pessoa a não ser que alguma chama luminosa, alguma incandescência emane dela.

Retorno ao coletivo

Com certeza, a lei das grandes cifras ilustra a constância da parte maldita, dessa substância calcinada impossível ser eliminada. Existe um limite inferior a essa perigosa opressão ao qual o mal poderia aclimatar-se, ou mesmo, como no caso do queijo ou da tragédia, culturalizar-se em algo bom e belo? Vale a pena refletir sobre isso e esperar que cheguem os resultados. Assim como a medicina, a sociologia também define um limite de tolerância para uma determinada comunidade, em relação às maquinações perigosas que colocam em risco sua perpetuação ou seu equilíbrio. Não existe quem não conheça um determinado número de assassinos ou de indivíduos imorais. Qual é o ponto máximo de tolerância que essa comunidade pode estabelecer em relação a isso? Ela tolera bem alguns chefes insignificantes, déspotas, parasitas publicitários e administrativos que a contaminam com suas baixezas e a sobrecarregam com complicações inúteis! Mesmo o melhor dos coletivos não permite em seu meio o máximo possível de riscos? O melhor dos mundos possíveis pode ser definido por esse limite de tolerância. Da mesma forma que a melhor das vidas se expõe, a melhor das sociedades abre as comportas desse limite.

Quando para resolver a questão do Mal, Leibniz refere-se aos acordes de sétima, compostos de desarmonias cujas variações dissonantes não reduzem, mas ampliam os acordes do conjunto, musicalmente ele se aproxima de minha solução bioquímica referente ao queijo. Fazer da necessidade uma virtude implica a aculturação do que é considerado impossível de erradicar, como a tolerância em seu sentido mais complexo. Todo o trabalho consiste em manter o mal nesse limites de aculturação.

A experiência em geral

O que aqui denomino experiência moral, como uma relação não violenta e avaliada em relação ao mal, assemelha-se verdadeiramente à experiência *tout court*, ou seja, a experiência que se pode ter da vida e da natureza. Para qualquer elogio que você ouça, qualquer amor que professe em relação ao mar, à montanha, ao deserto, aos pântanos, às plantas e aos animais, a natureza não se conduz nem como amiga dos homens, nem mesmo como seu simbionte. Por meio de suas ondas, do fogo e do tufão, do envenenamento ou destruição, ela mata tão tranqüilamente quanto os homens sérios são execrados ou quanto a águia devora o cordeiro. A natureza não perdoa qualquer erro.

Toda cultura humana emerge da administração adequada e simultânea de sua violência, da violência dos homens e da devastação da natureza. A recomendação de obedecê-la para poder comandá-la não preside somente a experimentação científica, vale também para as artes do fogo, a colheita, a caça, a pesca, as técnicas em geral, a agricultura, a criação, a forja, mais ainda para a medicina e, finalmente, para a moral; em resumo, ela vale para a experiência em geral. Toda cultura é decorrente da gestão paciente e longa, local e temporária, da compreensão e de negociações tão infinitas quanto aquelas que recomendo em relação à parte maldita impossível de erradicar. Você não conseguirá destruir completamente a natureza, assim como a parte maldita nunca será totalmente erradicada. Não importa qual seja a densidade das paredes que encerram você na cidade ou em seu próprio quarto, esses abrigos tão protetores e seguros que permitem que sua vida se desenrole de maneira asséptica e "cultural", mesmo assim, a violência do vento e do sofrimento sempre se infiltram por alguma fresta, pela qual entra simultaneamente a violência da perversão humana. Todo hábitat se constrói sempre em conjunto e sem interrupção. A cultura e a moral sobrevêm num mesmo momento e por um movimento semelhante. Com certeza, não existe proteção contra as enfermidades como as que existem contra as tempestades, nem contra um assassino como as que existem contra um golpe de vento. A cultura, porém, nasce porque se preparou contra um ataque. Ela emerge dessa prudência que consideramos própria ao pai de família, cuja sabedoria administra as constrições da natureza, a vida e suas mórbidas bactérias, os homens e sua violência. A cultura nasce desses tipos de simbioses voluntárias.

O filósofo recomeça a construí-la todos os dias; ele vive essa tríplice experiência e somente com seu exemplo pode ensinar a solução mínima para o problema do Mal.

A Caixa-Preta

A imensa generalidade da miséria visível e experimentada sobre a Terra corresponde à universalidade demonstrável do Mal. Tudo se passa como se as variadas vicissitudes das histórias culturais, políticas e sociais carregassem em sua extravagância multicolorida um invariante fixo e silencioso até o momento irredutível, um carimbo feito por um ferro em brasa. Qual grupo, civilização, momento do tempo humano ou lugar do espaço que efetivamente não conheceu um agregado de escravos arrastados por seus próprios semelhantes a estados de miséria, a um abismo vertiginoso que se abre a seus pés? Atualmente, qual a democracia ou pretensa ciência que não procura apagar da lembrança essa caixa e esses buracos negros? Por meio desse prognóstico infamante, você pode reconhecer nossas sociedades humanas-inumanas. Como aves migratórias, nossos coletivos atravessam a história transportando essa caixa escondida sob seus ventres. Um crime da humanidade contra si mesma é o que define a humanidade. Será que valeria a pena uma hora de dor por uma filosofia, se ela não fosse capaz de oferecer a esperança de um coletivo que não assassinasse uma parte de si mesmo?

A definição de homem jaz no interior dessa caixa e desse buraco negros e permanecem inacessíveis em virtude de determinadas condições. Eles não são objetos comuns. Para saber o que acontece dentro deles é preciso entrar, não apenas abri-los do exterior, mas penetrar e permanecer dentro deles durante um longo tempo. É preciso viver neles e sobreviver dentro deles. É necessário ter sobrevivido a essa morte e a esse crime perpetrado pelo coletivo como tal.

Além do mais, essa caixa-preta se conduz como um buraco negro: os mais canalhas entre os homens não se preocupam com os ricos, sempre muito bem protegidos. Eles roubam, violentam e exploram os mais pobres que vivem sem qualquer defesa. Dominados pelos invencíveis chefes de bandos, máfias e pequenos déspotas desprezíveis, a miséria vive na pior das violências. Punir com maior rigor os fracos que atacam os ainda mais fracos que eles deveria ser o primeiro artigo de uma declaração dos deveres do homem. Esse artigo poderia ser aplicado a muita gente, inclusive aos poderosos.

Miseráveis

Os campos de extermínio ou de trabalhos forçados, as prisões e favelas, o acúmulo de indivíduos em condições aviltantes revelam sem qualquer artifício a verdadeira realidade da condição humana: esse é o homem em sua condição de indivíduo anulado, ferido, aniquilado em sua essência; esse é o homem identificado como um coletivo denso e fechado, ambos levados à incandescência por intermédio de um curto-circuito.

O hospital, usina de corpos sem nome vestidos com penhoares, sobre leitos ou cadeiras de rodas, o dormitório fedorento dos antigos liceus, o pátio de recreio da escola, centro de brincadeiras violentas, os alojamentos em que as tripulações dos navios balançam suas redes, a prisão com suas celas superlotadas e as cidades superpovoadas, acumulam pilhas de seres heteróclitos. Experiência decisiva: viver nesses lugares restritos, densos de diferenças incompatíveis é o mesmo que descer aos infernos.

Obrigar singularidades tão diversas quanto as das espécies animais a se associarem numa homogeneidade impossível é o mesmo que amontoar lobos, cordeiros, leões, cabras, bezerros e touros e criar uma selva em que a ausência de leis acarretaria uma ampliação dos sofrimentos que poderia redundar num atalho rápido para a violência. Esta é uma das dores indescritíveis da miséria. Meu sofrimento singular no hospital, minha dor particular na prisão, minha inteligência adequada ao pátio de recreio da escola, minha idéia pessoal da guerra e da paz, meus sonhos íntimos quando adormeço no dormitório coletivo são diferentes dos outros, assim como meu corpo é totalmente diferente do corpo de meu vizinho, de tal forma que mesmo a proximidade imposta por esse tipo de acúmulo forçado de gente exige heroísmo e piedade, sem os quais ocorreria um imensurável crescimento da miséria.

O acúmulo forçado de seres humanos exacerba a condição de indivíduo até o ponto de uma luta agônica que, ao emergir de forma superaguda, choca-se com a condição do homem genérico. Nessa multidão, meu rosto e meus membros, minha fome, minha angústia e minha dor, minha violência e meus sonhos, meu odor e meus dejetos colidem entre si da forma mais implacável possível. Juntam-se contraditoriamente aqui o indivíduo inimitável e o gênero comum, duas definições do homem, uma concreta, outra abstrata. Existimos simultaneamente como seres vivos ou sujeitos singulares em virtude do corpo e da percepção. Por isso, somos entendidos como gênero ou espécie reconhecíveis e classificáveis. Empilhar os corpos dessa maneira nega simultaneamente duas definições que se interpenetram mutuamente, visto que a acumulação uniforme reprime a pessoa que se surpreende ao perceber que possui traços tão pouco comuns com seus semelhantes e, com freqüência, passa a se considerar como oposta a eles. Ao contrário, quem sofre essa miséria experimenta duramente a necessidade dessas duas definições e das duas dignidades, a do singular e a do gênero, tão cruelmente reprimidas. Experiência indireta, única e trágica dos dois universais humanos. Somente o miserável conhece o verdadeiro homem. Além disso, ele reconhece o nós por tê-lo observado de uma posição de inferioridade. O sociólogo conhece menos a miséria do que o miserável a sociologia.

Com que candura a glória, a riqueza, a ciência, o poder, a política e a cultura ocultam esse saber de base que a miséria iguala e vivencia diretamente. Em conseqüência disso, a miséria possui um status metafísico, ou pelo menos metaistórico, desconhecido das ciências, das políticas, das culturas e dos poderes instalados desde o começo do mundo para evitar sua brutalidade ou, pelo menos, para se protegerem dela. Como poderiam eles ter evitado a cegueira diante dos fatos? Certas culturas dão mais importância ao indivíduo, outras ao grupo, invariavelmente considerado como o único humano, mas, que eu saiba, nenhuma delas se empenhou em compreender num mesmo tempo e lugar a espinhosa contradição da singularidade individual e do gênero comum. Ela só pode ser encontrada na miséria.

Sobre Deuses *e* Homens

O processo de hominescência desenvolve uma cultura em que o crescimento contínuo da esperança de vida indica uma esperança mítica de imortalidade no horizonte-limite desse progresso regular. O banquete perpétuo do consumismo, a ubiqüidade da presença virtual sobre os canais de comunicação, a farmácia de analgésicos e um sentimento de poder total sobre as técnicas de controle das energias fracas ou fortes levam-nos a comparar os fantásticos habitantes do Ocidente aos antigos deuses dos latinos e dos helênicos. Tudo aquilo que os gregos sonhavam, o final do século XX realizou: acabamos de atingir o panteão politeísta. Essa religião fabricava deuses por meio de sacrifícios sangrentos. A perpetuação do crime perpetrado contra os miseráveis, somada à representação cotidiana nas mídias do sacrifício humano, mortes, guerras, atentados e terror acentuam essa comparação até quase chegar ao ponto de uma identidade; ao fabricar diariamente deuses a partir do sangue derramado, voltamos ao politeísmo mais arcaico no qual esses ritos abomináveis evocavam as divindades. Do alto de sua montanha esses deuses riam continuamente dos mortais.

A divisão da sociedade e as lutas de classe não são mais suficientes e nem de longe servem para descrever nossos coletivos em vias de mundialização. Nos dois séculos precedentes, os adversários definidos por essa divisão pelo menos lutavam sobre um terreno comum, o terreno do trabalho e da produção partilhados hoje de maneira diferente. Doravante entre o Ocidente e o terceiro e quarto mundos, a cisão alcança dimensões tais que, para compreendê-las, devemos reconhecer nelas o abismo cavado pelos mitos: os ricos se banqueteiam no topo do Olimpo, enquanto os condenados à morte guerreiam corpo a corpo; deuses obesos comunicam-se facilmente com todos os pontos do espaço sem perder tempo e se entopem de remédios ambrosíacos contra a saciedade. Enquanto isso, a imensa multidão de mortais perde a esperança de viver algumas horas de paz, sem fome e sofrimento. A distância entre esses dois mundos pode ser medida segundo os novos espaços previstos pelas teogonias arcaicas.

Os próprios gregos reconheciam que apenas os mortais detinham o segredo e a essência da humanidade que os deuses haviam perdido. Os antigos sabiam sem qualquer dúvida o que nós esquecemos: que entre a condição mais precária de miséria e a todo-poderosa condição divina, o humano associa em si a fraqueza e a fragilidade. Talvez também tenha sido por meio dessa fábula que descobrimos que as coletividades somente escrevem a história de seus melhores representantes; esses só descrevem os costumes daqueles que vivem em condição superior. A verdade de nossa condição situa-se nos mais baixos vales nos quais a morte e a miséria atuam sobre o corpo humano. Desde que os deuses se empanturram sem ter fome ou sede, que afastam de si mesmos a dor e a morte, apenas os homens no terceiro e quarto mundos passam a existir. A história só existe e faz sentido neles e por eles. Assim como acontece no interior dos grupos restritos, com a mundialização o homem também se esconde debaixo das pontes e em favelas, passando a integrar o mundo imensamente majoritário dos mais pobres. Recém-chegados ao topo do Olimpo, os deuses perderam o sentido que, desde então, só provém da caixa-preta da miséria, de onde se ouve uma imperiosa súplica, a autêntica voz do humano. Sob a mesa repleta de delícias, essa caixa não recebe nem mesmo as migalhas do banquete; muito pelo contrário, a toalha branca incumbe-se dos ingredientes importados que os deuses ainda arrancam da boca dos mortais. Ao subestimá-la, esses imortais exacerbam seu conteúdo sombrio e, sem o saber, enchem de explosivos o buraco negro de violência. Irritados, eles se espantam quando ele explode.

As *duas mãos invisíveis*

A caixa-preta permanece intocada contanto que ninguém a abra. O pastor Gygès só se fez rei ao manipular um anel que o tornou invisível; ou seja, todo mundo ignora a origem e o fundamento do poder. Cada um dos três cegos de Compiègne acredita que um dos outros dois recebeu a esmola da mão caridosa e pérfida, ou melhor, da boca que anuncia a dádiva; em outras palavras, todo mundo permanece cego ao laço social ou àquilo que o substitui. Velhas como o mundo, essas histórias mostram que, no coletivo, existem forças que dificilmente podem ser acessadas. As teorias econômicas confirmam essas afirmações e esses mitos: Adam Smith considerava invisível a mão que regula e organiza o Mercado. Minhas imagens da caixa-preta e do buraco negro não dizem muito mais do que esse braço desconhecido que, por sua vez, não sabe muito mais do que esse trio de cegos e esse rei-pastor momentaneamente eclipsado. No coletivo ele permanece inconsciente.

A invisibilidade dessa mão, a que me referi anteriormente, permite a cada um recusar qualquer responsabilidade; ninguém dispõe nem do cérebro, nem do braço que a move. A quem imputar as catástrofes econômicas que semeiam a fome entre os miseráveis? Nem a um, nem a outro, mas às entidades globais: Bolsa, Mercado, Moeda. Em face dessa ausência ativa, a caixa-preta continua passiva e sombria, ninguém a toca, ninguém a controla; em virtude disso ela conserva sempre a mesma invisibilidade. Ela explode, então, de maneira imprevisível: os atos terroristas simetrizam perfeitamente o sentido da mão invisível que Adam Smith considera, com razão, inacessível aos indivíduos. Munidos dessas mãos invisíveis, o Mercado enfrenta doravante um buraco negro dotado de braços também invisíveis.

No passado, as guerras e lutas eram claras, declaradas, juridicamente notórias, opunham entre si nações e classes definidas e distintas. Conceitos do direito e da política, esses conflitos terminavam por meio de armistícios e tratados, textos também redigidos nos termos do direito. Que novo conceito permitirá pensar a oposição dessas duas invisibilidades, o punho do terrorismo e a mão do mercado, nesse momento de não-direito?

Solução local, mais uma vez

Até esse momento o mito grego tem funcionado: os deuses estimulavam os homens a guerrear. De tempos em tempos, Atena e Poseidon apareciam para os mortais a fim de que o ódio entre eles aumentasse ainda mais; o combate dos gigantes contra os deuses criava uma oposição entre as divindades ou entre os gregos e troianos, os mortais se entregavam à morte. Qualquer conflito vertical entre imortais e mortais permanecia, porém, inconcebível. Atualmente, dilacerados sobre superfície da terra, os mortais ouvem deuses voarem a seis mil metros de altura para dispararem suas metralhadoras sem qualquer risco. Os gregos não chegaram até o fim de seus mitos.

Por um estranho retorno, iremos nós assistirmos ao fim do politeísmo moderno, à segunda morte dos deuses? Os últimos séculos mataram o único deus dos monoteísmos. Teriam eles compreendido que ao fazer isso eles estavam reinstalando o velho panteão dos deuses olímpicos? Costuma-se afirmar que durante os últimos cinqüenta anos, embriagados pela ambrosia, nos banqueteamos como fizeram os deuses. Irão os mortais famintos arrancar a toalha e virar a mesa? Em sua profundidade, a história das religiões conseguirá recuperar a história comum cujo caráter é tão superficial? Esse fim global nos ameaça.

A fim de evitá-lo, poderemos algum dia apagar essa mancha negra situada no âmago dos grupos? Não sei se existe uma solução global para esse problema, o pior de todos. Sei, porém, que a língua francesa faz uma distinção entre pobreza, indigência e miséria. A miséria e a indigência implicam falta de alimentação e habitação; a pobreza tem fome, mas dispõe de um teto. Doravante devemos compartilhar a pobreza; não em virtude das abundantes riquezas, mas de uma pobreza superabundante. O resultado da soma de riquezas imensas e extraordinárias com uma miséria que se multiplica rapidamente equaliza uma pobreza mediana e compartilhada. Modesta e local essa solução rapidamente se imporá tendo em vista os índices estatísticos disponíveis. A partir de hoje, a pobreza torna-se uma virtude ética, uma necessidade política e constitui o fundamento da filosofia.

Trabalho preliminar da descoberta

Afirmei que a história e a cultura são superficiais. Aprofundemos essa questão um pouco mais. Os trabalhos públicos começam sempre sua exploração a céu aberto pela descoberta, nas escavações das minas, pela retirada a golpes de buldôzer, com a extração pela grua e o transporte por caminhões do húmus vegetal ou adubo, da areia fina e da rocha calcária da camada mais ou menos densa que recobre o mineral: areia, pedra ou metal rentáveis. Por ignorar esse sentido, bem conhecido nos canteiros de obras, falta aos autores dos dicionários a experiência de haver conduzido os guindastes de carga apropriados a esse trabalho. Quando o cobre se esconde sob as rochas, a primeira coisa a fazer para descobri-lo é retirar tudo aquilo que o recobre.

Certos filósofos conduzem assim os propósitos que definem como radicais. Descartes dúvida de tudo, sem qualquer exceção; Leibniz apreende o mundo em sua raiz; Husserl constrói a *époché* fenomenológica. Ao destituir todas as coisas de suas aparências usuais ou mentirosas, ao remontar a uma espécie de origem pura que o tempo teria maculado, essas bravas gentes vão em busca de um segredo que se oculta em meio ao cenário, como um garimpeiro de ouro que livra a pepita da sujeira que o rio, a terra e o tempo deixaram sobre ela. Eles se perguntam: o que acontecerá quando o real for desvelado como tal por meio da descoberta, o que verei, o que pensarei e como viverei depois dela?

Os filósofos citados compreenderam a necessidade de um trabalho preliminar no qual um jato de ar comprimido ou de ácido afasta essas camadas exteriores antes de descobrir o verdadeiro mundo, os outros e o pensamento.

Na verdade, quem realiza o trabalho?

Esse desenraizamento do local é sempre difícil, freqüentemente doloroso e, sem dúvida, não há lugar, a não ser na miséria extrema, onde não exista entre o corpo e as coisas mais duras do mundo algo que possa servir como um colchão macio feito de dinheiro, glória, doçura e ilusão. Suponhamos que esses pensadores jamais tivessem tido a coragem, autenticamente filosófica diga-se de passagem, de dar um passo cujos limites foram ultrapassados pelos cínicos e pelos franciscanos. Diógenes em seu tonel, São Francisco nu em praça pública ou em êxtase na Porciúncula, demonstram muito mais lealdade; esta palavra deve ser entendida simultaneamente como a ausência de mentira e uma certa legitimidade quanto à radicalidade. Ela se encontra muito mais presente neles do que em Descartes, famoso nos salões desde tenra idade, que meditava em meio ao cenário de seu quarto aquecido, do que Leibniz em sua biblioteca percorrendo a Europa dos grandes e do que um certo professor de universidade, repetido e divulgado pelos grupos que o seguem que nada mais são do que pálidos e pequenos clones seus. Dúvida, *époché*, ações radicais com certeza dissolvem algumas concepções tolas, mas empreendem uma economia de escolhas das quais eles conseguem se ver livres, com o único intuito de garantir para si próprios hábitos, nutrição, habitação e notoriedade social. Enquanto não tivermos deixado de lado o dinheiro que compra tudo e, por isso, denominado equivalente geral, não abandonamos nada. "Enquanto não se tiver dado tudo, não se deu nada."

Vestido com um traje de lã grosseira, bebendo água dos riachos, mendigando o pão pelos caminhos e passando por vagabundo sem serventia, sem abrigo nem domicílio fixos, o franciscano não finge como nós filósofos, que não criticamos nem ligamos para as aparências, isso porque ele faz parte dos miseráveis, únicos a enxergar os homens e o mundo como verdadeiramente são, em pleno sol, ele mesmo percebe o lado sombrio da glória de Alexandre e compreende claramente o canto dos pássaros, o uivo do lobo, a limpidez da água e a transcendência do Verbo. Os *Fioretti*[29] e seus legendários animais chegam ao sentido e à verdade de maneira mais autêntica que as mencionadas *Méditations* [Meditações], sejam elas carte-

[29] *As pequenas flores de São Francisco de Assis*, nome dado a uma coleção clássica de lendas sobre a vida desse santo que datam do começo do século XIV. Em certo sentido sua autoria pode ser considerada anônima, pois é um patrimônio nacional da Itália. (N.Ts.)

sianas ou minhas. Voltar à essência das coisas exige que se atire ao fogo a camisa e os sapatos e que se parta rumo a ela munido simplesmente do corpo.

A filosofia nascerá dessa miséria.

O Universal

A Grande Narrativa revela a universalidade do tempo ou, mais concretamente, o tempo do Universo. Alguns lugares da Terra ocultam e exibem as marcas dessa duração global. A desdiferenciação de nossos corpos assegura-nos o acesso ao Universal. Algum aspecto desse Universal revela-se, por vezes, num quadro, num trabalho ou numa cultura. Acabo de lamentar a Universalidade do Mal.

Vamos tentar esclarecer o sentido da palavra universalidade, tantas vezes repetida, de emprego difícil e que significa exatamente: "seguir rumo a um ponto comum (*versus*) para que seja formado um conjunto único (*unus*)". Um campo de forças, um cardume de peixes, um bando de patos ou uma divisão de infantaria que seguem na mesma direção, cada um de seus elementos em posição paralela ao outro. Da mesma forma, num estado sistêmico tudo se deduz de um princípio. Posso pensar de maneira coerente ou obsessiva, mas meus amores continuam fiéis.

Existe também um estado de distribuição, no qual os elementos divergem: o movimento browniano das moléculas de um gás, a agitação de uma tempestade, ou mesmo de um desorientado cardume de peixes, de um bando de estorninhos, de uma multidão em pânico, de meus pensamentos esparsos, de seus sentimentos caprichosos.

Observem: a semente brota, murmura e grita; o mar cintila e varia sob os diferentes ângulos dos raios solares, numa seqüência de ondas suaves e intensas que se movimentam, entrecruzadas por correntes. Estamos diante de um segundo estado de coisas em movimento; ele é caótico, policrômico, perpassado por múltiplos ruídos de coisas que se deslocam. Na ausência do vento, o oceano tranqüilo, sem ondas, cor de chumbo translúcido repousa sob a lua e o sol. Esse é o primeiro estado branco, estável, silencioso e incandescente.

O que denominamos coisas inertes, o mar, a Terra, o Universo, o céu e as paisagens, o tempo, os seres vivos, nós e nossa história, as culturas e os conhecimentos, a abstração e a experiência, você, eu e nossa alma, tudo isso constitui um turbilhão que perpassa esses dois estados anteriormente referidos. Este livro faz a mesma coisa.

Rumo à Raiz do Universal

O que existe antes que eu tenha dito: "Eu te amo"? O outro descobre em nós poderes que nem sequer desconfiamos possuir, como se vivesse muito mais próximo de nós do que nós mesmos. Como quando nos dirigimos a uma outra pessoa e descobrimos coisas que, sem essa iniciativa, jamais saberíamos sobre nós mesmos. Afinal de contas, não descobrimos nada a nosso respeito de outra maneira? Sim, a relação cria o ser.

Quem sou eu? Para explicar isso, por que utilizamos expressões como *estar-com* ou *estar-para*? Quer estejam sozinhas ou em companhia de outras, as preposições são suficientes para tecer uma rede de sentidos espacial, temporal, móvel, original e flutuante, um estado de coisas em movimento ou incandescentes que perpassa, revela, ilumina e inflama o sujeito, mesmo sem um verbo branco que as preceda. Adiciono ainda as preposições *de, a, com por* e *para*, associo-as e apresento-as de forma que essa combinação dinâmica, sempre zebrada de uma pluralidade de sentidos, passa a caracterizar nossa singularidade; coloco em condição de igualdade, embora em dosagens e funções variáveis, as preposições *sem-com-para-por.*

Ao carregarem de significação os sentidos espacial e temporal que designam, um pouco como as pedras servem para construir um muro ou como os átomos fabricam os objetos inertes ou vivos, as preposições não constroem apenas a linguagem. Essas pequenas peças elementares de língua, esses átomos de significação também são responsáveis pela composição dos sujeitos. Quando dizemos "a relação", substantivamos inutilmente, abstraímos o conjunto dos atos que as preposições *de, com, para* descrevem ou realizam concretamente. Sem dúvida, a relação cria o ser; mais que isso: as preposições criam o sentido da linguagem e o sujeito que fala.

Abandono

Esse sujeito começa branco, sem nada, abandonado pelo eu, numa situação que terminará igualmente por outro abandono. Com certeza, nossa mãe ou o próprio Deus, a natureza ou a espécie, alguém a quem amamos acima de tudo nos dá algo — quem dará um nome a ele ou a ela?— mas nos concede também a separação, o banimento, o adeus, a liberdade e a solidão, em resumo, o abandono. Esse alguém nos dá algo e nos abandona. Mal acabou de nascer, o eu-sem esvazia-se numa luta agônica; ele é um sobrevivente. Antes e depois de todas as coisas, pensamos, agimos, escrevemos e dormimos imersos no sofrimento lancinante do sem. Adoro o fato da palavra inglesa *without* ser uma escolha para se afirmar que aquela ou aquele com quem eu prazerosamente convivia, vive geralmente alheio a essa minha convicção. Sobrevivo com a ausência simultaneamente imanente e transcendente. Antes de aprender que vivemos *de*, com certeza a palavra mais usada pela língua francesa e, por isso, considerada nobre, vivemos a experiência de sobreviver *sem*. Esse abandono caracteriza de imediato um sujeito dilacerado, ferido, totalmente perfurado, sem relacionamentos, um sujeito nulo, que assume a forma de um zero; o termo *sem* indica a ausência de todas as outras preposições. Novamente a indiferença, a desprogramação.

A *conversação*

Gosto de termos como contratempo ou reencontro, formados simplesmente por essas preposições. Vejamos um outro caso: quando uma conversação se torna animada, ela amplia suas metamorfoses e congrega a vertigem e as adversidades da troca, o que implica transposições, contradições e mesmo alterações diversas ou perversas decorrentes do não-sentido para tentar convergir para o universal, ainda que isso raramente aconteça. Vocês notaram que essa frase varia sobre uma única família de palavras, ou melhor, em torno de sua raiz comum: *vers* [rumo a]. Como um bando numeroso de estorninhos que rapidamente se reúnem ou se separam, mas circulam sempre ao redor de pólos variáveis, a conversação associa (*cum et vers*) uma multiplicidade de interlocutores atentos e comunicativos que assumem, cada um por sua vez, o papel e a função de centro.

 O verbo latino *vertere* significa "transformar" ou "voltar-se", "mudar", mas por vezes significa também "traduzir". As palavras francesas derivadas dele podem designar uma só direção (avertir, vers e adversaire, [advertir, rumo a, adversário], representada pela expressão anglo-latina versus). Conseqüentemente, a mudança dessa direção (inversion, subvertir, versatile, conversion) [inversão, subverter, versátil, conversão] designa, enfim, uma gama de possibilidades de sentido que podem ir do diverso ao universal. O sentido espacial, temporal ou semântico é produzido e organizado, dispersa-se e se concentra, totaliza-se ou perde-se na conversação assim como no bando de estorninhos.

Rumo a: a produção do sentido

Como a flecha de um vetor e seu ângulo de inclinação sobre o horizonte, em francês, *vers* [rumo a] vai e volta, desencadeia simultaneamente uma translação e uma rotação, segue na direção exata de seu objetivo, mas em decorrência de sua origem latina ela muda de direção. Percorrer num sentido, mas simultaneamente mudar de direção parece, em princípio, algo contraditório. Na geometria, deparamos com as chamadas coordenadas polares nas quais as direções são geradas por uma mudança de direção e a engrenagem dos sentidos produz todos os sentidos, como se um leque tivesse sido aberto. Observem novamente, desta vez na gramática, duas formas em oposição, a prosa e o verso, cuja etimologia emana da mesma palavra *pro-vorsus* e *versus*. Da mesma maneira que, no pião e na bússola giroscópica, a agulha se mantém mais fixa à medida que sua velocidade de rotação aumenta.

Afirmamos igualmente que uma linha é vertical porque, sendo reta, ela também se transforma num eixo de rotações no plano horizontal; uma vértebra que alinha e mantém a postura permite ao corpo virar-se, debruçar-se para frente ou para o lado. O vetor tem uma direção, mas em torno dele organiza-se um leque de vetores de direções diferentes. Ele possui um sentido, mas gera todos os outros sentidos. Duas serpentes enrolam-se sobre o eixo do caduceu, atributo de Hermes. Estamos diante da direção correta do mensageiro veloz. Essa mesma direção cruza-se com os percursos empreendidos pelo tradutor, com as sutilezas comerciais e as astúcias do ladrão. A hélice do ADN segue essas duas serpentes. Esses exemplos que vão do formal ao real, do inerte ao ser vivo, da linguagem às próprias coisas ocupam ou geram o Universo?

Comunicativa, a marquesa sugere temas de conversação e, diante da primeira impostura, obstáculo ou silêncio, ela muda de assunto com discrição e habilidade, oferecendo um outro tema que ela deliciosamente desenvolve ou encerra de maneira rápida, de acordo com a situação. A conversação versa sobre algum tema. Um leque de possibilidades abre-se ao redor do locutor central que estabelece uma relação instantânea com todos os outros. Esse centro de discussões varia de acordo com as interrupções e as reações dos interlocutores, sua direção muda mil e uma vezes como se leves plumas flutuassem em meio ao burburinho do salão? Os estorninhos se concentram num determinado pássaro e, logo em seguida, se afastam para se reunirem em torno de um outro; seu vôo pulsa? Suas evoluções caóticas servem para frear ou para ajudar os outros pássaros a bater asas e seguir rumo ao objetivo final de sua migração?

"O instinto leva os estorninhos a aproximar-se sempre do centro do grupo, enquanto sua rapidez de vôo os conduz incessantemente para o lado oposto; reunidos pela tendência comum de seguir rumo ao ponto imantado, essa multidão de pássaros não cessa de ir e vir, de circular e de entrecruzar-se em todos os sentidos formando uma espécie de turbilhão extremamente agitado cuja totalidade, sem ter rumo certo, parece possuir um movimento evolutivo geral sobre si mesmo, decorrente dos movimentos particulares de circulação próprios a cada uma de suas partes, na qual o centro, sempre pressionado, tende a propagar-se infinitamente. Repelido pela força contrária das linhas circundantes que recaem sobre ele, esse centro torna-se cada vez mais compacto do que qualquer uma dessas linhas que, por sua vez, ficam tanto mais comprimidas quanto mais se avizinham do centro. Apesar dessa forma singular de turbilhonamento, os estorninhos não deixam de cortar os céus com velocidade extraordinária e, a cada segundo, ganhar um considerável terreno, precioso para o fim de sua fadiga e o objetivo de sua peregrinação" (Lautréamont, *Cantos de Maldoror*, 5º canto, início, José Corti, 1963, pp. 285-286).

Por pudor ou timidez, ao mudar de assunto, passamos das digressões sobre pássaros à prudência dos subterfúgios, mas nossa conversação dirige-se cegamente rumo ao extraordinário atrator para o qual se encaminha nosso destino.

A *conversação da filosofia*

No texto de Lucrécio, no momento em que a física nasce, uma densa chuva de átomos cai e alguns deles se afastam: inclinação e ângulo vertiginosos de queda das águas, vertente inicialmente vertical e, em seguida, inclinada. Dos dois sentidos associados à preposição *vers* [rumo a] surge o vórtex de translação e de rotação no qual e por meio do qual os elementos são deslocados em tempos sempre incertos, quase ao acaso; as próprias coisas nascem dessas turbulências vertiginosas, e quando mudam sua dimensão o Universo finalmente nasce. A gênese do mundo por meio desses turbilhões, em cujo cerne as escalas se transformam, ocorre paralelamente à gênese da geometria, da mecânica dos fluidos e da gramática: as coisas aparecem da mesma maneira que o sentido.

A partir dessa preposição, da situação espaço-temporal designada por ela, das posições, movimentos e variedades que ela esboça para os átomos inertes, para o caminho aéreo dos migradores e para as marquesas comunicativas, a partir das modificações e transformações que explica e descreve, observa-se que muitas coisas da vida e do discurso, assim como das ciências e da filosofia, são conseqüências delas mesmas: conversão, logo *Tradução,* a primeira profissão de Hermes; diversão, logo *Détachement* [Desapego]; indicações e *Signaux* [Sinais]; vertentes e diversidades multicoloridas, *Corps mêlés* [Corpos misturados]*;* tudo isso circula desde o *Communication* [Comunicações] até o *Statues*[30] [Estátuas]: mesmo que temporária, toda estabilidade, eixo de bússola, indivíduos ou espécies vivas mantêm um movimento turbilhonante no qual se combinam os dois sentidos de *vers* [*rumo a*] como se essa turbulência tivesse o efeito de frear a passagem irreversível do tempo e o crescimento da entropia, como fariam um suporte de informação ou uma ilha de neguentropia. Vivemos, existimos e pensamos como esses suportes, evidentemente trespassados por eles, como turbilhões que conseguem reter um pouco o tempo. A vida e o sujeito aparecem do mesmo modo que o sentido e as coisas.

Detenhamo-nos um pouco sobre uma imagem: para simplificar ou fixar as turbulências cujos movimentos seguem leis tão caóticas, imprevisíveis e determinadas tanto quanto uma conversação, desenhe uma estrada e sobre ela uma interseção; esboçada sobre uma variante regulada pela preposição *vers* [rumo a], a estrada segue uma direção que, por meio de alterações circulares, em determinado ponto divide-se em três ou quatro sentidos que irão assegurar a *Distribuition* [Distribuição] perfeita de alguns deles, previamente escolhidos. Em geral, é assim que a totalidade das coisas se articula. Retomada do movimento: se você movimentar outra

[30] Michel Serres amplia sua argumentação fazendo uso dos títulos de seus próprios livros. (N.Ts.)

vez esses alamares, circuitos e junturas, irá identificar o fluxo dos turbilhões dos seres vivos, dos bandos de pássaros e das conversações.

O conjunto móvel da seqüência, das sobreposições, dos desdobramentos e da soma desses *vers* [rumo a] converge para o Universal, assim como a totalidade radiante dos variados sentidos lineares segue rumo à suavidade do plano, a totalidade das inumeráveis direções, rumo ao volume, a totalidade das cores, rumo à incandescência, a das preposições, inclinações, flexões e conjugações, rumo a uma língua, o conjunto das ciências, rumo à Grande Narrativa e o mosaico das culturas, ao seu geometral, enfim, tudo que é concreto segue rumo à abstração: qualquer um dos dois estados de coisas que acabo de ressaltar, tende um para o outro. Como ocorre no livro *Passage du Nord-Ouest*,[31] um pouco antes dessa totalização perfeita, antes mesmo que o Incandescente vibre com todas as suas tonalidades cromáticas, efetivam-se o itinerário cuja direção não cessa de mudar e o turbilhão, em sua heterogeneidade constituída de milhares de sentidos.

Assim como a natureza física ou, melhor ainda, como a natureza que se manifesta no ser vivo, a linguagem oculta as mudanças de dimensão em meio às turbulências que integram seus múltiplos sentidos: do pequeno ao grande, do indivíduo alado ao vôo coletivo e vice-versa. A conversação gira como esse turbilhão, como se cada um se empenhasse febrilmente em provocar uma reviravolta na circularidade de sentidos, assim como também no papel, lugar ou posição que ocupa nesse circuito do acaso: em meio às intensas e surpreendentes emoções da fusão comunal, o eu, o tu, o ela e o ele passam a ser nós ou, de maneira inversa, a moeda invisível do coletivo manifesta-se ruidosamente e se perde em meio às querelas. Podemos nos perder em meio a esse ruído. Mergulhamos na turbulência dos pequenos átomos de sentido para dela ressurgirmos reunidos ou separados: são as inversões, diversões, perversões e subversões, é a tola dialética da controvérsia entre adversários que se desfaz na atmosfera dessa rede flutuante, como uma situação particular que continua a repetir palavras derivadas da mesma preposição; de modo semelhante, a resolução do problema criado pela inconstância dos sentidos na unidade nos faz saborear de maneira surpreendente a harmonia universal.

Nesses dois últimos limites, encontramo-nos diante de uma filosofia que possui como casos singulares Hegel e Leibniz. Em conseqüência disso, ela está apta a compreender melhor o tempo, a vida e a história do que esses dois filósofos o fizeram.

[31] Michel Serres, *Hermès T5 – Le passage du Nord-Ouest* [A passagem do Nordeste], Paris, Éditions Minuit.

*

O processo de abstração filosófica assume como modelos a gramática e a geometria. Platão, Descartes ou Spinoza seguem comumente a demonstração rigorosa da geometria, enquanto Aristóteles, Hegel ou Heidegger, por exemplo, confiam na linguagem. A divergência entre essas duas linhas de pensamento existe há dois mil anos.

Para descrever os diversos acontecimentos da conversação, utilizei uma rede flutuante, o grafo e o processo caótico, ambos descritos pela palavra invariável: *vers* [rumo a]: para a gramática, o termo preposição pode ser aceito como sinônimo de situação; para a geometria, a palavra *analysis situs*, que anteriormente designava a topologia, pode ter o mesmo sentido. No espaço, as duas linhas convergem para a língua. Que o tempo as una e a vida possa surgir delas.

Utilizo-me desse processo de abstração que pode ser denominado topológico, cuja principal característica consiste em delinear as variações não métricas, nesse caso a rede, ou em descrever situações a partir das preposições como ocorre no caso de *vers* [rumo a] nesse exemplo. Essa última parte do método surge para prever e compreender todas as declinações, no sentido das línguas flexionais, uma vez que o uso de preposições substitui os casos nas línguas sem flexão. O processo usual, que se efetiva por meio de conceitos, conduz a uma abstração nominativa ou acusativa que considera apenas os substantivos, nomes e pronomes (o ego, a essência, a existência...) sem declinação, nem caso, unicamente em suas funções de sujeito ou objeto, ou verbos no infinitivo (o ser, o devir) sem conjugação e, muito freqüentemente, substantivados: doravante passo a entender esse processo, tradicional em filosofia, como um tipo de linguagem telegráfica, que, no caso da gramática, procura evitar designações racistas como negrinho ou utilizar gírias; além disso, esse idioma confunde gravemente o métrico e o puro, a medida e a abstração, pois a geometria considera a primeira como equivalente à segunda: assim como a filosofia, a geometria orgulha-se de sua rigidez inflexível. Quem pode pretender tocar piano depois de ter colocado luvas de boxe? É melhor tocá-lo suavemente com as mãos nuas.

Abstrair topologicamente consiste, enfim, em retirar essas luvas grosseiras e ir até mesmo além dos meros toques do piano, que divide o som em unidades arbitrárias, para deixar-se absorver por um plano sonoro refinado e contínuo; consiste em não mais preocupar-se com a medida, que aqui se torna inútil, e redobrar o cuidado com o rigor. Consiste também em perder qualquer tipo de rigidez e falar a língua em sua totalidade; as declinações e flexões, nomes adequados pelo menos em relação à rigidez, esboçam uma paisagem circunstancial em torno da situação nominal como se fossem corolas variáveis arlequinadas e metaestáveis. A abstração tradicional se assemelharia a um quadro feito de átomos privados de suas valências, a números inteiros sem nada a ver com números reais, a uma estátua sem movimento, a um autômato sem tempo, a uma máquina sem vida.

O genitivo e o dativo *de, com* e *a* esclarecem, por exemplo, as situações *parasitárias* e o ablativo *por* e *a partir de* pode datar os *fundamentos.* Proliferam-se assim inumeráveis situações espaço-temporais diferentes daquelas do *por* e do *contra*, centenas de posições afastadas do poder e da sujeição, lógicas diferentes das do pertencimento; flexível e modal, a filosofia finalmente conecta o real e o ser vivo.

O conjunto das preposições em um espaço-tempo esboça a variedade topológica universal cuja configuração orienta minha filosofia.

*

Aqueles que conversam circulam numa rede flutuante de canais que se conectam em nodos ou pontos instáveis; em torno desses centros fluidos, as valências dos átomos aqui considerados agitam-se ou desvanecem como braços instáveis; dir-se-ia que flutuam sobre as águas estagnadas dos pântanos da Luisiana; esses tipos de dendritos são encontrados nos milhares e milhares de sinapses variáveis que se formam e se anulam segundo a transmissão das mensagens. O nodo ou ponto pode ser descrito como um eu, um tu, um ela ou ele, como se a comunicação o declinasse ou como se ele a conjugasse: dativa, a comunicação dirige-se a ele ou ela, genitiva ou ablativa, ela advém dela ou dele, transitiva, ela passa por ele, futura ou passada, situa-se depois ou antes dela, passiva, através dele, com ou contra ela, diante ou atrás dele, entre esse e aquela, sem ele, salvo ou segundo ele, alusivo a ela ou apesar dela. Todo esse conjunto submete-se às leis da substituição. A comunicação se desdobra em múltiplos circuitos, junturas e alamares. Ao variar de posição, o sujeito fica saturado de preposições. Adequadamente denominadas, as pré-posições precedem, constroem e fundam as situações e os sujeitos.

Eis um exemplo simples, se bem que a cena que descreve esteja repleta de sinuosidades; denomino isso de abstração topológica que se efetiva por intermédio das preposições móveis, não creio ter omitido muitas delas. Juntem a isso o próximo e o outro para as comunicações murmuradas ou a comunicação instantânea a longa distância para a topologia do contínuo, da separação ou da proximidade, para o *parasita* ou para as novas tecnologias. Tudo será enunciado a partir dessa abstração. Existe, então, outro universal que não seja constituído pelo conjunto de todas as flutuações da rede aqui descrita ou pela totalidade do espaço das situações indexadas pelas preposições?

Como descrever o conjunto flutuante dessas situações flexíveis sem essas obliqüidades, sem os ângulos que giram em torno da posição exata e que, ao transformá-la, terminam por defini-la? O sentido não depende unicamente da situação, ele lhe fornece sua posição e sua flutuação no tempo. Como descrever a circulação das próprias mensagens sem um tipo de inversão que transforme os pontos em caminhos e estes em pontos como se, repentinamente, os antigos sujeitos começassem a circular rapidamente ao redor das mensagens, conteúdos e posições fixas, como jogadores hábeis que passam a bola uns para os outros? Dessa forma, certas bactérias evoluem e se adaptam ao trocarem fragmentos de seu ARN. Eu lhe envio meu eu, você me transubstancia em você, eles se misturam em nós e neles. Como a *ek-sistence* rompe qualquer posição de equilíbrio e fixidez, ela coloca os sujeitos em situações de movimento, trocas e passagens. A conversação partilha nosso corpo, bebe nosso sangue e os transubstancia. Quem voa? Cada um dos estorninhos, um subconjunto formado por eles, a colônia inteira ou as forças que perpassam o próprio movimento caótico? Quem durante o vôo pode declarar-se sujeito? Nenhum deles, cada um e todos eles, por meio de aparições e ocultações.

Ao mesmo tempo em que inventa conceitos, a filosofia constrói uma língua infinitiva e substantiva da qual ninguém fala sem rir. Ao reconhecer os espaços e tempos que condicionam as posições, ela reconstrói, por intermédio de suas preposições, uma língua capaz de se expressar e que se aproxima das línguas reais e faladas. A filosofia aborda, com certeza, o saber abstrato, mas também as sensações imediatas, as condutas corporais, a própria vida, enfim, as coisas como elas são. Ela inventa menos conceitos do que personagens: Hermes, o Parasita, o Hermafrodita, o Terceiro Instruído, Arlequim e Pierrô, Atlas, Anjos e Dominações, o Hominescente e o Incandescente, todos eles convertem-se em personagens que erram pelas paisagens do mundo, que têm em comum a capacidade de vibrar entre a pessoa e o símbolo, de aliar o singular ao Universal, de turbilhonar entre os dois estados de coisas que destaquei no começo destas páginas.

O *piloto e seu navio*

Os cibernéticos agem com o mesmo simplismo que os dialéticos quando reduzem a arte da pilotagem a uma espiral contínua na qual a causa e o efeito encontram-se invertidos. Para isso é preciso que nunca tenham navegado. A proa, a quilha e a porta do leme do navio imergem num caos líquido que o imprevisto semeia de surpresas. Nenhuma onda assemelha-se à seguinte, ou àquelas que a precederam, em força, direção, altura ou pela borda de espuma que se forma quando quebram no oceano. Cada uma delas cai sobre o mestre de manobras do navio como um animal único e brutal, como ele costuma dizer. A posição e a velocidade, o ângulo e o balanço do navio, a situação do corpo apoiado e agarrado à balaustrada, mas que lhe impõem suas decisões, dependem com certeza das situações e condições marítimas anteriores; não resta dúvida que tudo isso propicia o ângulo a ser oferecido e o resultado torna-se uma das condições, se não o efeito, pelo menos a causa. Mas o imprevisível sobrevém perturbando bruscamente esse conjunto de condições. Com força variada e sob múltiplos e diversos ângulos, o mar não bate de frente, na face esquerda e depois na direita, mas nas coxas, nádegas e parte superior do corpo. Durante a travessia, o navio não cessa de balançar. Ele avança, desloca-se, sobe e desce. Nenhum de seus movimentos apresenta regularidade. São turbilhões ou vórtices irregularmente singulares, em suma, caóticos como o tempo que ele vai cumprir e que acaba cumprindo. Cada posição e ângulo da balaustrada assemelha-se ao ponto ao redor do qual se juntam temporariamente os pássaros migradores; eles mudam de ponto incessantemente, assim como o mestre de manobras que, em tempo real, inventa o ângulo e as posições para responder, também em tempo real, à injunção global do momento localmente condensada. Os elementos turbulentos da natureza fazem parte da construção do turbilhão. Em sentido amplo, os estorninhos esboçam as diversas decisões que o piloto toma diante de uma temporalidade mais linear, mas no espaço e sobre uma linha as duas distribuições se assemelham. A curva do eletroencefalograma oscila da mesma maneira? O mar inerte e traiçoeiro, os estorninhos ligeiros e o pensamento individual evoluem de acordo com as características do tempo. Foi assim que esbocei o mapa flutuante do ego, uma espécie de oceano situado sobre terras firmes que a Srta. de Scudéry delimitara no Mapa do Sensível[32] que integra seu romance *Clélie* [Clélia].

---

[32] No original *La Carte du Tendre*, é uma gravura que aparece no romance *Clélie* de Madeleine de Scudéry (1607-1701). Nele a autora sugere um mapa em que os acidentes topográficos têm nomes como "lago da indiferença", "ilha da complacência" etc. (N.Ts.)

Chamas e pensamento

Cada sensação, impressão fugidia, cada idéia temporária ou profunda vem e vai rapidamente, da mesma maneira que um estorninho aproxima-se de um único centro provisório, afasta-se dele, dirige-se a um outro centro e torna a partir sozinho ou, por vezes, em grupos. O que denominamos pensamento? Viver as oscilações imperiosas e aleatórias dos pássaros. Uma variação do verbo latino *cogitare* [cogitar], o verbo francês *agiter* [agitar] descreve as flutuações citadas há pouco no vôo ou na conversação. Já delineei essa multiplicidade do pensamento em *L'éloge de la philosophie en langue française* [O elogio da filosofia em língua francesa]. Sim, o *cogito* inicialmente descreve a conduta de múltiplos carneiros, de manadas reunidas (*cum*) e guiadas (*agere*) pelo pastor; numerosas e em movimento, elas se agitam e ocupam as encostas da montanha, de modo que o observador externo, incapaz de enxergar o pastor escondido entre os animais, não pode prever exatamente em que sentido eles se dirigem. Quem pensa corretamente alcança um resultado surpreendente. A profissão de filósofo consiste em contar pela manhã uma história que não se conhecia na véspera. *Cogitare* [cogitar]: nenhuma palavra explica melhor a atividade de pensar do que esse verbo pastoral, salvo quando as antigas formas de emprego do termo criação de animais atribuem a ele o sentido de guiar. Na estabulação livre, na qual o ponto fixo varia caoticamente, nossos carneiros prescindem dos pastores; dessa forma o *agere* latino se transforma em um *agitare,* conduta única e extremamente agitada.

Num momento imprevisto, um pássaro ou um pensamento assume o papel principal ou o ponto de referência para, de súbito, perdê-los. Aqui e agora, todo vôo se lança em direção a um ponto central instável da mesma forma que sobre o bode expiatório antes referido? Perdão, eu estava sonhando. Quem se aferra a um centro de referência estável pensa menos do que aquele que se fixa num sistema verdadeiro ou se enrijece numa determinada opinião. O que designamos como pensar? Assumir o caos sem necessidade de um pastor, resolver-se diante da ausência ou da presença estocástica ou diante da vacilação do sujeito. Pertencente à mesma família, o verbo *ex-agere* dá origem a uma dezena de palavras de exagero ou exatidão, entre elas a palavra colméia. Além disso, as abelhas agrupam-se e voam ao redor de uma rainha definitiva, geneticamente programada. É um exagero acreditar que uma posição fixa como essa ocupe o papel de sujeito. A multiplicidade de pensamentos instáveis não conhece programa ou esquema que não sejam temporários; ao fotografarmos uma imagem, fixamo-nos sobre ela por alguns momentos: isso se denomina conhecimento ou descoberta, mas também estupidez, opinião ou obstinação. Você pensa de novo, deixemos isso de lado. Mas quem pensa? Que abelha ausente, flutuante, única ou mergulhada na multiplicidade dirige a colméia? Que subconjunto, que fontes de pensamentos instáveis? O turbilhão vivo, o próprio vôo, a rede de preposições flutuantes.

Essas flutuações são observadas dentro de uma lareira acesa. Descrevi sua dança flamejante na página 84 de meu livro *Atlas*, por meio de todas as preposições possíveis. A rede de suas súbitas bifurcações espaço-temporais atravessa o eu com seus raios e luminosidades. O *Incandescente* viceja e pensa nessas chamas.

História

Generalizemos: quem poderia negar que a história dos homens desenvolve-se como esse incêndio devorador? Como só conhecemos a história, pelo menos vagamente, a partir da invenção da escrita, observamos que sua densidade aumenta ao redor de certas capitais, que variam segundo seu poder, riqueza e crueldade ou segundo o acaso de sua posição, como o estorninho que se encontra temporariamente no centro do vôo. Anteriormente descrevi o destino de Roma por meio do movimento browniano dos térmitas. De tempos em tempos as cidades de Ur, Karnak ou Babilônia, Atenas ou Constantinopla, Paris, Londres ou Washington atraíram alguns pássaros e insetos ocidentais, enquanto outros permaneceram indiferentes a essa súbita densidade. O termo político, que deriva de cidade, sem dúvida refere-se a essas concentrações temporárias. É necessário muito otimismo e ingenuidade para situá-las sobre uma única linha temporal e observar sua progressão rumo ao poder soberano do espírito. Quem algum dia poderá saber por que esses pássaros turbulentos subitamente se lançam em direção a esta ou àquela parte do mapa-múndi? Por que, de repente, o que alguns denominam notícias diferem na Argentina, no Afeganistão, em Tóquio ou em Sidnei? Por que o volume do bando de pássaros em vôo concentra parte de seus esforços numa certa localidade, como se o campo dessas forças direcionasse algumas de suas linhas para aquele determinado pólo? Logo trocados por outros, esses centros crêem ser os dirigentes, esquecidos de que essa zona, que apresenta características mais densas em suas adjacências, flutua rapidamente, mesmo que o guia ou as condições globais de vôo se encontrem ausentes. Uma cortina de fagulhas incandescentes trespassa o sujeito que crê orientar e organizar meus pensamentos.

A estupidez desses tiranos temporários pode ser medida espacialmente pela posição descentralizada de atrator que ocupam em relação ao vôo e, segundo o tempo, pela pulsação caprichosa de sua localização. A dominação e a posse do mundo se reduzem a fatos insignificantes, ou melhor, perversos. Nesse momento, a história exibe uma constante: o sentido do vôo global nada tem a ver com aquele que, aqui e agora, o atrai para um ou outro atrator local. Não podemos inferir o primeiro, único e de longa duração, de nenhum dos segundos, fractais, assim como não se pode deduzir qual a direção de uma curva caótica a partir de um de seus segmentos. Sigam a linha desse pensamento: ele impede ou facilita o caminho que o conduz à verdade? Deparamos com uma dezena de equações diferenciais sem integral. Falar do sentido ou do fim da história e, até mesmo falar de história, a partir de nossa experiência sempre temporária, bifurcante e descentralizada, não tem nenhum sentido específico. Quem é que pensa e observa do lado externo do vôo da história? Deus?

Podemos igualmente prever com bastante antecedência por que os anticiclones se agrupam ao redor deste ou daquele centro e por que os ciclones circulam ao redor de determinados lugares? Passemos do tempo que passa ao tempo que faz, da duração ao clima. Em sua forma global, em suas turbulências, na distribuição flutuante dos pólos e em sua imprevisibilidade, mais uma vez os mapas meteorológicos assemelham-se a esses vôos. Acabo de transitar duplamente do eu-pássaro à consideração do vôo, da singularidade ao tempo da história e, em seguida, ao mapa-múndi espaço-temporal das intempérie; transitei, portanto, duas vezes do local ao global. Por vezes, chego à conclusão de que somos incapazes de totalizar e mesmo de prever qualquer coisa.

Os pássaros migradores, no entanto, sempre alcançam seu destino. Parecem desaparecer para nunca mais voltar, pois vão se amar, alimentar-se e reproduzir-se em lugares distantes. Nessas circunstâncias, eles são guiados pelo campo magnético terrestre, pelo movimento do sol ou pela posição das estrelas? Essas hipóteses fazem com que os pássaros se assemelhem aos marinheiros equipados com compassos e sextantes. No passado, os pescadores de alto-mar traçavam sua rota em direção à Terra Nova sem equipamentos ou aparatos sofisticados, pois se fiavam nas cores, na mudança dos ventos e gelos locais. E seguiam adiante.

Danças

Os aborígines, em seu meio ambiente, executam movimentos corporais que se assemelham a uma dança. A localização e os deslocamentos dessas tribos refletem-se na atitude de cada um dos membros de seu povo e na modulação de seus cantos; poder-se-ia afirmar que o mapa desse espaço global que os brancos denominaram Austrália conecta ou reúne, tribo por tribo, o conjunto de suas coletividades coreográficas? A memória dos lugares em que estiveram e das viagens que empreenderam inscreve-se em cada um deles e nos balés que executam. Observe, em todos os sentidos possíveis, esses corpos que se empenham em dançar.

Quando o bando de estorninhos em turbilhão voa em torno de um ponto para rapidamente afastar-se dele e circunvoar outro, poderia eu imaginar que, na ausência da escrita, para poderem lembrar-se, eles também se movimentam em seu meio ambiente, em seus nichos locais, em suas paradas temporárias e em seu mapa global como em uma dança? Se soubéssemos decifrar as flutuações de seu vôo ou os balés executados por esses nossos irmãos, leríamos como num livro aberto aquilo que denominamos, mas eles não, uma rota hesitante e voluntária inscrita no mapa-múndi e na rede dos locais em que repousam. A aprendizagem do desenho e o hábito de escrever fecham nossos olhares a essas decodificações corporais e coletivas. A "política", a "sociologia" e a "geografia" por meio de posturas e articulações e a coreografia por meio dos gestos e posições ultrapassam o momento presente, traçam o itinerário de agora para o amanhã, do indivíduo para o coletivo, projetam e se lembram; a coreografia concebe e compõe a seqüência de movimentos de dança ou de vôo no espaço-tempo das preposições. Se eu soubesse interpretar as agitadas danças que inundam meus rápidos pensamentos, eu escreveria durante todo o tempo com mais honestidade e precisão.

Diferentes, hesitamos quando seguimos rumo ao Universal. Nossos pensamentos inquietam-se em busca da verdade, assim como os pássaros circunvoam o espaço como um ciclone em busca de seu destino. Eles o encontram e sobrevivem, assim como nós que, por vezes, também encontramos a verdade. Como prosseguir rumo ao Universal?

Rumo ao Universal

Como podemos dançar juntos? Somente se imergirmos ou submergirmos em meio àqueles que são iguais a nós? Para a gramática, trata-se de uma mesma palavra, sua repetição esboça a monotonia do plano, objeto de estudo da geometria. A lógica e a antropologia acreditam, respectivamente, que todos os males do mundo e todos os crimes da história são decorrentes da paixão implacável pelo pertencimento e da imitação. A multidão dos idênticos julga e mata o diferente. Jamais abandonamos a violência quando estamos diante de outros homens. Não existe método de preveni-la; só a inteligência é capaz disso. Para onde conduzem esses medos?

Viver juntos, com (*apud hoc*) outros ou ao lado deles pressupõe passar pelas mesmas turbulências que os átomos de Lucrécio, que os pensamentos inquietantes ou os pássaros de Lautréamont; implica abandonar o paralelismo e a imitação dos "nossos" e assujeitar-se ou experimentar, em tempos e lugares incertos, centenas de inclinações por milhares de objetos diferentes. Nesse momento, deixamos de lado as rigorosas disciplinas que acabo de citar. Viver junto: sem mudar de posição, de lugar, de movimento ou de língua, transitar incessantemente do vizinho ao distante, do próximo ao estrangeiro, do desconhecido ao familiar, daqueles que falam uma língua elegante aos bárbaros ruidosos, do ódio ao amor e do parasitismo à troca, experimentar a amizade daqueles que conhecemos bem e a repulsa por aqueles que são encontrados por acaso, uma afeição abstrata e infinita pelos mais distantes, porém um ressentimento permanente por aqueles que vivem bem próximos. O preceito de amar-nos uns aos outros elimina os inconvenientes do hábito inevitável, delicioso e cruelmente homicida de amarmos a nós mesmos e sempre entre nós mesmos. A lei de amar ao próximo como a si mesmo aperfeiçoa as sublimes teorias que permitem amar universalmente o gênero humano, deixando de aterrorizar os seus próximos pelo medo da execração.

A possibilidade de viver juntos começa pela tentativa generosa de amar a si mesmo, mesmo que, na realidade, se saiba apenas vagamente o que significa isso. Os que não têm muita facilidade para dançar, imitam de maneira ridícula os movimentos dos vizinhos e só podem reproduzi-los mecanicamente, ao passo que aqueles cuja leveza faz com que pareçam flutuar, deixam-se levar divinamente pela música exterior à dança e encontram outros, que podem ser diferentes, mas exibem como corifeus as mesmas harmonias externas quanto ao ritmo, ao tempo e ao perfil melódico.

Viver junto exige uma capacidade auditiva refinada e a sutileza do veludo quando se trata de lidar com o afastamento e o aconchego, com os prolongamentos e rupturas, com o esquecimento e a lembrança, com o contínuo e suas interrupções, com a separação e a privacidade, com a distância e a proximidade, com o silêncio e o abandono, elementos favoráveis ou segredos daquilo que os cientistas denominam topologia, a sutil ciência da proximidade e dos intervalos, do aberto e do fechado, dos caminhos inacessíveis ou dos que se podem prolongar. Abrir os braços, mas em que direção, com que afastamento e por quanto tempo? Viver junto pressupõe, simultaneamente, o com e o sem, a presença atenta e a ausência cruel, a ternura vibrante e, num mesmo minuto, a brusca ruptura, acompanhar o mais próximo possível, mirar o horizonte, voar rumo ao ponto central do vôo e dele se afastar tranqüilamente, sem nunca deixar de observar as montanhas, as tonalidades de um paredão e os dentilhões de uma certa geleira, o mar e as irisações multicoloridas sob o vento desses locais, os insetos e as outras espécies que nos circundam, a coletividade dos homens e o mundo das coisas. Simultaneamente, solidariedade e afastamento. Ao dançar, vou ao seu encontro, pois ouço a natureza. O exterior, a transcendência.

Viver junto provoca por vezes grandes felicidades, como quando o coro, na inflexão de uma pausa inesperada, retoma a música em uníssono, em múltiplas vozes, em línguas e dialetos, numa fuga ou num cânone, nada disso importa a não ser que, subitamente, o rumor das vozes cesse ou se dissipe, que uma harmonia unificadora crie a sinfonia das vozes: nesse momento, o próprio Deus desce em meio a esses rostos e corações pacíficos, ou melhor, entre essa fusão de corpos, quando o próximo se aproxima numa intimidade maior e o primeiro preceito de amar a Deus acima de tudo repara o hábito inevitável e vital, imbecil e feroz de amar apenas a si mesmo. Sim, conhecemos perfeitamente Deus, que transcende ou acompanha essa harmonia de diferenças, transforma-a em algo possível ou nasce dela, que a produz ou é produzido por ela — quem poderia conhecer o segredo dessa gênese? — o nós a inspira ou a compõe por meio de uma capacidade tão profundamente sábia e sutil que conduz o mais distante exatamente para perto de nós e o próximo para tão longe que ele penetra do outro lado do nós, no interior do próprio Deus criador do nós e de seu pequeno filho, o Pai, o Filho e o Espírito do Amor. Genitor, ele O cria; gerado, ele nasce Dele; arde como uma chama e, sob seu furor, nos faz curvar nossas nucas para nos oferecer sabedoria, inteligência, conselho, força, ciência, temor e piedade. Improvável, surpreendente, precioso, fecundo, desconhecido, inusitado porque comumente sepultado em meio à redundância de nossas informações, oculto porque desfigurado, freqüentemente descartado, surgido na glória dessas felicidades.

Viver junto: o centro desse conjunto imensurável encontra-se em todas as partes e sua circunferência, em nenhuma. Fica fácil, enfim, compreender a ubiqüidade de Deus que, assim como sua eternidade, se explica pelo somatório das situações indicadas pelas preposições em cujo espaço singular imerge o nós. Ele está sempre em todas as partes, ou seja, tanto no infinito como nas cercanias, tanto nas regiões distantes como nos lugares ocupados pelo próximo, tanto nos recintos secretos quanto na amplidão do horizonte e assim sucessivamente, se esse for nosso desejo, mas continua em declínio desde o começo da história e permanecerá fora de nosso alcance até o final dos séculos.

Per ipsum et cum ipso et in ipso est tibi patri omnipotenti in unitate spiritus sancti omnis honor et gloria, per omnia saecula saeculorum: três vezes repetida, a totalidade universal emana da rede das preposições.

*

E se vivêssemos e pensássemos nas chamas, no vento, no sopro e nas línguas incandescentes de fogo? E se a conversação festejasse o aniversário de Pentecostes em cujos momentos preciosos ela encontra a harmonia?

"(...) eles estavam todos juntos em um mesmo lugar. Subitamente, vindo do céu, produziu-se um ruído semelhante ao de um vento impetuoso que invadiu toda a casa no interior da qual estavam sentados. E eles observaram que surgiam línguas, separadas umas das outras, que pareciam de fogo e que pousaram sobre cada um deles. E todos ficaram repletos do Espírito Santo e começaram a falar diversas línguas, nas quais o Espírito Santo lhes permitia exprimirem-se (...)" (Atos dos Apóstolos, II, 1-4).

Ouçam agora todos esses habitantes da Galiléia falarem em línguas diferentes e o milagre de se fazerem compreender pelos partas, os medas,[33] os elamitas[34] e mesopotâmios, pelos habitantes da Judéia ou da Capadócia, os da região ocitânica do Pont du Gard e da Ásia, ou por aqueles que vieram da Frígia[35] e da Panfília,[36] do Egito e da Líbia, estrangeiros

---

33 Povos indo-europeus vindos do Cáucaso e da Ásia.

34 Os povos elamitas de diferentes etnias que viviam no sudoeste do Irã. (N.Ts.)

35 Povos originários da Europa Central e Oriental cujo apogeu ocorreu nos séculos VIII e VII a.C. (N.Ts.)

36 Panfília, antiga região situada na costa sul da Ásia Menor, onde hoje é a Turquia. (N.Ts.)

de Cirena,[37] romanos, judeus e prosélitos, cretenses e árabes. O que significa essa mistura, essa fusão, a não ser que desses povos que saíram de uma vintena de posições e sítios do portulano, de tantas direções e ângulos da rosa-dos-ventos, o distante se aproxima e o estrangeiro se avizinha. Senão for assim, que desapareçam a medida e a distância, que não mais exista a geometria, nem a gramática; se não for assim, em que se converterá a diversidade universal?

Fascinantes, explosivas, turbulentas, turbilhonantes, extintas, reavivadas, curtas, longas, coruscantes, próximas, distantes, vizinhas e por vezes universais, essas línguas inflamam os incandescentes.

[37] Cidade de colonização grega situada onde hoje se encontra a Líbia. (N.Ts.)

Cultura Física

Precedência atribuída às relações humanas

Satisfeito em descrever as influências e rivalidades entre grupos de pressão, o admirável Saint-Simon esmera-se em criticar o desrespeito por certas prerrogativas hierárquicas. Absorvido totalmente pela rede de astúcias e inveja que predominava na conversação das marquesas durante os bailes da Corte, ele não abandona o turbilhão instável no qual acabamos de mergulhar. Ele nunca se refere ao frio, à chuva, às estrelas ou aos legumes. Suas *Memórias* evocam a nobreza e a cidade, jamais a atmosfera rural.

Nunca soube que os oradores áticos, os retóricos ou escritores romanos, que Proust, Céline ou Sartre tenham jamais mencionado em suas páginas essas coisas naturais, a não ser como contexto abstrato de seus ardilosos enredos. Um só menciona o vento se este impede o início de um combate, se envolve o sacrifício de uma jovem ou serve de obstáculo ao retorno a Ítaca, outro só se refere às raízes de um castanheiro porque, ao observá-las, numa espécie de êxtase, seu personagem encontra o sentido da existência.[38] Sacudida por sismos, órfã de uma civilização que foi engo-

[38] No Original *L'autre vomit sur une racine de rencontre.* Referência a um trecho do livro de Jean-Paul Sartre, *A náusea.* O personagem Roquetin senta-se no banco de um parque público, começa a observar as raízes de um castanheiro e entra numa espécie de êxtase. Ele se identifica com a própria *Náusea* que sente durante todo o decorrer do livro e com as raízes da árvore que o fazem compreender o sentido da própria existência. Jean-Paul Sartre, *La nausée*, Paris, Gallimard, 1938, [*A náusea*, tradução de Rita Braga, Rio de Janeiro, Nova Fronteira, pp. 187, 188, 189]. (N.Ts.)

lida por uma cratera vulcânica dentro do mar, a Grécia antiga se expressa numa língua na qual jamais aparece o termo *vulcão*; para os romanos esse vocábulo designava um deus. O mar e o clima se reduzem a parâmetros favoráveis ou constritivos, os animais se dividem em úteis e nocivos, o papel essencial é reservado unicamente às relações humanas. O que é uma boa história, o que é enfim a História? Ambas são os avatares dessas relações. Com raras exceções, dentre elas estão os aristotélicos, Lucrécio, La Fontaine, Montesquieu, Conrad e Giono, minha cultura ignora a natureza, mesmo quando a celebra como amante ou madrasta. Toda esta prosopopéia exprime precisamente esse esquecimento.

As dificuldades em fazer com que os juristas gregos da Antigüidade admitissem a existência da física; de, no passado, mostrar as cataratas do Niágara a intelectuais franceses intoxicados de política que ali estavam de passagem; de atualmente explicar o efeito estufa aos governantes e filósofos, demonstra a lucidez das ciências humanas que, com freqüência, permanecem cegas ao saber oriundo da física. Não deixo de reconhecer a cegueira inversa. Durável como nossa história e enobrecido pelo direito, pela política e pela alta cultura, o narcisismo coletivo declara: "Em um grupo de pessoas sem território, em uma cidade sem comunicação com o exterior, a multidão e eu vivemos sós no mundo." Esse mesmo narcisismo pergunta: "Quem é que nos interessa?" E responde: "Nossos vizinhos, rivais, superiores e escravos. O Universo intervém pouco, pois não tem nenhuma intenção ou interesse em nossos assuntos." Acósmica, nossa cultura desconhece a vida e as coisas.

Tenho interesse em fazer com que a natureza se introduza na cultura. Tradicionalmente rude, dominadora e indiferente, a natureza hoje se torna uma aliada ameaçadora, simbiôntica e apaixonante sob a influência de nossas ações globais. O eu não sabia disso. Meu interesse é introduzir na filosofia um sujeito do qual os objetos façam parte. Vejamos como.

O "*tema*" *deste livro*

Não se faz amor nem como os asnos, nem como a lagosta, nem pode haver reprodução como a das algas. Para cada um dos seres vivos essas condutas dependem da espécie a que pertencem; nessa primeira frase também utilizei um sujeito indeterminado. Mais concretamente, essas fêmeas e machos ainda privados de um nome próprio fazem parte de um grupo, falam uma língua, participam de uma cultura e, de preferência, referem-se a si próprios como: nós. Nós, os arapesh, não vivemos como eles, os gascões, nem como vocês aïnous. Olhando ainda mais de perto, observamos que essa brava gente só muito recentemente alcançou o status de indivíduos. São Paulo diz: "Eu creio"; Descartes: "Eu penso"; meu vizinho se lamenta: "Eu sofro". Temos aí três sujeitos: o pessoal, o social e o biológico. Eu, o signatário dessas linhas, escrevo numa determinada língua e faço parte do gênero humano.

Quando digo eu penso, eu existo, produzo uma mescla desses primeiros sujeitos. Não teria assinado as páginas precedentes se não considerasse seu conteúdo inovador. Confesso, entretanto, de bom grado que expressar-me em francês me oferece vantagens e coloca diante de mim alguns obstáculos que seriam diferentes se eu escrevesse em cantonês ou guarani. Em mim, atrás de mim ou a meu lado, a língua fala tanto quanto eu e reforça o que digo, a partir de sua singular obliqüidade. Minha etnologia, minha cultura, minha origem social e a religião de meus pais também o fazem tanto quanto ela: eu não afirmaria nada disso se o meu nascimento, minha adolescência ou minha formação tivessem me arrancado da Gasconha, das matemáticas e da guerra para me introduzir num outro meio ambiente, em diferentes disciplinas e em outros momentos da história. A agricultura, as pequenas embarcações, o cristianismo e o segundo conflito mundial escreveram e pensaram em meu lugar sem que eu me desse conta disso. Em seguida, minha corporação universitária e a comunidade científica me impuseram normas e provocaram em mim uma revolta de tal monta que me obrigo a controles estritos de documentação e de sintaxe, mas trato de tornar-me independente de seu formato monótono. Adiciono a isso um conjunto de circunstâncias, de viagens, de amores e ligações, de reencontros e acasos, em resumo, do caos temporal que constitui minha aventura vital.

Há meio século, as ciências humanas detalham o eu inconstante e heterogêneo de Montaigne e debatem honestamente sobre os respectivos status de observador e de observados; conseqüentemente, inserem o sujeito dentro de condições cuja pureza se corrompe. Com a ajuda das ciências cognitivas, as ciências humanas agregam ao ego analítico, que Descartes comparava ao ponto de apoio de uma alavanca, os pronomes *tu* e *você*, vários *eles*, numerosos *nós*, sem contar os múltiplos *aqueles*, o corpo objetivo, biológico e vivo, os gestos e genes, os neurônios e sinapses, o inconsciente, se é que ele existe, a linguagem e o meio ambiente, como se tudo isso constituísse um circuito flutuante. Organismo, empresa, classe social, corporação profissional, partido e sindicato, confissão, família, cidade e pátria são subconjuntos que podem ser detectados e que se sobrepõem de tal maneira nesse circuito flutuante que passo a duvidar que as coisas inovadoras que penso ou digo sejam originais. Existe uma função-sujeito composta de múltiplas variáveis.

As regras gramaticais de minha língua me obrigam, além disso, a uma hierarquia narcisista: da mesma maneira, aliás, que o masculino predomina sobre o feminino e que nas concordâncias nominais a primeira pessoa predomina sobre a segunda e ambas sobre a terceira: você e eu gostamos de mostarda; você e ele vão à praia. Machismo e vaidade caminham juntos.

Treinado desde a infância para quebrar pedras e desde a adolescência no estudo das ciências, obedeço humildemente à injunção das coisas. Não fui eu quem inventou os primeiros números, nem a queda dos corpos; o marinheiro não produz a percolação dos fluxos. Por mais astuciosamente que um manipulador intervenha em uma experiência, por mais inteligente que possamos julgar o inventor de um método, o objeto continua, mesmo que no limite, a ocupar o primeiro lugar na atenção intuitiva. Qualquer intenção que não coloque o objeto nesse lugar de honra vale pouco e serve apenas para realizar coisas sem propósito, para vangloriar-se ou murmurar coisas tolas pelos alto-falantes. Não importa o que diz a língua, ou qual seja a regra imposta pela gramática. Escrevo sob a imposição das coisas, pensamos sob seu comando e a comunidade de cientistas se expressa sob seu controle. De qualquer modo, na equação subjetiva precedente, eu confesso, nós confessamos, eles confessam, sem nenhuma vergonha, que as coisas pensam em nosso lugar de modo mais eficaz que minha classe, minha família, minha infância ou mesmo minha língua. Meus melhores aliados e meus melhores pensamentos residem nas coisas. A equação objetiva é quem começa e comanda.

Já afirmei que à medida que cresce a familiaridade com os ditos objetos, várias de suas propriedades continuam a surpreender aquele que acredita que somente os sujeitos humanos dedicam-se ao pensamento. O vento forma as ondas no mar como se elas fossem linhas sobre uma página; o rio traça sua rota ao longo do talvegue e a geleira faz o mesmo nos vales; o eixo projeta a latitude exata do lugar sobre seu quadrante solar; o estilo escarifica a cera, a ponta do diamante grava seus traços sobre o vidro. Não podemos alegar que escrevemos sozinhos. Óleo e água não se misturam; os corpos elegem os parceiros de suas combinações por exclusão de outros elementos; os cristais dotados de impurezas redirecionam o sentido de certos fluxos. O ato de escolher não diz respeito apenas a nós.

Os gelos eternos da Groenlândia, as falésias, os corpos radioativos deixam impressões permanentes na memória. Não podemos dizer que nos lembramos das coisas sozinhos. Em resumo, as próprias coisas inertes, assim como os seres vivos trocam entre si elementos, energia e a informação que armazenam, difundem e selecionam. Não devemos imaginar que nos dedicamos sozinhos a procedimentos de troca. Essa escritura, essas decisões, essas memorizações, essas codificações, entre outros exemplos, conferem aos objetos propriedades quase cognitivas. Existe o "ele pensa" no sentido intransitivo de " chove", tanto quanto no sentido do "eu penso" ou do "nós pensamos".

Além disso, parece que atualmente está surgindo no mundo um novo sujeito de inquietante singularidade. Ao poluírem os oceanos, ao emitirem efluentes na atmosfera, nossas técnicas globais intervêm mais ou menos sobre o meio ambiente, de modo que as condições do clima cujos resultados não dependiam de nós começam a depender, algo que para nossos pais representava a própria imagem do acaso ou do destino. Por uma espécie de efeito retardado, passamos a depender daquilo que começa a depender de nós. Ou seja, as precipitações e temperaturas certamente advêm de uma inextricável associação entre leis e acasos, mas sem sombra de dúvida são também o resultado de nossos atos responsáveis. Você acredita que doravante seria necessário dizer de preferência: "nós chovemos" em vez de "chove", " fazemos calor" em vez de "faz calor"? Uma nova combinação de sujeitos torna-se evidente.

Paisagem

Este livro apresentou-me um problema quanto à forma: como conjugar os verbos que nele emprego e que sujeito atribuir a eles? Será que reconheço o quanto devo à espécie, a meu grupo cultural, àqueles que visitei durante minha vida, à minha língua original e àquelas que aprendi, aos objetos de meu trabalho, às paisagens e coisas do mundo? Quem sou eu, o ser que pensa? Tu, você, eles, aquilo, nós, essas coisas? Quem pode reconhecer-se num estado no qual as nuvens e a chuva se confundem com o próximo e consigo mesmo? O que a filosofia chama de sujeito, o que a língua usual denomina homem, alia sob várias formas todos esses pronomes cujas declinações, eu e mim, tu e ti, ele e lhe, flutuam no tempo e no espaço de acordo com as circunstâncias.

Como gramaticalmente falando não existe uma resposta fixa para a questão do sujeito, eu não soube como escrever este livro. Quem o escreveu? Tenho tendência a creditar que fui eu. Seguramente, fomos nós, em virtude das influências que recebi dos subconjuntos de pertencimentos anteriormente evocados, além do conjunto infinito e aberto de minhas ignorâncias. Do sujeito indeterminado também, em razão da proximidade que minhas duas pernas, meu sexo, boca, cérebro, pele e lágrimas provocaram em relação a todos aqueles que se dizem humanos sobre este planeta. Eis aqui, na primeira pessoa, minha equação subjetiva sem solução determinada, sem integral definida. Deslocando-se no interior de uma esfera de três dimensões, o sujeito encontra nela apenas uma posição fluida, muito próxima do eu, do sujeito indeterminado e do nós. O amor — você a quem se dirigem estas páginas, sem o qual jamais alguém as teria escrito —, o trabalho, o conhecimento, os diálogos e a relação social fazem intervir a segunda e terceira pessoas, o tu, ele, vocês e eles; estes últimos encarregam-se da escritura tanto quanto os primeiros. O círculo se amplia em múltiplas dimensões.

Além dessas, uma outra dimensão decisiva surge quando a equação objetiva do conhecimento e do trabalho, da percepção, dos obstáculos ou do êxtase novamente insere o círculo desses "sujeitos" na presença das coisas do mundo, por meio dos trabalhos dos escritores, por atos derrisórios, por memórias, por trocas que ultrapassam em mais da metade a chamada terceira pessoa cujo domínio era anteriormente exercido pela linguagem e pela filosofia. Vivemos num momento em que os objetos alcançam a dignidade de sujeito? Volto a repetir: começamos a depender de coisas que no passado não dependiam de nós e que, a partir de uns anos para cá, começaram a depender. Portadoras de enunciados, ativas, quase cognitivas, as coisas penetram nesse círculo-sujeito, nessa paisagem pronominal, nesse estado inconstante de coisas e passam da gramática à filosofia. Daí decorre a origem de meu problema de estilo e de composição: assim como nesse volume pronominal constituído de múltiplas dimensões sobejam todos esses sujeitos *me* ou *nós*, eu também me perco nas conjugações.

Pior que isso, por ter um estilo e um modo de vida antigos, também não sei mais como e onde situar os objetos, nem os sujeitos, porque alguns deles, por vezes, interpretam o papel e a função dos outros. Perde-se o limite fractal e fluido entre o mundo e o eu, entre o nós e as coisas. Se de algum modo essas coisas escrevem, trocam, decidem e se lembram, o rumor de um *prae-cogitat* percorre o Universo enquanto, paralelamente, perco muito de minha consciência e de minha liberdade na vida orgânica, na linguagem e na comunidade. O sujeito adormece, os objetos despertam. Quando o ruído de fundo do mundo colabora com a vida, com as linguagens e as sociedades com o objetivo de enfraquecer o *cogito* na primeira pessoa, desaparecem as antigas limitações do em-si e do para-si.

Fundem-se as antigas divisões filosóficas e gramaticais cujas fronteiras claras estabeleciam zonas francas entre o sujeito pessoal, as coletividades, suas línguas, as espécies vivas, os corpos e as próprias coisas inertes ou abstratas, cujo modelo os mapas-múndi em que antes se reconheciam continentes, oceanos e nações podiam fornecer. A paisagem desse sujeito perdido forma um dos temas deste livro.

Mapas

Como enxergar ou esboçar a paisagem desse novo mundo, como descrever o tema deste livro ou o objeto singular que ele evoca? Essa nova concepção de natureza exige uma outra cartografia.

Ela flutua entre dois estados, um de desordem e outro incandescente. O leitor encontrou expostos aqui alguns quadros cujo caos compósito evoca o estado de desordem desse volume-paisagem: o buquê entrecruzado, múltiplo e bifurcante dos tempos da Grande Narrativa, origem do Universo e de todos nós; o espectro de tonalidades que se misturam no quadro de Frenhofer, *A Bela Criadora de Casos*; o passaporte eletrônico cujo microcircuito possui mais ramificações internas que a impressão digital do polegar; as culturas extremamente porosas que se mesclam e se prolongam umas em direção a todas as outras; os nomes desconcertantes que muitas vezes são declinações do nome de Pan, antigo deus do pânico e das totalidades; os estorninhos que vão e voltam ao emigrar em direção a rios longínquos. Todas essas características constituem peças elementares e distintas de um mosaico cujos contornos são continuamente ultrapassados.

Pontilhistas e densos, esses mapas-paisagem assemelham-se à minha alma na qual o eu se une ao ti, o ela ao lhe, eles se parecem a esse lugar, a esse tempo, a esse grupo e a esse canto do mundo, a nós, a vós, a eles, ao tempo que faz, às plantas, aos animais, aos objetos situados ao redor e que, por vezes, chegam a ultrapassar os limites e alcançar a globalidade das coisas do nosso Universo. Com certeza, são carteiras de identidade, mas são também cartografias do mundo e do *Sensível* que não revelam separações entre os objetos que no passado lançávamos no mundo e os sujeitos que anteriormente retirávamos dele.

Não se pode aprender nada, nem de si próprio, nem do mundo, da vida ou do conhecimento sem essa paisagem densa, sem o estado unificado do sujeito e do objeto anteriormente referido ou sem os turbilhões que os unem. Quem sou eu, senão um conjunto de operadores que se transformam entre si? Vibrante, entre essas duas paisagens, entre esses dois estados, o incandescente e o instável, este livro delineia alguns mapas de identidade brancos e outros ornamentados e coloridos pela história. Nesses mapas, o caótico busca o invariante e vice-versa; o silêncio procura o ruído de fundo; os sinais sobrepostos dissolvem-se no mutismo; o branco se decompõe em suas cores, o policrômico se junta para formar o translúcido; o translúcido busca o opaco, o fluido, o sólido, o flamejante resfria-se. A contínua mistura torna aparentes seus componentes algorítmicos e descontínuos ou os confunde em transparência. É dessa maneira que alcançamos o Universal?

Todos nós temos vocação para essa universalidade que pode alcançar o máximo de sua plenitude, mas que, no limite, também é vazia, assim como o princípio da identidade. Sem patronímico, *Nemo-Panonyme* traz consigo todos os nomes do mundo. Como nomeá-lo? Citei anteriormente todos os pronomes e evoquei todas as preposições para explicar nossas relações. Qual é o meu nome e qual é o seu, caro leitor, senão o mesmo nome pelo qual são convocados todos os sujeitos indistintos de todos os objetos do Universo?

Belas-artes

Apresentamos aqui as magníficas e universalmente apreciadas: máscaras negras, textos homéricos, estátuas de Buda, jóias etruscas, telas italianas ou holandesas, pergaminhos chineses, porcelanas de Saxe, móveis de Boulle,[39] partituras musicais; a arte venerada pelas culturas dominantes fabrica obras que estabelecem uma relação canônica com o humano, que celebram o corpo, o rosto, o porte, os movimentos e as relações pessoais, coletivas, amorosas, belicosas e festivas. Essas obras de arte repousam nos museus que as conservam.

Em compensação, Andy Goldsworthy[40] cria formas mais ou menos próximas dos fluxos gerados pelos rios, pela maré, pelo sopro dos ventos e pelas águas estagnadas. Obras sem permanência: folhas e pétalas coladas

[39] André Boulle, ebanista de Luís XIV. (N.Ts.)

[40] Andy Goldsworthy (1956-) artista plástico inglês cujas obras, algumas de natureza efêmera, outras mais duráveis, utilizam a própria natureza como matéria-prima. (N.Ts.)

que descem pela torrente, retorcidas pelo turbulento redemoinho provocado pelo caos dos pedregulhos que cobrem o leito tortuoso, fios de lã que sobraram da tosa dos animais tremulam ao vento que sopra no topo dessas baixas muralhas, uma construção feita de gravetos desmorona e se dispersa em meio à vazante da maré, um pouco de brisa carrega consigo pequenos ramos entrelaçados ou uma nuvem de partículas avermelhadas. Na Idade das Luzes, as marquesas parisienses controlavam a arte fugaz e sublime da conversação; desses fogos de artifício nada restava. Com certeza, no exato sentido da cultura ocidental, elas cultivavam as mais refinadas formas de relações humanas, mas deixavam escapar o que havia de mais precioso na flutuação daqueles momentos inspirados. Ao abandonar essa arte da conversação exclusivamente coletiva, Andy Goldsworthy convoca as próprias coisas em suas flutuações e talvez reencontre nelas a intenção objetiva e viva da arte celta que construía montículos de pedra instáveis nas encruzilhadas e colhia a planta parasita sagrada nos galhos das árvores: antes de simbolizar a guerra entre os sacerdotes, o ramo de ouro[41] existe, vive e cresce como tal.

Enquanto os exércitos devastavam seu país, os mestres holandeses pintavam paisagens e vacas tranqüilas. Melhor ainda, em seu esplendor os vitrais azuis da catedral de Chartres ou os vermelhos de Bourges combinam as refinadas habilidades do químico com os raios naturais do sol, das auroras e dos crepúsculos; nesses vitrais, a estrela principal e a fornalha do vidreiro conjugam suas chamas. O vitral reconstitui o leque cromático do espectro solar ou é o astro-rei que revela a Bíblia, os Evangelhos e a vida dos santos?

A arte encontra o tempo regular ou turbulento das próprias coisas. Como um agradecimento literalmente revolucionário, a obra designa as coisas e as acompanha como obras.

Cultura física

Há muito tempo, busco construir uma cultura na qual a filosofia, que também é uma obra de arte, se afastasse um pouco do buraco negro, inevitável e relativamente estável no qual se movem as relações sociais para

[41] Referência à obra de Sir James George Frazer (1854-1941), *The golden bough, a study in magic and religion* [O ramo de ouro, um estudo sobre mágica e religião], Nova York, The Macmillan Co., 1922. (N.Ts.)

encontrar, mesmo que ao preço de um esforço incompreensível e literalmente sobre-humano, a própria formação das coisas, o tempo mundial, o caos do clima, a agitação dos seres vivos, em suma, nosso esquecido hábitat global, assim como sua Grande Narrativa. Vivemos no mundo, nossa vida varia juntamente com os instantes que fazem os corações dos animais vibrarem e as árvores crescerem; nossa duração pulsa com a noite espacial, com a densidade do dia, com o fluxo e a baixa da maré, com as estações seca e chuvosa, com o gelo que enrijece o curso dos rios e com o desolador desastre das cheias; nossa espécie encontra no silêncio dos órgãos os bilhões de anos da Terra. Nossa espécie data de milhões de anos, nossos corpos, ações e afetos também provêm de fontes imensamente distantes.

Citadina e política, polida e civilizada, nossa breve cultura esquece o mundo físico e o tempo do ser vivo. Ao modificá-los e redirecioná-los, ela os oblitera. Não que a natureza devesse esquecer a cultura, não que os animais, rochas e plantas devessem suplantar em direito e dignidade os homens e as mulheres — quem escreveu semelhante tolice? por que uma interpretação errônea suplantaria outra igualmente errônea? —, mas que numa simbiose recíproca uns pelo menos consintam em conviver com os outros. Nos dias atuais, centenas de riscos mais importantes nos convidam a um contrato como esse. Procuro construir uma cultura física.

Reconstruí o eu perpassado pelas coisas. Um outro tipo de esforço escolhido a partir de uma contingência complexa: a evolução ou o processual. Ao descer pelas torrentes que se dispersam, procuro seguir os fluxos de Goldsworthy. Como pensar o devir?

O *devir*

Nossos predecessores o substituíam por uma trajetória. Lançado de um ponto determinado, um objeto móvel alcançava o traçado de sua órbita alguns instantes mais tarde, sem qualquer transformação significativa. Conseqüentemente, só as condições iniciais importavam: de acordo com o ponto de onde se fazia o lançamento, o instante e a força, o bólido fatalmente deveria se comportar dessa ou daquela maneira, a não ser que sofresse o efeito de alguns atritos menores. As equações diferenciais que descreviam seu curso demonstravam que, depois da integração, o objeto móvel se comportava exatamente dessa maneira. Quer se trate dos sistemas clássicos da mecânica geral ou mesmo da mais recente teoria do caos, as condições de partida são sempre as mesmas. Daí advém a idéia, popular até mesmo nas ciências humanas, de que as condições iniciais determinam toda a seqüência: infra-estruturas, origens socioculturais, traumas da tenra infância. Isso não tem qualquer valor a não ser que o devir se reduza à trajetória balística de um sólido. Quem não julgaria simplista tal pressuposto? Sendo um processo técnico, o lançamento de um projétil por um disparo de artilharia substitui o fenômeno a ser descrito e, de certa maneira, o corrige. Não mais os vôos dos estorninhos, mas uma bomba. Uma vez mais, a natureza desaparecia por trás da cultura.

É preciso voltar o olhar para o devir. Seja dado o estado de um sistema em evolução; não proponho qualquer hipótese sobre sua matéria sólida ou fluida, líquida ou gasosa, viva ou cultural, social ou lingüística, virtual, mítica, artística e até mesmo subjetiva, não importa, o sistema evolui segundo a duração. O processual raramente segue uma única linha, ele se desenvolve preferencialmente num espaço-tempo de múltiplas dimensões. Pode encontrar nelas alguma circunstância que o faça bifurcar: uma barragem resistente, um afluente viscoso, uma tensão elétrica, o calor, o frio, um micróbio, um obstáculo, um catalisador inesperado, uma transformação do meio ambiente, ou algumas das circunstâncias que os gregos denominavam *kairos*, um raio, uma tempestade, um amor ou o nariz de Cleópatra. A circunstância em questão reestrutura o estado corrente. Como?

Dureza: *a circunstância em seu limite máximo*

Conheço um exemplo dos dois limites extremos. Você pode imaginar a vida de um camponês antes da descoberta da eletricidade, as noites de inverno sem lampião, seus gestos perdidos na escuridão, a maneira como se vestia por causa do frio, a itinerância de seus pensamentos? Ninguém mais vive na imensidão desses momentos vazios. Vivemos os mesmos estados d'alma e no mesmo tipo de sociedade? Como foi que ela evoluiu?

A lâmpada foi apenas uma invenção técnica isolada. Adicionem a esse fato único as estradas asfaltadas, os automóveis, os aviões, os refrigeradores e telefones. Uma coletividade dotada de uma cultura estabelecida em suas tradições inicialmente inventa e recebe essas múltiplas inovações, essa pluralidade de invenções, de forma natural, como se fosse um navio de carga. A França, por exemplo, durante muitas décadas foi inundada por essas novidades, mas continuava católica e rural, laica e anticlerical, patriota e reconhecida por sua cozinha camponesa e centralizada até o momento exato em que, sob o impacto do peso de uma única e nova carga, embora não saibamos qual tenha sido ela, o navio inteiro virou e ficou de quilha para o ar: os estivadores haviam sobrecarregado o topo do navio com um excesso de contêineres. Por volta de 1970, a França mudou. Para a antiga cultura e a velha coletividade, as tais novidades haviam ultrapassado o limiar de tolerância, era preciso mudar tudo.

A derradeira circunstância tem pouca importância, pode-se imaginar que uma outra a substitua; para ela será suficiente que essa sobrecarga exceda o centro de gravidade abaixo do qual a navegação ainda permaneça possível; nesse caso, para transportar um suplemento ínfimo de carga é preciso mudar de cargueiro. Não conseguiremos mais pilotar da mesma forma um navio inteiramente reconstruído cujo desempenho no mar ignoramos. A última circunstância reestrutura o conjunto formado pelo casco, máquinas e equipagem, ou seja, pelo corpo social, costumes, religião, política, relações e emprego do tempo; como último acontecimento ela é responsável pela decisão, pois ao conseguir realizar uma série acima de sua capacidade máxima, ela dá origem a uma outra circunstância cuja direção ninguém podia prever. Dir-se-ia que um único peixe que inesperadamente se encontra no centro do cardume foi quem tomou a decisão. A circunstância merece seu nome: as bordas do círculo delineado por ela designam um limite no qual a estabilidade oscila.

Em suas evoluções, o mar, os gelos eternos da Groenlândia e algumas geleiras exibem alguns efeitos cujo tempo de resposta às injunções a que se encontram submetidos atingem limites, por vezes, elevados, como se sua capacidade de acumulação, antes da ocorrência dessas bruscas mudanças evolutivas, designasse uma outra memória subjacente. A inovação, revestida de seus esquecimentos, parece acontecer de uma só vez. Submetidos, entretanto, às mesmas condições de latitude e de clima, por que o Canadá e a Sibéria continuam livres da imensa densidade de gelo que a Groenlândia exibe? Os físicos do globo respondem a essa questão de maneira sutil e complexa. Tomo emprestados seus preciosos modelos para compreender como a cultura e a história são tão abundantes em casos fortemente diferenciados.

Os rochedos fraturam-se bruscamente sob as quedas e a erosão contínua de águas seculares; os ciclones ressoam depois da bonança; um pedregulho lançado na água fria precipita a cristalização do iceberg ou a conquista massiva da alma pelo amor; as aves elevam-se acima dos répteis; nas noites de inverno, nossos filhos se drogam com os rápidos e barulhentos jogos eletrônicos, inconscientes de si próprios e de seu ancestral que vivia agasalhado com pesadas cobertas, solitário sob a sombra fria, pensativo, silencioso e, por vezes, atento à voz de sua própria alma.

Doçura: *a circunstância codificada*

A circunstância ou a coisa não são apenas causas, elas também codificam. Vejamos: como parte do destino, ao nascer, você recebe um conjunto de cartas, como no jogo de baralho; se no decorrer desse jogo, você obtém uma nova carta, das duas uma, ou ela não lhe traz nada de novo, ou transforma sua cartada medíocre numa quadra de ases. A cada instante da vida você recebe ou não um novo conjunto de cartas, no primeiro caso a seqüência transforma pouco a pouco seu jogo, a ponto de a mão anterior tornar-se irreconhecível. Você perde, você apaga esse fato da memória, a vida utiliza e esquece continuamente as condições iniciais. Suponha ainda que você dispõe de uma seqüência de zeros; você encontra o número um; se ele está colocado no fim, você não ganha muita coisa, mas se, ao contrário, ele se encontra no começo, você fica milionário. Uma única letra, uma única cifra, a menor codificação afetam o dado inicial: você não seguirá mais a mesma seqüência, nem lerá a mesma frase. Você acabou de mudar de infância; as condições se transformam. A ocorrência de um ciclone, uma enchente do rio Garonne ou do Mississípi passam desse desequilíbrio, por vezes ínfimo, à catástrofe ou à calmaria; uma nova espécie viva, a sorte, um grande amor, um sucesso ou uma grande derrota não chegam de forma diferente. A circunstância ou a coisa em questão não aparece mais como uma causa dura, mas como um código doce. A primeira é densa e tem peso; a segunda, sem nenhum peso, indica apenas um endereço.

Ofereço-lhe um exemplo: durante minha juventude passada no mar, nos tempos da guerra fria, os barcos de pescadores do Leste desembarcavam durante a noite no porto de Djibouti, sob nossos olhos, para colocar uma placa metálica gigante sobre os pacotes de víveres e medicamentos com os quais os cargueiros americanos inundavam gratuitamente o cais do porto; ao amanhecer, os somalianos liam sobre as caixas: Doação do povo soviético. A origem mudava sem que a carga fosse modificada. Dessa maneira, a circunstância à qual me refiro imprime e codifica e, com isso, muda o endereço do expedidor ou do destinatário. Mesmo se o estado do sistema varia pouco, a mudança de seu endereço é suficiente para tornar irreconhecível o estado precedente. Tudo se reorienta. Uma coisa enviada da parte desta ou daquela pessoa passa a não ser mais a mesma coisa; de um outro modo, sem fazer uso da força, o código doce também transforma as coisas, enquanto as causas duras sempre se utilizam da força para isso. Será que os somalianos achavam que o milho do Corn Belt americano tinha o mesmo gosto do milho ucraniano?

Quando se trata do futuro evolutivo dos seres vivos, a teoria da bricolagem me parece menos pertinente do que essa mudança de codificação ou endereço. A língua de pele situada na parte traseira do tórax, cuja dobra servia ao equilíbrio térmico, se readapta e se transforma em asa em condições tais que a decolagem oferece vantagens decisivas. Conseqüentemente, todo mundo esquece o estado anterior, sua primeira função e origem da troca de calor. Isso vale para o amor, a invenção, a direção tomada pelo vôo dos estorninhos e tantas outras inovações inesperadas. As origens se equilibram, oscilam, tateiam, hesitam e patinham. O endereço titubeia segundo as circunstâncias,

Depois da captura, imagino que guardávamos alguns animais para oferecer em sacrifício aos deuses; mesmo dentro de casa, as mulheres logo perceberam que nesse novo hábitat certas espécies se aclimatavam melhor em cativeiro do que outras; conservá-las, ordenhá-las e tosá-las melhorava a qualidade da alimentação e do vestuário. Quem se lembra realmente da origem sacrificial da domesticação, a partir do momento em que sua função foi readaptada? Sob a influência dessa sobrecodificação ou readaptação, cada bifurcação esquece seu ângulo, sua curvatura, sua função, sua pertinência, sua utilidade, abandonando, portanto, seu estado precedente. Empenhados em seguir numa certa direção, quando nos voltamos, acreditamos que não poderíamos ter vindo de qualquer outra. De acordo com o que acontece na adolescência ou na idade madura, uma infelicidade sofrida na infância pode provocar uma enfermidade, uma adaptação ou pode harmonizar-se fazendo triunfar a vida. De acordo com a situação, quem é que não faz da necessidade uma virtude ou da vantagem uma catástrofe?

Amanhã, sua infância

As condições iniciais, bastante maleáveis, atualmente dependem, por sua vez, do *kairos* reencontrado, cuja condição remodela o anterior por meio de uma multiplicidade de perfis surpreendentes e imprevisíveis. Em compensação, a dificuldade inicial de ler torna realmente difícil o pensamento do futuro, tanto que, ao voltar para o passado, ela subitamente transforma em destino determinado aquilo que, de fato, foi apresentado apenas como um acontecimento contingente que não poderia jamais ter ocorrido e rearranja milhares de vezes sua seqüência temporal.

Se algum adivinho, jornalista ou psicólogo questioná-lo sobre sua infância, você, adulto ou velho que se preocupa com a natureza, deve responder diretamente que ainda não sabe no que ela se transformará amanhã. Como os estorninhos e meus pensamentos voláteis, minha infância jamais deixa de reajustar suas seqüências e conjuntos e de sobrecodificar seus elementos. Você só irá descobri-la verdadeiramente quando ela não lhe servir mais para nada, ou seja, no momento da morte, quando a única coisa concreta será o passado, o futuro será inexistente e a eternidade ainda continuará para alguns. O começo não existe a não ser no final. Durante toda a vida, as oportunidades e desejos que buscamos são inteiramente tributários de uma velha história que eles mesmos desfiguram ao seu bel-prazer. Você sempre possuiu a mesma juventude da qual hoje sente falta, amanhã tomará decisões ou receberá os méritos, você sempre vivenciou as infelicidades de suas aventuras e as atribulações de seus acasos. Nenhuma determinação sufoca nosso presente incandescente. Ele reluz como o fluxo descendente do rio.

As *palavras redirecionam as coisas*

Assim como o eu e o devir, a natureza se acultura e a cultura se naturaliza. Impregnamos uma na outra. Será que uma redireciona a outra?

A cozinha codifica o trigo, o milho, o arroz, a uva, o lúpulo, as carnes e modifica seu sabor. A história filtra e colore o mar, o pássaro, a montanha e um inseto denominado *farfalla, mariposa, Schmetterling, fluture, butterfly, borboleta,* nome sem raiz comum, algo raríssimo na área indo-européia, é a causa de um belo efeito borboleta entre as fronteiras lingüísticas. Por meio do conjunto dessas mudanças de endereço, cada cultura faz bifurcar internamente a natureza. A cultura codifica a natureza e aplica sobre ela inumeráveis siglas. Ela faz isso continuamente. Sempre usando a mesma palavra codificada, não designo, nem vejo o mesmo rio que Du Bartas,[42] Montaigne,[43] La Fontaine[44] ou Apolinário.[45] Aí também as con-

[42] Guillaume de Salluste Du Bartas (1544-1559), poeta francês, huguenote conhecido principalmente por seus poemas épicos que narram os principais eventos da Bíblia do ponto de vista protestante. (N.Ts.)

[43] Michel Eguem de Montaigne (1533-1592), autor dos *Ensaios*, resultado de suas próprias lembranças e reflexões. (N.Ts.)

[44] Jean de La Fontaine (1621-1695), autor das *Fábulas*, obra-prima da literatura mundial. (N.Ts.)

[45] Guillaume Apollinaire (1880-1918), poeta, escritor e crítico de arte. Viveu e trabalhou

dições iniciais dependem das circunstâncias futuras. Embora cultos, perdemos a natureza da mesma maneira que adiamos nossa infância para o amanhã.

De extrema eficácia, essa codificação induz ao esquecimento que, como você se lembra, este livro descreve em seus inícios. Uma vez que o fenômeno foi impresso, só se pode ver ou ler sua impressão e nada mais do que isso. Em algum momento, fomos capazes de apreciar o poder auto-atrativo da palavra? Não se pode exagerar sua força: sua tendência é de referir-se apenas a si mesma. Conseqüentemente, ao designarem a própria coisa, a linguagem e o texto a ocultam. Eles literalmente a obliteram. O signo se auto-referencia em face de suas próprias funções. Não se enxerga nada além da publicidade que camufla e polui a paisagem; a história é mais apaixonante quando contada do que quando vivida e sofrida; o projeto entusiasma, mas sua realização entedia; o sonho americano inflama aqueles que nunca viveram no local. Nos aviões que sobrevoam paisagens suntuosas, divinamente iluminadas, os passageiros cerram as cortinas das janelas para, no escuro, anestesiarem-se com um filme idiota, observarem a melancolia de suas imagens e ouvirem a debilidade de seus roteiros. Dessa altura, deixam-se cair no poço da imagem que apenas representa o universo das imagens e no abismo das palavras que expressam apenas a língua. Nas caixas de leite à venda nos supermercados, você pode ler o logotipo do produtor e inumeráveis mentiras sobre as vantagens e a excelência do produto, por vezes pode até mesmo procurar em vão o termo leite. Digam, sempre resta alguma palavra colada à inextricável teia de aranha das palavras. São gestos, gostos, eloqüência e diálogos que impregnam o mundo e o esvaziam das coisas. Verbo encarnado, nosso corpo esquece de sua carne. Foi preciso pelo menos um Deus e a ciência para que relembrássemos dele. Codificados e com os corpos obliterados, tanto minha neta que brinca em frente da fazenda alpina como eu que estou solidamente ligado à Grande Narrativa, desconhecemos nossa idade. Tão auto-atrativas quanto suas línguas, as culturas tendem a se fechar sobre si mesmas. Dar nome aos nossos estados de alma propicia o nascimento e a existência de estados de linguagem em lugar das emoções, que já experimentamos em menor grau ou que não sentimos mais. A palavra pulveriza sobre a coisa uma nuvem anestésica que nos droga para nos poupar da angústia do real. Impregnado de língua, nosso corpo avança no mundo

em Paris, onde conviveu com Pablo Picasso, Jean Cocteau, Erik Satie e Ossip Zadkine. (N.Ts).

úmido de éter e coberto por adesivos. Quando a palavra é doce ela elimina os espinhos do objeto duro e serve para abrandar seus efeitos tóxicos. Os homens se embriagam de palavras.

Exibimos aqui alguns argumentos muito convincentes sobre o fato de que alguns têm o hábito da contenda e que os árbitros dessas disputas tentam convencê-los a se entenderem. A discussão inflamada sublima a agressividade dos punhos. Com isso, o tribunal se ocupará apenas de defesas e pronunciamentos. Não, a violência não acontece na linguagem, mas esta a anestesia. Deveriam vendê-la nas farmácias. Inventamos a linguagem para esfriar nossa animosidade e para evitar nossa erradicação. Habitamo-la para nos resguardar do frio, para podermos permanecer juntos e colocar as coisas e as palavras entre parênteses. Estamos diante de fortes argumentos: para recuperar o mundo e as próprias coisas, é necessário passar pela linguagem das matemáticas.

Instruídos pela cosmologia, pela física do globo e pela bioquímica, quem é que ainda percebe o mundo como o faziam Michelet, Bergson ou Heidegger? Se toda cultura original redireciona e anula a natureza, as ciências lhe dão um endereço comum e direto em linguagem universal. Uma outra cultura pode nascer daí? Dar-lhe-íamos o mesmo nome?

Segunda Cultura Física: a Biocultura

O *mundo bacterial*

No esforço de fazer a natureza introduzir-se na cultura, tentei reconstruir o sujeito, propus que se repensasse o futuro e discorri sobre a linguagem. Tenho a oportunidade de fazer isso: no sentido preciso do nascimento da vida, a natureza viva hoje penetra no saber, nas técnicas, na moral e na inquietude universal. A natureza introduz-se na cultura.

Pasteur nos ensinou que vivíamos junto com os micróbios que viviam em nós e de nós e que, por vezes, nos matavam. Depois dos anos 1950, os primeiros antibióticos curaram certas enfermidades infecciosas. Tratava-se, com certeza, de uma vitória temporária, porém tão decisiva no que diz respeito às situações de impotência que a precederam, que a força do triunfo dessas curas ainda hoje nos impede de pensar sobre esse acontecimento. É preciso distinguir a história da medicina e a antropologia do corpo de uma outra evolução, aliás, muito mais importante. Vejamos.

Desde que Van Leeuwenhoek e Swammerdam observaram a agitação dos espermatozóides e de outros monocelulares sob as lentes dos primeiros microscópios e que, dois séculos mais tarde, Pasteur e seus sucessores identificaram certos micróbios como agentes patogênicos, passamos a confundir inimigos e bactérias. A morte dos "inimigos", como se costumava dizer nos livros escolares do passado, e um súbito retorno à saúde nos tornaram tão cegos a essa evidência que, de fato, descobríamos um novo reino do ser vivo, até mesmo precedente ao reino das plantas, animais, cogumelos e algas. Descobríamos o incalculável mundo bacterial na fermentação da cerveja e nos procedimentos de produção de vinho, nos quais as práticas arcaicas haviam penetrado superficialmente. No centro desse universo invisível, elementar e pelo menos dois bilhões de anos mais antigo que o dos seres vivos visíveis, os "úteis" e os " inimigos" se mesclam a ponto de a ciência colocar em dúvida a existência de uma separação entre eles. Eis a questão: à medida que utilizávamos fermentos ou diástases para nosso prazer ou que, inversamente, combatíamos o bacilo de Koch e o treponema pálido, fazíamos com que esse reino de novos seres vivos "naturais" se introduzisse na cultura. Essa última palavra deve ser bem compreendida tanto no sentido nobre dos filósofos como no sentido modesto dos cultivadores agrícolas; para o pensamento inteligente só o segundo conta.

Em relação a certas plantas e espécies animais, escolhidas entre outros reinos de seres vivos, a agricultura e a criação exercem as mesmas ações às quais esse novo saber e essa nova prática se submetem. Tanto num caso como no outro, já observamos, trata-se de favorecer o crescimento e o desenvolvimento de certas variedades em detrimento de outras. O terreno cultivado protege o trigo da influência das ervas daninhas, o terreiro de criação defende a galinha do ataque da raposa e a ovelha do lobo: em geral, separamos as espécies de animais domésticos das selvagens; da mesma forma que um cão pastor, a penicilina afasta o parasita pestífero. Daí decorre a estranha semelhança entre o campo arado, o espremedor de frutas e os medicamentos. De Pasteur a Fleming, antes mesmo do começo da história, assistimos a um acontecimento que em muito ultrapassa a vitória simplesmente histórica da saúde recobrada ou do aparecimento de um novo corpo que renova seus laços com a própria origem da agricultura. Da mesma maneira que em um dado momento as espécies da fauna e da flora entraram na cultura, nos dois sentidos dessa palavra, nos anos 1950 o reino bacterial entrou igualmente para o reino humano.

A primeira dessas origens fez bifurcar globalmente nossa condição e a condição de todos os seres vivos atingidos ou não por essa invenção. De caçadores-coletores errantes e rústicos passamos a controlar as espécies a partir de propriedades rurais fixas. Ao depararmos com a proliferação desses seres invisíveis, vivenciamos o início de uma nova agricultura. Duplamente camponês, Pasteur avocou o lugar do último cientista agrário tradicional, com respeito à saliva dos cães e as uvas pisoteadas, ao ocupar-se da raiva e dos resíduos tartáricos, mas, ao descobrir os micróbios, ele assumiu o lugar do primeiro cultivador contemporâneo arcaico e revolucionário. Depois dele, a tendência dos laboratórios é substituir, simultaneamente, as terapias e os instrumentos de aragem da terra.

Biocultura

O último século promove o acontecimento de uma biocultura. Entenda por essa palavra as ciências e as práticas dos seres vivos numa profusão de reinos visíveis e invisíveis, algas, cogumelos, plantas, animais e bactérias. A partir de então, criou-se uma só área de especialidade variável que se ocupa da vida em geral da qual o naturalista, o bioquímico, o médico e o camponês se transformam em casos particulares. No passado, só conhecíamos e praticávamos uma parte dessa área de especialização; a vida em sua totalidade começa a fazer parte de nossas ações e responsabilidades. Trata-se de um novo universal. Será necessário novamente nos denominarmos seres panbiônticos?

Cegos em virtude de uma solução inesperada para o problema do mal, não pensamos na cura a não ser nos tempos da história, enquanto o acontecimento que se vive pertence à ordem da hominização. Adão só havia dado nomes aos seres vivos visíveis; por meio da agricultura e da caça, o *sapiens* só havia humanizado alguns deles. Ao generalizar esse gesto para totalidade da vida, retornamos à origem. Esse acontecimento literalmente fundador atinge duas dentre as mais antigas profissões do mundo, o camponês e o médico, aparentemente despossuídos de suas práticas tradicionais, não apenas pelos parasitas financeiros, jurídicos e administrativos, mas sobretudo por esse choque evolutivo. A crise da medicina refere-se a uma duração imensa e acompanha o fim da agricultura tradicional, o maior acontecimento do século.

A *nova domesticação*

Não se trata apenas da entrada desse mundo bacterial na "cultura". Até então havíamos domesticado uma pequena porção das espécies da flora e da fauna: o cão, o trigo, o carneiro e a galinha-d'angola. Permanecemos ainda caçadores-coletores de uma outra parte, que não é menor, constituída de lebres, cervos, cogumelos, bacalhaus, arenques e baleias. O restante deles é visto, por vezes, nos zoológicos e jardins botânicos. Esse quadro continuou válido até a Segunda Guerra Mundial, antes do movimento de hominescência.

No mesmo momento em que, não sem inquietude, começamos a negociar a ajuda eficaz ou a virulência do mundo bacterial, um outro movimento alarmante concernente à sobrevivência de outros seres vivos subitamente nos força a querer administrá-los. Até o século XIX, dois componentes motrizes impulsionavam o avanço da biologia: segundo os termos de Darwin, um deles, utilitário, buscava aperfeiçoar a agricultura e, com isso, lutava contra a fome; o outro, mais estético, vai do estilo de Buffon à expressão das emoções nos animais. Recentemente modificamos tudo isso. Nós gerenciamos. A partir do momento em que passamos a viver exclusivamente nas cidades, tornamo-nos profundamente ignorantes a respeito da vida, descobrimos seu dinamismo original e passamos a administrá-lo.

Abrimos os chamados parques naturais de preservação e nos dedicamos apenas a cuidar dos animais, nós os humanizamos, arrancando-os da chamada selvageria, a dos nossos semelhantes, é claro, mas também a da "natureza", quero dizer, a selvageria da vida e da morte que ela pressupõe; o crescimento do número de ursos, elefantes, cervos e lobos, desde que sejam "protegidos", é a expressão disso; calculamos o número de espécies ausentes nas classificações; em virtude da rapidez com que os cardumes de bacalhaus, tartarugas e vieiras decrescem; restringimos as dimensões dos peixes que podem ser pescados e impomos quotas de pesca; deixamos tranqüilos os cachalotes, os pingüins e os tigres, espécies em vias de extinção; proibimos a coleta do marfim e das peles; construímos observatórios suspensos e os instalamos sobre a parte superior das copas das árvores nas florestas tropicais; quase nus como Cousteau ou a bordo de batiscafos, mergulhamos no silêncio das profundezas; seguimos certos pássaros migradores que sobrevoam o Himalaia a nove mil metros de altitude; conhecemos os planos de exploração do espaço por meio dos grandes aglomerados urbanos e pelas auto-estradas que os conectam; criamos estimativas para as biomassas. Por meio de um outro conflito entre ricos e pobres, geramos um antagonismo entre as necessidades essenciais dos povos famintos e as exigências globais da conservação e do clima.

Uma certa preocupação com o conhecimento de si dominou a espécie humana que, desde então, se reconhece como *Homo populator*. Ao mesmo tempo que universaliza suas relações com os seres vivos, o homem global toma consciência de si mesmo e de suas ações. Ele admite, enfim, sua ira; encontra na pré-história as espécies desaparecidas que ele mesmo já havia erradicado; adquire uma prudência que substitui o fantasma do poder; lentamente abole a pena de morte com a qual punia todos os gêneros; não se reconhece mais o direito real de matança; doravante, qualquer caso em contrário deve ser justificado; procura conduzir-se como bom pai de família que respeita sua casa. Se a economia ainda o obriga ao domínio e posse do mundo, uma certa ecologia exige um controle sobre esse controle.

Conseqüentemente, nosso relacionamento com os seres vivos parece seguir em direção a um horizonte de integração universal. Assim como os geofísicos estudam o planeta como um todo, as ciências e as políticas da vida dirigem-se para uma administração total dos seres vivos e para sua aculturação. Pouco a pouco, virtualmente todas as espécies tornam-se senão domesticadas, pelo menos culturalizadas: e isso não apenas nas propriedades rurais, mas também nos parques e laboratórios, nas reservas de caça, sob as cerradas copas das árvores das florestas tropicais, nas telas dos computadores ou por meio das leis de preservação ambiental. As imagens de televisão trazem para dentro de nossas salas serpentes venenosas e ursos imprevisíveis. Na granja e no terreiro de criação, bois e galinhas muitas vezes dormiam ao lado da cama onde repousavam nossas famílias; os leões e as hienas que habitam os parques africanos do N'Gorongoro passam correndo perseguindo gazelas em nossas salas de jantar, de onde percorremos também o Outback australiano juntamente com os dingos e os camelos marrons, ou enfrentamos répteis e insetos de formas surpreendentes no deserto seco da Namíbia.

Três acontecimentos concorrem para essa nova biocultura: a consciência específica e nova do exterminador; o projeto de gerenciar todas as espécies; essa fazenda virtual que, enfim, se transforma em nossa casa. As espécies empalhadas do Museu de História Natural se multiplicam em formas multicoloridas que caçam e copulam entre os pixels das telas de nossos computadores. Os camponeses, que na época de Cuvier[46] se maravilhavam diante dos esqueletos fósseis, geraram netos que desconhecem o trabalho exigido para consegui-los, embora vejam pela televisão os condores do Chile e as medusas austrais.

O hábitat mudou. A partir do dia em que pudemos apreciar nossa nave Terra por meio do olhar dos cosmonautas, o conjunto dos seres vivos que vivem em comunidade passou a habitar a pista de embarque. A espécie humana tomou consciência simultaneamente de si mesma, de seu nicho e de seus ocupantes. Habitamos com eles que habitam conosco nosso destino comum. Pelo menos nesse momento não existe nada exterior a essa casa onde o darwinismo se culturalize. Gerenciar a diversidade biológica, preservar as espécies em vias de extinção nos obriga a intervir

[46] Georges Cuvier (1769-1832), cientista francês conhecido como o pai da paleontologia. Cuvier creditava que os "animais possuem características naturais fixas", e rejeitava tanto a teoria evolutiva de Darwin como a de Lamarck sobre a hereditariedade de traços adquiridos. (N.Ts.)

na luta pela vida. Inventar a agricultura e a criação de animais consistiu até mesmo em interrompê-las, pois separamos as plantas e os animais mais frágeis dos predadores mais poderosos que permaneceram na floresta. Salvar a natureza muda a própria natureza. Ao cultivá-la, nós a desnaturalizamos? Ela não se torna apenas humana, nossa tendência é fazer com que ela, mais uma vez, siga nossas leis. Essas leis nos fizeram sair da evolução. Iremos nos afastar dela totalmente?

É a isso que denomino biocultura: a entrada de todos os seres vivos na cultura, ou seja, a humanização das espécies: da seqüência dos ácidos, que logo se tornará o suporte "artificial" da informação, ao macaco *rheso* que, no passado, servia para testar os grupos sangüíneos. Ruptura e continuidade, essa biocultura generaliza a agricultura: nossos distantes ancestrais fizeram nascer a agricultura, nós assistimos ao início da biocultura que a completa. Não protesto nem contra o progresso, nem contra a angústia: não temos nenhum poder quanto a isso, nossa pré-história nos conduziu até eles.

A *espécie-tronco entra em contato com todos os seres vivos*

Por quê? Porque novamente não temos programa, porque um dia nos tornamos uma espécie-tronco, porque mantemos uma relação incandescente com a vida, porque genética e virtualmente ocupamos o Universal e, lentamente, o habitamos de fato. Tudo acontece como se, paradoxalmente, preenchêssemos nosso não-programa.

Não se trata de um tipo de dominação, mas de uma outra forma de domesticação, de uma nova simbiose. O ensaio *Hominescências* lembra nossos modos onívoros, assim como a reprodução e o conhecimento e segue em direção a uma totipotência. Ocupar toda essa esfera certamente modifica o meio ambiente, mas também nos transforma. Da mesma forma que todos os seres vivos se humanizam, nós também nos transformamos lentamente em todos os seres vivos. Neste livro afirmo que nosso corpo se transforma num *biosom*, um corpo comum a tudo aquilo que vive. Dito de outra forma, nós nos tornamos sujeitos, mas também objetos dessa biocultura. Não sabíamos disso, mas por sermos compostos de muitos bilhões de células ocupadas pelo mesmo número de bactérias que, no estado embrionário, assumem formas muito semelhantes às de muitos dos seres vivos próximos, essa biocultura já nos invadia. Nós a realizamos nos dois sentidos dessa palavra, conhecimento e ação.

Biocultura e biotecnologias

Uma não passa sem a outra, a cultura nasce ao mesmo tempo que a técnica. As biotecnologias fazem parte dessa biocultura. No momento em que se aculturam, os seres vivos entram integralmente em nossas práticas. Nós os modificamos e reinventamos e, com o mesmo gesto, nós nos transformamos; as manipulações genéticas afetam tanto as plantas, os animais e os monocelulares como os humanos.

Geradora de angústias, essa fulgurante novidade dissimula mal sua imensa antigüidade. Assim como desde a revolução provocada por Pasteur e pela descoberta da penicilina, fizemos crescer verticalmente os sensos demográficos, da mesma forma a domesticação dos bovinos e o trigo transformou nossa dieta alimentar, nossos hábitos, nossos corpos e nosso contingente populacional. Assim como nós, esses seres vivos modificaram sua esperança de vida, saúde, peso, altura e aparência. O recente domínio do genótipo seguiu-se de um sucessivo gerenciamento do fenótipo.

Essas novas manipulações não nos apanham, porém, nem mais nem menos desprevenidos do que todos os acontecimentos de nossa caótica Grande Narrativa: são bifurcações nas quais o possível tange o impossível, que são imprevisíveis antes de sua emergência, mas que depois de seu aparecimento contingente transformam-se em necessidade. A partir do momento em que cultivamos os terrenos de aluvião, que organizamos os haras, deveríamos ter pensado que chegaria o dia em que, fatalmente, nós mesmos nos transformaríamos em espécie. Era suficiente passar de uma das operações da evolução para outra, da seleção, que Darwin observou nos criadores antes de aplicá-la à "natureza", à mutação que conhecemos na "natureza" antes de praticá-la em laboratório. Nós selecionamos e provocamos mutações. Temos em mãos os dois operadores da evolução. No meu entender, as mudanças da agricultura são o maior acontecimento do século XX, pois retomam o gesto inventivo do Neolítico. A biocultura o completa para que o universal dos seres vivos se realize. O Neolítico se completa nos dias atuais.

AUTO-EVOLUÇÃO OU ENCARNAÇÃO

Derrotas

Pelo fato de encontrarmos quase todos os dias seres vivos dotados da qualidade que atribuímos de maneira específica a nós mesmos, duvidamos de qualquer definição do humano. Doravante nos referimos a ele como o homem sem propriedade, eu mesmo anteriormente o denominei o homem sem faculdades. Derrota contemporânea: sem risco, a filosofia negativa e crítica abandona-se à facilidade. Ficou difícil pensar.

Além disso, o homem muda tanto que não se pode estabelecer sobre ele uma definição fixa, pois ele sempre a supera ou fica aquém dela. Percebemos melhor o sentido de um movimento quando ele bifurca e desvia sua direção. Nesses últimos cinqüenta anos, assistimos ainda a uma transformação tão importante que não foi percebida pelos observadores. Como esse animal metamórfico se metamorfoseou nesses últimos tempos? Em *Hominescências* anunciei a nova morte global; uma mudança do corpo em estatura, expectativa de vida e relacionamento com a dor; o fim do Neolítico por meio da criação e da agricultura; as biotecnologias que reduzem as escalas de duração; as telecomunicações e o relacionamento com os outros no espaço e na duração do tempo; a tudo isso adiciono aqui o compartilhamento e a expansão dos conhecimentos.

O homem em vias de auto-evolução

Uma parte da humanidade mudou tanto no decorrer de meio século que isso leva a pensar o humano pelo menos como uma capacidade de metamorfoses rápidas. Se ele não mudou geneticamente, pelo menos, sua relação com o mundo, com seu próprio corpo e com os outros modificou-se. Nenhuma dessas transformações resultou de circunstâncias devidas ao meio ambiente, sobre as quais não teríamos tido nenhum controle. Ao contrário, elas surgiram a partir de processos econômicos e sociais, cognitivos e, em última instância, deste entendimento e dessa vontade coletivos que denominamos ciência.

Desde o início da história e desde que inventamos os instrumentos, transformamo-nos, em grande parte, em sujeitos ativos de nossas mudanças. Por meio de um circuito auto-organizado cuja velocidade se acelera, os instrumentos produzidos por nós e que transformamos incessantemente pelo exodarwinismo, por sua vez nos transformam. Tudo isso nos diz respeito, sobretudo numa era de biocultura.

Como definir o humano? Como um ser vivo cultural e racional no caminho da auto-evolução. O *homo sapiens* me parece menos racional e mais rico que a evolução que ele tenta produzir. Nada mais "natural" que a evolução; evoluímos em direção à sua aculturação. O homem tem a tendência de transformar sua própria natureza evolutiva em cultura e o tempo da evolução em tempo histórico. Ele segue rumo à sua auto-encarnação.

A filosofia moderna iniciou-se por esse preceito de Bacon: "comandar a natureza obedecendo-a". Até um período recente, essa natureza se limitava às coisas inertes locais e às leis da física. Como já disse desde o início, natureza também quer dizer: "o estado nascente". Começamos a fazer nascer o ser vivo e logo a nos fazer nascer e sobreviver em um meio ambiente global que fabricamos: nesse momento, a natureza assume seu terceiro sentido global, meteorológico e mundial. De acordo com o velho preceito, a natureza introduz-se duplamente, no sentido do nascimento dos seres vivos e no sentido da totalidade. Nos dias atuais, colocamo-nos questões globais que dizem respeito à nossa influência sobre um meio ambiente que levou milhões de anos para se constituir, enquanto nossas biotecnologias procuram dominar imediatamente a mutação, que levaria um tempo imprevisível se fosse deixada por sua própria conta.

A *era da encarnação*

Ao projetar o tempo gigantescamente longo da Grande Narrativa sobre a brevidade de nossa existência e nossa história, por meio de uma projeção da seleção natural e do meio ambiente, dominamos de maneira crescente e racional os principais elementos de uma evolução contingente que se fazia sem nossa presença há bilhões de anos: essa é a razão pela qual considero humano o único ser vivo que segue rumo à auto-evolução. Ao imitar as leis da evolução, tentamos dominá-la. Novamente a Grande Narrativa bifurca. Aquilo que de Kant a Sartre denominávamos autonomia pessoal ou criação de si por si passa da moral ao destino, do tempo curto ao tempo longo, do eu formal e abstrato à carne viva, do indivíduo ao mundo e à humanidade: da história à evolução, do espírito à encarnação.

Quem pode negar que esse destino há muito tempo anunciado ressurgiu? Que ele se encontra presente em nossa visão do mundo e, sobretudo, em nossas práticas, que nos angustia ou nos exalta, que nos coloca diante de responsabilidades inesperadas cuja amplitude abala costumes, morais, religiões, políticas e filosofias tímidas e, enfim, as próprias ciências humanas? Quem pode negar isso? Fizemos com que esse destino chegasse e, por isso, devemos enfrentá-lo. Responsáveis por nosso próprio aparecimento, enfrentemo-nos a nós mesmos.

De que temos medo? Do humano? De nós mesmos?

PANORAMA

Quem teme a emergência desse Universal? Por vezes nós o denominamos mundialização. Nosso temor é viver num espaço e tempo uniformes, num deserto ou iceberg humanos. Com certeza, quando a força impõe o fenômeno de sua singularidade sobre outras culturas, ela vitrifica o meio ambiente. O Universal reduz-se, porém, a essa uniformidade?

Vejam aqui alguns contra-exemplos.

O *universal inerte produz o singular em todos os lugares*

Do pico do vulcão Irazú, na Costa Rica, desvela-se um dos panoramas mais comoventes do mundo; de um lado, as águas do oceano Pacífico, por vezes perpassadas pela corrente do *el Niño,* do outro, o golfo do México ou mar das Caraíbas, dois leitos gloriosos da meteorologia mundial. As turbulências caóticas do clima globalmente previsíveis e localmente imprevisíveis, suas imensas variações no espaço e no tempo de curta duração, estações, anos, séculos ou de longa duração milenar flutuam a partir das leis simples e universais da mecânica, da física e da termodinâmica.

Não existe hoje nenhum lugar sobre a face da Terra no qual as condições meteorológicas se repitam, isso porque elas são sempre diferentes no espaço e heterogêneas no que diz respeito à passagem do tempo. Essas diferenças locais que não possuem uniformidade foram produzidas pelo sistema global do clima. Existe pelo menos um modelo universal cujas variantes locais são fortemente singularizadas; ou melhor, um tipo de equilíbrio global feito de variações moderadas ou catastróficas, de ciclones e borrascas.

Apesar de ser regido por um número bastante restrito de leis como, por exemplo, as da atração e da entropia, o Universo inerte explodiu bilhões de anos antes que o clima pudesse nascer sob a forma de uma luxuosa marchetaria, distante da monotonia da homogeneidade. Contemplem a profundeza do céu: povoado de buracos negros, quasares, estrelas de nêutrons, galáxias espiraladas, estrelas vermelhas supergigantes, estrelas anãs amarelas e sóis que possuem múltiplas formas, cores, velocidades, explosões e temperaturas singulares e diferenciadas. Nada menos uniforme do que o Universo.

Não há nada mais fácil do que distinguir esse Universal em mosaico da chamada mundialização, uma invasão do espaço que se tornou monótono em virtude da ação de um particularismo muito forte e pouco diferente da velha colonização.

Universalidade e destruições dos seres vivos

Encontramo-nos diante de outros avanços universais produtores de uma proliferação de diferenças. A partir do momento em que se formou o ARN, os monocelulares irromperam procedentes de um código único, formado pelas combinações de apenas quatro elementos; com o tempo apareceram inumeráveis espécies, indivíduos e variedades, de acordo com seleções, mutações, climas e latitudes. Uma vida de característica universal, sede de erros de transcrição, expandiu-se por toda a superfície da Terra. Ao adaptar-se às condições locais, perdurou por mais de quatro bilhões de anos até os dias de hoje; ainda mais do que no clima, suas colméias pululam de linhagens, famílias e gêneros, nas quais explode um mosaico matizado de diferenças. Adicionem a esse imenso conjunto de emergências contingentes mais cinco circunstâncias catastróficas igualmente universais, cujas datas sabemos documentar, no decorrer das quais desapareceu a maior parte dos seres vivos. Aqui estamos nós, herdeiros de explosões seguidas de erradicações.

Proveniente da universalidade do código genético, nenhuma espécie, entretanto, se parece com outra e qualquer indivíduo difere de seu parente mais próximo. Mesmo os gêmeos, clones naturais, são diferentes.

Natureza e cultura: ondas de expansão

Assim prossegue a Grande Narrativa, do inerte ao ser vivo e deste à emergência do homem. Sem dúvida, depois de muitas tentativas, depois de ter partido da África o *Homo sapiens sapiens* passou pelo Canal de Suez. Bifurcou-se inicialmente rumo ao oeste da Europa e ao leste da Ásia de onde se bifurcou pela segunda vez para invadir a Austrália e ainda uma terceira vez para chegar à América pelo estreito de Behring completando, assim, sua primeira ocupação do mundo. Poucas espécies se adaptaram a todos os climas do globo como a sua própria espécie e a dos mosquitos: *Homo universalis.* Foi a partir dele que múltiplas e diversas culturas emergiram.

Universal para todos os seres vivos, micróbios, algas, plantas e animais, o código genético compreende a universalidade do ADN humano. No entanto, nenhuma ou nenhum de nós se assemelha a qualquer outro. Dos contornos dos continentes ao clima, do céu noturno aos pântanos dos deltas, das espécies vivas às culturas humanas, destas aos indivíduos, não apareceu nunca homogeneidade ou monotonia, isso porque as leis físicas e o código genético são universais para o conjunto do seres vivos e para a unidade africana que foi o ponto de partida. Esses universais mais produzem do que eliminam as diferenças.

Narrativa e Declaração

Se, no passado, alguns de nossos amigos, escravos ou colonizados, desconfiavam da universalidade, em particular a universalidade dos direitos do homem como sendo uma nova conquista ocidental e imperialista e, portanto, como algo muito pernicioso que se dissimula sob palavras abstratas, esse medo é menos decorrente dos direitos ou do homem do que da própria Declaração. Como um trompete, um texto declarado parte de uma fonte de emissão vibrante: um certo grupo particular, cheio de glória, o declama e o assina para se fazer ouvir em todos os horizontes.

Nesse sentido, o Universal toma o Universo como sua fonte de inspiração. Antes que qualquer um o faça, ele mesmo constrói a sua própria narrativa. Ninguém relata a Grande Narrativa. O chumbo contido nos aerólitos que caem do céu ao acaso, as turbulências do ar, o cristal aperiódico abundante e adormecido nos seres vivos constituem-se em objetos a serem decifrados.

Os homens não se tornam universais por si mesmos, mas sim ao buscarem o testemunho das coisas do mundo. A natureza universaliza as culturas.

Milho, trigo, carneiros, bois, frutas, legumes e micróbios

Depois de ter partido da América do Sul com a invenção do milho, derivado do teosinto, e do Oriente Médio com a invenção do trigo, a agricultura e depois a criação de animais se generalizaram a partir da domesticação do carneiro e do boi; as populações que não as adotaram enfrentaram constrições invencíveis; na ausência das gramíneas, dos mamíferos e especialmente dos ruminantes, os aborígenes da Austrália, por exemplo, não puderam praticar essa segunda ocupação do mundo. Atualmente, mais de nove décimos de nossa alimentação originam-se das práticas agrárias. No entanto, nenhuma cultura possui as mesmas maneiras à mesa, nem a mesma cozinha, nem, sobretudo, os mesmos gostos.

A difusão posterior das frutas e dos legumes salvou as populações da fome. Originária da América, a batata alimentou a Escandinávia e a Europa do Norte que os invernos rigorosos privavam de subsistência. Se hoje os parisienses comem ameixas, cerejas, tomates, cítricos, abacates e kiwis, vindos de todas as partes do mundo, devem isso a essa terceira expansão. Às viagens do *sapiens*, sobrepõem-se as das espécies que ele transporta espontaneamente ou sem o saber: especiarias, frutas, grãos e sementes, em seu benefício ou detrimento. Afirma-se que o avanço das manadas foi acompanhado de epidemias causadas pelos micróbios que esses animais, recentemente domesticados, traziam consigo.

Iniciada a partir de nossos primeiros deslocamentos e acentuada pela transferência de animais em simbiose com seus criadores em meio ambientes diferentes, essa outra expansão paralela dos micróbios e das enfermidades prossegue até hoje. Invisível no passado e agora bem documentada, sua história demonstra que a peste, disseminada pelos exércitos em campanha ou desembarcada juntamente com os ratos dos navios, matou mais que as guerras sangrentas e vangloriosas. Acredito que os romanos conquistaram o mundo porque habitavam em pântanos infectos e transportaram para todo lado os miasmas aos quais seus organismos se tornaram resistentes há várias gerações; seus inimigos morriam mais pela contaminação do que pela derrota diante das linhas de legionários.

A *não-mundialização da escrita*

Devo abrir aqui um parêntese trágico sobre um assunto já muitas vezes evocado neste livro. Não sabemos se a linguagem que nos caracteriza origina-se da "natureza" ou da "cultura". Tenho certa queda por uma música natural, como a dos pássaros, ligada a neurônios doravante reconhecidos à qual se sucedeu uma linguagem articulada que, em seguida, foi aprendida e depois diferenciada. Como no caso natural do clima, existe um sistema humano de linguagem que produz localmente o mosaico da diversidade das línguas. Está provado ainda que o Universal não induz forçosamente a uniformidade; somente a força bruta é responsável por isso. Nossos primos que permaneceram em África e nossos irmãos que saíram dela produziram um inumerável e multicolorido espectro de culturas; os ADN quase infinitamente vizinhos produziram fenótipos nos quais a beleza brota e se dispersa; as características universais da agricultura e da criação de animais produzem modalidades rurais diferenciadas segundo o clima e as espécies. Se a mundialização se opõe às diferenças, o Universal, pelo contrário, as favorece. Em razão da falta de informações e provas sobre a origem das línguas, não posso classificar esse processo como um tipo uniforme de ocupação do globo.

Com respeito à escrita, sabemos por experiência própria que a maioria das línguas faladas atualmente no mundo que permaneceram no estágio oral não conseguiram acesso às técnicas gráficas. Não duvido que os romanos ao redor do Mediterrâneo, na Gália ou na Grã-Bretanha, que os espanhóis no Novo Mundo, que os franceses na África tenham destruído centenas de culturas orais com esses instrumentos que asseguravam sua dominação, assim como hoje fazem as novas tecnologias que parecem ameaçar outras culturas pelo mesmo processo. Quando alguns cientistas ocidentais decidiram que a história começava com a escrita, eles excluíram do processo esses povos privados de grafismo, que se situam entre os mais numerosos do planeta. Quando falam dos assírios, dos latinos ou dos renascentistas, esses cientistas fazem a história; mas se, além deles, outros descrevem os costumes dos arapesh ou dos kwakiutls, considera-se que esses se dedicam à etnologia. Essa divisão atroz entre história e etnologia nos condena. Categoria racista, talvez mesmo a categoria mãe de todo o racismo, a história consagra a ausência de expansão da escrita no Universo. Freqüentemente ligados a ela como a uma derradeira instância, nós ocidentais precisamos tomar consciência desse *apartheid* primário em nossas maneiras de pensar. Rejeitamos sem remorsos que eles situem os objetos da etnologia ou da antropologia nas reservas ou nas especialidades. Mais pernicioso por ainda ocultar-se sob conhecimentos verificados, esse racismo emana precisamente de uma lacuna da mundialização! Não existe história de tudo. A história local não tem nenhum acesso à universalidade da Grande Narrativa.

Teria sido melhor fazer com que ela começasse com as aquisições das técnicas: pedra polida, cobre ou bronze, raspadeiras, práticas que como a da agricultura ampliaram-se sem dificuldades numa quarta expansão. Não existe nenhuma cultura sem instrumentos. Aqueles que escrevem, mas não cultivam a terra, nem moem a farinha, reservam para nós ocidentais o exorbitante privilégio de participar de uma cronologia que nega à maior parte dos homens a possibilidade de viver como nossos contemporâneos.

Cultura universal: *expansão das ciências abstratas*

Proveniente dos gregos e, que eu saiba, difundida sem imperialismo, nem derramamento de sangue, a geometria ensinou pela primeira vez aos homens as verdades universais, o que foi algo fantástico. Costuma-se afirmar que, por mais diferenciadas que sejam as culturas, por mais resistente que se apresente a barreira das línguas, por mais incrédulo que se mostre um sujeito, ninguém pode negar que o quadrado da hipotenusa é igual à soma dos quadrados dos catetos, no caso de um triângulo retângulo. Depois de Pitágoras e do século VI antes de Jesus Cristo, sem armas, sem dinheiro, sem dogma nem poder, a ciência rigorosa se disseminou por meio de uma quinta expansão. Em toda parte, a matemática funciona como língua universal de forma tripla: ela se aplica a todas as coisas do mundo e, por sua vez, permite o acesso a leis universais como as leis da atração ou as das constantes de energia; faz com que todos nós concordemos a respeito das necessidades de demonstração; ela assegura que uma mensagem emitida há milhares de anos continue a mesma que aquela que transmitimos a nossos sucessores: freqüentemente me pergunto se a história das matemáticas não é a única história que existe.

Três universalizações de hardware, três de software

Conta a lenda que às margens do rio Pactole, rico em pepitas de ouro e situado na Lídia, parte integrante do reino de Midas, foram cunhadas as primeiras moedas. Não sei se outras regiões as inventaram antes dos lídios ou ao mesmo tempo que eles. Desde seu aparecimento, esse equivalente geral, que de qualquer maneira continua abstrato, se universalizou e, freqüentemente, substitui o laço social. Tendo começado cinco séculos antes de Jesus Cristo, essa última mundialização sem dúvida nos fascina mais que as outras, pois como escravos voluntários vivemos sob o reino das infra-estruturas de Mammon.

Os historiadores ocidentais afirmam que as três últimas expansões iniciaram-se mais ou menos ao mesmo tempo; escrita, ciência e dinheiro nasceram simultaneamente em um pequeno lugar situado entre ilhas e rios do Mediterrâneo oriental: Samos, Éfeso, Mileto, Cnide, Patmos. Invocado por Pitágoras, o aritmético, Tales, o geômetra, Heráclito, o físico, Eudóxio, o algebrista, e São João Evangelista, o *logos* se universaliza diversificando-se por meio de contas, cálculos, demonstração, razão, proporção, revelação e pelo pensamento generalizado.

Essas expansões se distinguem das três primeiras mundializações porque se incumbem do entendimento das técnicas entrópicas do inerte e da vida: a agricultura, a criação de animais, as frutas, os animais e os legumes. Duras, essas três primeiras mundializações podem ser consideradas como hardwares e as três últimas expansões, consideradas doces, como softwares. Em compensação, não é preciso dizer que o software pode organizar o hardware: os saberes e os pensamentos englobam o Universo.

Hermes e os anjos em todos os lugares

Mais recente, a expansão das redes de comunicação organiza, sintetiza e elimina todas as precedentes? Efígie de toda transmissão, Hermes, um dos deuses do Olimpo, ou os inumeráveis anjos do monoteísmo intervêm como tradutores entre as relações humanas ou auxiliam como intermediários em toda ordem de trocas e, por vezes, atuam como parasitas privados da graça divina que pilham e roubam.

Uma imagem excelente para as redes: os habitantes da Acádia dão o nome de *bayou* aos canais secundários de um rio cujas águas são pouco profundas ou estagnadas. Por que uma palavra diferente para uma coisa banal? Porque esses caminhos de água mudam: segundo a estação, as precipitações, o nível da estiagem, eles aparecem em lugares diferentes, formam-se, secam ou desaparecem. Ao acompanharem os locais onde desembocam as massas aquáticas, eles correm da esquerda para a direita, mas podem inverter seu curso. Ao sul do lago Pontchartrain e na direção do delta do Mississípi, esses meandros abandonados formam uma rede inextricável, estável e instável, totalmente metaestável. Ventos, brisas, borrascas e pequenas e translúcidas rajadas de ar na atmosfera ocultam uma teia semelhante de leitos variáveis, portadores de sentidos e intensidades caprichosos, que podem inverter-se a qualquer momento. Surpreendidos aqui ou ali, agora ou amanhã por uma borrasca ou uma cheia imprevisíveis, aí estão vocês já a salvo ou então arrastados por elas. Turbulentos e heterogêneos, esses dois tecidos flutuantes nunca apresentam o mesmo desenho, o mesmo volume de vazão das águas ou produzem as mesmas configurações locais. Uma lei universal de equilíbrio dos fluidos, entretanto, os modela. Em lugar de imaginar nossa moderna transmissão de mensagens como se fossem redes de estradas ou de fios elétricos maciços que se entrecruzam, imagens tão falsas quanto a das teias de aranhas, é melhor pensá-las segundo essas volubilidades aquosas ou aéreas.

Será que realmente abrimos e lemos as mensagens que elas atualmente transportam? A que tipo de nova expansão de conhecimento assistimos nós? Talvez não compreendamos nada do mundo contemporâneo porque nos falta uma epistemologia desse novo saber expandido do qual tanto nos falava Pangnose, que é universal por direito, que em princípio encontra-se sempre à disposição de todos em qualquer lugar, mas que cada um concretiza de uma maneira diferente segundo sua língua.

Um nativo da França discorre sobre as línguas

Retorno ao problema. Meus pais falavam comumente a língua occitana, uma língua muito particular e desprezada na França; eles a usavam à mesa, nos campos, nas feiras, em seu pequeno comércio, sem qualquer necessidade de ir à cidade, menos ainda a Paris ou ao estrangeiro. Durante a Primeira Guerra Mundial, expressão que queiramos ou não demonstra a violência da mundialização, os regimentos reuniam soldados de infantaria que falavam o mesmo dialeto patoá. Descendente direto desses camponeses, minha formação se deu por meio de uma etnologia local e dentro de uma cultura singular. Felizmente ignorante do politicamente correto, meu professor me ensinou um francês quase adequado que servia de língua de comunicação entre as províncias. Favoráveis hoje à regionalização, parisienses, políticos e administradores empenham-se bastante em forçar o avanço das línguas vernaculares, das quais não compreendem sequer uma palavra, no momento em que elas não mais detêm a preferência da população; como esse tipo de dialeto gascão é falado apenas num pequeno grupo de vilarejos, ele impede os habitantes dessa comunidade lingüística de viajar pelo mundo, de ter acesso ao conhecimento e de fazer parte do corpo social. A aprendizagem de todo o saber feita em cantonês, malaio ou navajo impediria aos nativos e aos imigrantes o acesso às universidades dos Estados Unidos. O politicamente correto tornou-se contraproducente, ele isola os fracos e pobres, impedindo-os de se deslocarem em seu próprio mundo de fraqueza e pobreza. Esta é uma das lições de minha vida.

Inversamente, a história das ciências mostra uma dezena de mudanças nas línguas de comunicação que permitem trocar riquezas, informações e singularidades. Sem essas trocas, os universais perderiam seu rumo e as culturas, sua porosidade. O Mediterrâneo falou grego, porque os egípcios disseram pirâmide e os judeus ainda se reúnem nas sinagogas; depois disso, o latim se disseminou pelas cidades e portos; em seguida, astrônomos, médicos, algebristas e especialistas em algoritmos, mesmo iranianos, escreveram suas ciências em árabe; o latim, porém, retomou sua força e permaneceu até o fim do século XIX; as eras clássicas expressaram-se em francês; a partir de então, todos nós falamos um tipo de inglês. O recuo demográfico dos ocidentais, o dinamismo do espanhol, do mandarim e do cantonês, ambos dialetos chineses, tornam difícil prever qual língua será utilizada no futuro.

Culturas e ciências da natureza

O que sucede é que são necessárias uma ou várias línguas. Contemple novamente as constelações. Entre elas, admire a de Sírius, estival e latina, a bela Aldebaran, a grande estrela vermelha Betelgeuse[47] e a Rigel azul, todas árabes, e as gregas Antares e Arcturus, situadas na cauda da Ursa. Todas as línguas de comunicação da história das ciências se reúnem no firmamento. A marchetaria universal dos nomes celestes ensina a tolerância.

[47] Betelgeuse, corrupção do árabe que significa uma mulher misteriosa. (N.Ts.)

Com certeza, seria melhor generalizar esse mosaico e convidar também os astecas e os habitantes da província de Bearn sob a abóbada da noite.

Como os astrônomos, marinheiros, aviadores, comerciantes, químicos e naturalistas se entenderiam sem uma decisão comum sobre seu idioleto? Por meio de pontos e traços Morse e Scott inventaram semáforos e sinais, assim como o solfejo dispõe de notas e da numeração cifrada. Sem o risco de omitir ou repetir erros que seriam comuns apenas se as línguas vernaculares fossem utilizadas, Lavoisier, seguido de Lineu e, finalmente, de Mendeleiev,[48] propôs denominar os elementos vivos da flora e da fauna moléculas químicas e, por fim, átomos. Afinal, quem não sabe que em lugares diferentes se empregam variados termos para designar um mesmo peixe e uma única palavra para denominar muitas variedades de tons de amarelo? Desde então, quem, se não quiser incorrer em erro, contesta a presença dos cloretos e dos ácidos tartáricos, *quercus robur* e *canis latrans* [a resistência do carvalho e a capacidade do cão de ladrar] e a existência do manganês e do urânio? Assim como a língua dos matemáticos, essas línguas do inerte e dos seres vivos falam universalmente. Elas dificultam a vida dos jardineiros, marinheiros, mineiros e caçadores de todos os países do mundo? Elas tornam mais fáceis as trocas de mercadorias e o trabalho, elas os unem sem reduzi-los a algo insignificante. Se falhamos em nossas tentativas quanto ao Esperanto e o Volapük,[49] os vocabulários da física, da química e da história natural efetivaram com perfeição sua passagem ao Universal, mesmo que em cada aldeia ou ilhota continuemos a pronunciar palavras como *palombe* ou *mahi-mahi*.

Metro, grama, litro

Se você deseja lutar contra a mundialização, creio que deve combater mais um particularismo, a maneira de viver dos mais poderosos. À nossa servidão voluntária, eles impõem sua moeda, sua visão de mundo e costumes inusitados. Hoje existem mais palavras inglesas nos muros de Paris do que havia palavras alemãs durante a ocupação nazista; ninguém força os

[48] Dimitri Mendeleiev (Tobolok, Sibéria. Rússia 1834, São Petersburgo, 1907). Seu sonho foi construir a verdadeira história de química em seu tratado, *Princípios de química* publicado em 1870. (N.Ts.)

[49] Língua artificial criada em 1879 pelo alemão Johann Martin Schleyer e suplantada pelo Esperanto. (N.Ts.)

publicitários, seus novos colaboradores, a afixá-las. Podemos lutar contra essa nova forma de colonização por meio da universalidade. Não se trata de colocar o local contra o global, mas exatamente o inverso, de lutar junto com o global contra esse local.

Como os camponeses fariam, por exemplo, para vender e comprar no mercado sem se utilizarem dos pesos e medidas? Para comerciar fora de sua comunidade é melhor unificar essas unidades no espaço e no tempo. Herdeiro da Revolução Francesa, o sistema métrico parece ter sido o que obteve mais sucesso em sua mundialização. No mundo, muitos povos contestam os direitos do homem que afirmam ser o último fruto do colonialismo europeu, cada vez menos, porém, as nações se opõe ao sistema métrico, felizmente bastante universal. Quanto mais ele é analisado, mais se tornam visíveis suas qualidades que se referem muito mais ao meridiano objetivo e estável do mundo do que às estaturas variáveis e subjetivas dos corpos. Sua coerência e simplicidade tornam os polegares e côvados ridículos; prova disso é a obrigação que os próprios físicos americanos sentem em adotar o sistema métrico em suas pesquisas, o que os deixa esquizofrênicos quando, em suas vidas particulares, devem voltar a usar as milhas, galões e onças. Tudo acontece como se para conceber uma cultura universal a própria natureza se introduzisse nas culturas diferentes.

Como definir sua exceção, se sua porosidade só se efetiva pela absorção? Um homem culto ultrapassa sua própria cultura se for ampliar seu conhecimento no estrangeiro. Seria preciso desprezar as línguas e artes dos vizinhos? As exceções afrontam de tal maneira a mundialização que a luta opõe dois particularismos, um forte, outro fraco, um invasor, o outro o invadido. Além disso, no que diz respeito a essas questões, a disputa esteriliza a criação. A guerra só opõe os poderosos no mercado cotidiano das obras de arte sem valor. Frágil e solitária, a beleza leva tempo para expandir-se universalmente.

O U*niversal se adapta à escala, o uniforme morre por causa dela*

Tudo morre de uniformidade: o Universo pela entropia, a vida pela inadaptação, as culturas pela guerra, os impérios pela intenção de dominar o mundo à sua maneira. Conseqüentemente, inadaptado à grandeza e à duração, ao exceder uma determinada dimensão, o homogêneo fragmenta-se e entra em colapso; o uniforme não se sustenta no espaço, nem se mantém no tempo.

Esse efeito natural de escala no qual um determinado limite obriga os sistemas inertes e vivos como o Universo, o clima e os multicelulares, a se diferenciarem para poder crescer e durar, também desvenda o segredo da morte dos impérios? Por querer expandir-se por todos os lados e continuar a repetir seu particularismo, eles se esgotam, se exaurem e desaparecem; o exército napoleônico foi derrotado ao ultrapassar as fronteiras russas, o mesmo aconteceu com a potência americana no Vietnã. Estamos diante de uma estrutura do espaço que repentinamente se torna um motor do tempo histórico: pelo menos para subsistir, o universal favorece as diferenças em vez de acabar com elas. O célebre ditado: "O que é verdade aquém dos Pireneus, além deles é um erro" diz menos sobre as diferenças do que sobre as distâncias espaciais que as produzem; uma vez ultrapassadas as montanhas, se as leis não se bifurcam, aniquila-se o Universal pressuposto por elas; uma vez passada a década, se não mudar seus hábitos, você entrará em decadência; passado o século, se uma determinada cultura não se movimenta, ela se apaga da face da Terra. Para se conservar, a identidade varia. Esse efeito de escala dá conta da diversidade e da universalidade das culturas.

Existe um princípio mais importante para ser ensinado aos poderosos? Armados, os fortes orgulham-se de propagar suas manias a distância: senhores pela manhã, extenuados à tarde. Diante do Universal suntuosamente revelado pelo espaço e pelo tempo só resta aos fracos esperar.

Um Universal que ultrapassa natureza e cultura

Que eu saiba, o primeiro universal que ultrapassou natureza e cultura surgiu quando Tales, em viagem ao Egito, definiu em seu teorema uma forma invariante por meio de uma variação de proporção. Acompanhados pela extensão de suas respectivas sombras, a enorme pirâmide construída por Quéops, a modesta Mikerinos, meu corpo ou um minúsculo modelo reduzido dessas pirâmides que posso segurar em minhas mãos permanecem semelhantes, ou seja, idênticos quanto à forma. A extraordinária originalidade e universalidade do *logos* helênico não decorre daquilo que ele qualifica como discurso ou explicação, coisas comuns e, por isso mesmo, variáveis em todas as línguas, mas do fato de que ele é capaz de definir esses dois simples elementos: em relação a quinhentos milhões de euros, um bilhão deles se comporta como dois cêntimos em relação a um. O que importam riquezas, grandeza e força ou, ainda melhor, o poder e a glória diante de uma relação como essa que faz equivaler quanto à forma o pequeno e o grande, a riqueza e a miséria, a densidade e a leveza, o faraó enterrado sob a enorme quantidade de pedras lapidadas da pirâmide e o pobre felá que talha uma dessas pedras, o global que ocupa o espaço e o local que se esconde atrás do tabique? Que revolução! A primeira abstração universal implica a igualdade entre os homens. A igualdade exige a universalidade.

Astuciosos e moldados pelas mentiras políticas, os gregos não inventaram a democracia em suas assembléias, cuja arrogância excluía as mulheres, escravos e metecos, mas na definição geométrica dessa nova relação que se universalizou de modo inesperado, sem nenhuma efusão de sangue ou mesmo sem a infelicidade da morte.

A GRANDE NARRATIVA

Cronopedia

Acabamos de ver uma das belas e antigas maravilhas e agora encontramo-nos diante da maravilha contemporânea que integra todas as outras como se fossem sua soma ou síntese. Retomo este livro do início. Pelo caminho contingente do tempo, tento novamente restabelecer o itinerário de minha cultura à natureza, do singular ao universal. Diante do panorama da Grande Narrativa, cujos períodos foram repassados de uma outra forma, quem pode conceber uma duração de treze bilhões de anos? Desde a acreção da Terra e do nascimento dos seres vivos até a manhã de hoje, juntamente com minha própria existência, estende-se um tempo incomensurável.

Fechamento de ritmos

Mesmo diante de uma idade inconfessável, dois anos após a morte de meu irmão, retorno de uma breve viagem aos lugares onde nasci. Neles não existe mais nenhuma alma que use o mesmo sobrenome que eu. Esse espaço, antigamente atravessado por canteiros, por barcos que se dirigiam ao rio e caminhões que partiam rumo à cidade, cujo ruído infernal fazia com que todos soubessem qual era a ocupação da família, atualmente foi substituído por campos ou estradas. Será que eles podiam habitar essa região ou transitar pelas estradas sem a presença de nossa família? Nos trinta quilômetros que circundavam essa região, as muralhas eram construídas com nossa areia e os caminhos que conduziam a elas eram feitos sobre os rígidos pedregulhos que nós mesmos orgulhosamente quebrávamos. Desde então, não se fala mais no nome da empresa de que éramos proprietários, a casa que habitávamos está vazia e as ferramentas que usávamos jazem destruídas sob a terra e o mato que cresceu desmesuradamente. Será que um dia vivemos mesmo aqui? Nascido no final do último século, meu pai arriscou sua vida e comprometeu sua saúde em uma guerra atroz cujas razões não podemos compreender, fundou uma empresa nas margens do rio Garonne que desapareceu sem deixar qualquer vestígio; ele repousa sob a terra que amou em companhia de uma mulher de quem ninguém se lembra mais. Nada mudou, nem mesmo as suaves linhas do horizonte, o curso paradoxal do rio, a cor sombria das aluviões, o rosa dos pessegueiros no auge da primavera ou o sujeito gascão de traços fraternos: apesar de uma longa ausência, mais do que nunca eu me reconheci como proveniente deste lugar. Um período completa-se aqui, nessa constância estável cuja duração foi efêmera.

Quando criança, tive contato com uma agricultura, uma religiosidade e uma língua que já morreram e, mais tarde, com as coisas do mar, com uma cultura e com maneiras de se conduzir que já se converteram em defuntas. Em resumo, o assassino século XX passou num piscar de olhos. Por toda parte, as fazendas com seus tetos desabados, algumas igrejas fechadas, frases que se tornaram incompreensíveis, uma família desagregada, os cemitérios de navios enferrujados, as línguas gregas e latinas tão perdidas quanto o dialeto ocitânico e costumes que se tornaram absurdos. O retorno ao lugar de nascimento provocou essa melancolia. É preciso ter vivido o final de certos períodos para avaliar a insignificância do intervalo de tempo que eles escandem. Se eu agregar minha vida breve à vida de meu pai, a unidade do século durou pouco.

A *medida mata o tempo*

A agricultura, a medicina e os modernos suportes de informação colocam um final em outras épocas milenares. Nascidos no Neolítico, a criação de carneiros e o cultivo do trigo fizeram com que a hominização desaguasse nos silos e nos estábulos que hoje o Ocidente torna desertos; desde que foi expulso do paraíso terrestre, o doloroso corpo humano muda por meio de remédios eficazes; a invenção da escrita já nos havia lançado numa virtualidade que efetivamos por meio de nossas tecnologias. Os métodos de pesquisa e experimentação sobre os genes assumem o lugar do haras e da sementeira, a tela do computador, o lugar da página. Alguns intervalos multimilenares se fecham, outros ritmos duram pouco. Que importa se os nomes e as famílias desapareceram sem deixar vestígios; as próprias coisas, instrumentos, arados, vasos, as cangas dos bois, os vocabulários técnicos e os gestos do corpo, em suma, o conjunto de relações com o mundo e com os outros, o intenso e secreto vínculo que cada um tem consigo mesmo, acabam por unir-se a essa ausência. Milhares de anos se passaram num piscar de olhos.

Medimos o tempo de modo retrospectivo e, por isso, somente quando esses períodos terminam é que podemos fazer estimativas quanto à sua duração. Quando conseguimos fazer isso, eles nos parecem quase vazios. Na hora do pôr-do-sol eu me pergunto: o que fiz do dia? O início do novo ano liga-se com o precedente, que sempre parece tão curto. No leito de morte desta mulher, eu me pergunto: amei-a o suficiente? Assim como a assinatura do autor na extremidade inferior de um quadro significa que ele foi finalizado, da mesma forma, ao se retornar à região cujas fazendas estão em decadência, ao celebrarem-se as festas conjuntas de encerramento do século e do milênio, ao se constatar diante de nós a presença das pedras esparsas de uma civilização extinta, ao se comprovar o fim da agricultura e o surgimento dos OGM, percebemos que tudo acabou muito depressa.

Por mais breve que se possa considerar o tempo contido em cada tiquetaque de um relógio, em cada toque executado sobre um tambor ou em cada um dos movimentos da batuta de um maestro de orquestra, essas mensurações parecem expulsá-lo. A mensuração mata o tempo; o emprego do tempo encurta a vida; em minha cidade vazia, minha família desapareceu; nos campos em que florescem os pessegueiros geneticamente modificados, o Neolítico se fecha. Contar em séculos ou em milênios esgota completamente os intervalos do tempo deixando apenas seus limites: conseqüentemente, ultrapassei uma escala do tempo que eu supunha inacessível.

Minha percepção deriva do brilho ritmado do relógio circadiano;[1] minha memória consegue alcançar o período de um ano e de um século; isso significa que penso com meus neurônios e minha cabeça. Se meu conhecimento situa-se no equilíbrio metabólico da nutrição e nos trabalhos agrários de cruzamento das espécies se, em suma, utilizo meu corpo para pensar, isso significa que vivo tranqüilamente nos milênios e ruínas de minha antiga fazenda, cujos escombros se harmonizam com as escavações da Suméria que datam do início da época agrícola, que meus múscu-

[1] O relógio circadiano é um dos relógios biológicos que ajudam o cérebro a fazer tudo na hora certa. Ele sintoniza o corpo com os ciclos do sol e da escuridão, permitindo que se durma à noite e se acorde pela manhã, coordenando também a temperatura do corpo e a secreção de hormônios. (N.T.)

los trabalham junto com Gilgamesh e que meu coração bate em companhia de Sara, esposa de Abraão, o pastor-patriarca.

Quer sejam longos ou curtos, esses diversos ritmos nada explicam da natureza do tempo, mas exibem algumas unidades que o medem. Sempre confundimos natureza e medida do tempo. Da pulsação cardíaca à duração do dia, da vida de meu pai à erosão das ossadas dos animais, da conquista das terras semeadas sobre a floresta do Crescente Fértil ao fim contemporâneo desse tipo de agricultura, posso afirmar que meu ritmo muda; posso, porém, perceber o tempo que corresponde a tudo isso? Nada é mais incerto, uma vez que forço o tempo a entrar em períodos dos quais conheço o começo e a morte, que domino e controlo ao medi-los, mas que com isso são anulados. Ao saltar de era em era ou flutuar sobre os diversos níveis da escala de sucessão do tempo, encontro-me no início de um processo de hominização que hoje se completa.

A medida ritmada mata o tempo. A duração de cada um dos intervalos de tempo é a mesma que a de um piscar de olhos.

Memórias e ritmos

Do que nos lembramos, entretanto, quando estamos em um desses intervalos? Lembramo-nos dos ritmos, pois o fluxo desse processo nos perpassa e, ao fazer isso, nos ultrapassa, sem jamais retornar a si próprio e nem a nós. Essa irreversibilidade não acumula nenhum tesouro; ao contrário, é preciso que exista uma espécie de banco para que ela force o tesouro feito de tempo a se consumir. A irreversibilidade sempre força o dispêndio do tempo. Só se dilapida uma fortuna se ela já foi acumulada anteriormente. A memória só pode ligar-se ao que é reversível, à dobra constituída por esses dois contrários, a irreversibilidade e a reversibilidade, assim como ocorre na perda e no retorno, na corrente e na contracorrente, na expansão que faz desaparecer e na luminosidade que retorna sob a forma de uma irradiação fóssil, nas cores formadas pelas diversas vibrações da luz sobre o espectro, no anticlinal e no sinclinal, nas dobras das proteínas, na volta do filho pródigo, na retomada *da capo* de nosso livro e de nossos amores, na vibração do canto, na eloqüência das palavras, na poesia e nas cadências secretas da prosa. O pseudotempo reversível de Newton segue um ritmo; ele não computa a duração de uma emissão, mas descreve as vibrações de um sistema planetário que, dessa forma, refreia o irreversível. Assim como fazem os planetas, os seres mais angustiados que vivem entre nós procuram diferenciar sua decadência em direção à morte por meio de um emprego sufocante do tempo.

A memória evolve, acumula números e dobras, insula tesouros e armazena multiplicidades em bancos de dados; assim como um cromossomo, ela procura uma cavidade para encher de neguentropia, esboça uma ilha para defender suas margens da entropia crescente e reduz-se a ritmos formados por números que se amontoam e se sobrepõem no interior da cavidade. Todas essas coisas vibrantes contêm memória porque pulsam como a escada retorcida da abóbada celeste à qual os homens da Antigüidade e da Renascença davam o nome de Hélice, como a dupla hélice do ADN. Teimoso e incansável, o fluxo da memória despende seus tesouros, desfaz suas dobras, abre suas cavidades e corrói as margens dessas ilhas; a entropia desfaz a neguentropia.

Ritmos do metabolismo e genoma arrítmico

Ao relatar a história de um sábio, condenado à prisão perpétua, que próximo da morte termina por decifrar a mensagem oculta no desenho secreto da pele de jaguar de que é feito seu casaco, Borges não remonta a um tempo muito distante na duração. Ao acariciar os pêlos do casaco, a superfície de um fenótipo, ele não penetra profundamente no cerne da natureza humana, nem na duração da vida. Com certeza, o velho não pensa somente com seus neurônios, ele diretamente decodifica a superfície mosqueada que serve de pele ao carnívoro. Posso adivinhar o nome desse sábio: Darwin, o primeiro a decifrar os enigmas inscritos sobre os ossos e a expressão das emoções dos animais.

Se sabemos que a própria seleção concede ao jaguar seu paramento especial, sabemos igualmente que a escrita do deus encontra-se oculta nas profundezas das dobras dos genomas cujas seqüências atualmente sabemos ler. Começamos a considerar as alças do ADN como uma sonda temporal. Tornamo-nos humanos em virtude de uma porcentagem bastante sutil. Alguns dos genes compactados no interior das cavidades nucleares humanas possuem em suas combinações alguns dos mesmos genes que compõem o bonobo e o jaguar, os pássaros, os répteis, os metazoários e os monocelulares que se encontram ainda mais distantes de nós na escala biológica; por meio dessa lista de genes que reside nos núcleos de nossas células, entramos nos arcanos da amplitude do tempo e remontamos à evolução, até o nascimento do primeiro procarioto, há mais de quatro bilhões de anos.

O que quer dizer esse último termo, cujo ritmo anual derrisório é ineficaz por sua brevidade e quase funesto pelo fato de designar uma medida periódica? A nova sonda abandona qualquer ritmo para entrar na arritmia: em meio a um alfabeto extremamente simplificado, as alças do ADN desenvolvem uma mensagem longa na qual nenhum período se torna evidente, mas na qual entram milhares de fragmentos destituídos de sentido ou utilidade manifestos. Pelo fato de associar em mim mesmo um corpo que tem a duração de um piscar de olhos a um germe-sonda que acumula esse tempo colossal, um fenótipo de ritmo curto a um genoma do qual uma parte remonta às primeiras bactérias e estas aos primeiros átomos, um metabolismo que pulsa como um coração a um banco de informações sem duração, minha vida se compõe dos ciclos superficiais próprios à medida rítmica do tempo que mantém um estoque no qual sua natureza se concentra?

Cromossomos, *crono*-somos?

Formado por uma série de notas que parecem ter sido reunidas ao acaso, nosso genoma, aperiódico, parece compactar a escala geometral dos seres vivos em um compêndio específico e individual, ou em um desses perfis que denominei anteriormente cenográficos. Por meio da música orquestral expressada por todas as seqüências particulares de nossos genes, faço parte silenciosamente dos seres que me rodeiam, dos camponeses de minha cidade, dos carpinteiros e caminhoneiros fraternais, dos touros do estábulo e patos do terreiro de criação, das alosas[2] do rio Garonne, dos pessegueiros rosados da planície, do trigo, do milho, dos tomates e dos kiwis, servindo-me de seu instrumento singular que não possui ritmo verdadeiro. Em conjunto e sem medi-lo, todos nós mergulhamos no mesmo tempo.

Essencial à vida, essa aperiodicidade pressupõe muitas de suas propriedades: em um entrelaçamento único, a especificidade de cada texto

---

[2] *Alosas*: peixes da família dos Clupeídos, maiores do que os arenques. Assemelham-se a grandes sardinhas. Feitas à moda provençal, constituem prato tradicional da culinária francesa. (N.Ts.)

combina a própria originalidade da vida, da espécie e do indivíduo; além disso, a instabilidade pressuposta pela ruptura de qualquer tipo de simetria promove um afastamento do equilíbrio que constitui o próprio tempo da existência. Inversamente, período e simetria produzem uma contração da duração e, no final, acabam por apagar aquilo que haviam começado; ao estabilizar seu fluxo, eles a dissolvem. Se medir o tempo por meio dos ritmos consiste em suprimi-lo, em contrapartida, renunciar a esses ritmos implica projetar o tempo. Precipitamo-nos todos na aventura do tempo. Nesse momento, penetro numa segunda memória misteriosa e quase contraditória que não mais se sustenta sobre flutuações passadas. Aperiódico e universal, o código genético adiciona, soma e totaliza o tempo do bionte e faz surgir o tempo de cada um. Na qualidade de bancos de dados ou somas duradouras, seria preciso denominar os cromossomos de cro*no*so*mos*? Nosso genoma contém um fragmento da evolução, o abismo obscuro de uma parte de seu desdobramento, de onde surge a comunidade de todos e a singularidade de cada um. Começamos a compreender a relação profunda que existe entre duração e individuação, entre mim mesmo e esse fluxo colossal que eu acreditava jamais poder alcançar.

A *combinatória contém o segredo da irreversibilidade*

Melhor ainda, o lugar no qual essa duração longa, densa e imóvel se impõe combina certos elementos. Se medir o tempo exige uma certa rítmica, a natureza do tempo encontra-se contida na combinatória?

Penso que sim, pois a medida sempre pulsa num ritmo reversível capaz, pelo menos formalmente, de reverter-se sobre si mesmo. Os planetas giram ao redor do Sol e os ponteiros sobre o mostrador do relógio; as batidas do coração seguem curvas senoidais regulares; conto os anos, séculos e milênios por meio de engrenagens justapostas: sem qualquer mudança significativa, tudo isso pode girar em sentido inverso. Se trato em conjunto um grande número de elementos, a probabilidade com que prontamente reproduzirei a mesma combinação anterior diminui quase em torno de zero. A seqüência desses estados de coisas não se repetirá a não ser ao fim de algum tempo inimaginável. A cada entrelaçamento, surge uma originalidade. Nada mais pulsa ou gira, tudo vira outra coisa, muda e se transforma: a seqüência dos cálculos e do tempo se perde de maneira irreversível. A combinatória produz uma flecha: o genoma contém o sentido do tempo.

Se penso ou lembro com meu cérebro, pisco em ritmos rápidos; se penso ou lembro com meu corpo, este os retarda; mas em ambos os casos, eu o faço dentro de períodos e só posso esperar por uma mensuração, como acontece nas ciências e, por vezes, com os filósofos: todas essas medidas, períodos ou ritmos permanecem reversíveis, independentes do sentido e invariantes mesmo se esse sentido se reverte. Se penso, porém, com e por meio dos cromossomos, genes e ADN, não descubro um cronômetro — instrumento que sempre será útil à métrica e à reversibilidade — mas sim uma sonda adequada com a qual penetro na natureza irreversível do tempo, da qual sempre nos esquecemos.

Volto a defrontar-me com uma outra escala. Dividida em elementos atômicos que datam da formação do mundo e do *big-bang*, se é que ele existiu, a seqüência de meu genoma combina-os, associa-os e os entrelaça para projetar localmente outros indivíduos tão imprevisíveis quanto eu. Assim como as notas elementares que fazem parte do solfejo de qualquer tipo de partitura, sou parte integrante e silenciosa das águas dos oceanos do qual saímos sob a forma arcaica, das correntes do rio Garonne, do qual emergi no passado quando minha mãe, grávida de mim, foi salva de uma inundação de primavera pelo barco de meu pai que era marinheiro, dos sopros de ar que inspiro, da terra que nutre os touros nervosos e os pessegueiros rosados, das areias e dos caminhos de pedregulhos oriundos da empresa familiar e da era primária, do próprio hidrogênio do Universo, da matéria, da luz, do fogo primordial. Todos esses componentes celebram em conjunto e sem limites a desarmonia e os esquecimentos do mundo.

Essa harmonia trôpega se desdobra segundo combinações individuadas, sempre diferentes e projeta uma contingência global. O que é a contingência? Esse desdobramento do irreversível, essa produção de singularidades que se processa por meio do banco combinatório do tempo. No passado, Leibniz apresentou o entendimento de Deus antes da criação do mundo. Esse "órgão" surpreendente continha também os possíveis sob a forma de elementos. A partir da eternidade, Deus calculou e combinou todos esses tipos de átomos. De cada uma das operações emergiu um mundo. Todos diferiam entre si. Apesar de uma probabilidade infinitamente pequena, uma dessas combinações se repetiu. Entre elas Ele escolheu a melhor. Não, o inspirado filósofo Leibniz não pretendia imiscuir-se nas deliberações do Criador antes do *Fiat* que deu existência aos seres e às coisas, ele apenas antecipou as operações combinatórias cujas leis ele havia descoberto e cujos detalhes deciframos hoje no interior do núcleo celular. Além disso, ao combinar átomos e mundos, singularidade por singularidade, Deus criava o tempo. Ele o criava de forma contingente, visto que um outro mundo poderia ter sido o escolhido. Como se pode hoje opor contingência e criação, duas idéias que se pressupõem uma à outra? Organismos vivos tão diversos nascem com tantas restrições quanto se possa imaginar, da mesma forma que a organização aleatória do alfabeto molecular contido no ADN, cujo encadeamento segue um tempo irreversível. Por meio da associação livre dos elementos desse banco de dados surgem tempos singulares. A antiga operação de Leibniz continua verdadeira para o Universo assim como para cada ser vivo. O caráter irreversível da existência individual e a contingência do tempo evolutivo nascem de uma combinatória. Por intermédio de números e dobras, a álgebra e a topologia desfazem ou constroem as singularidades da combinatória, uma vez que resolvem o segredo que parece conter a complexidade, palavra ingênua cujo sentido repete o significado dos termos dobras e números. O conjunto constituído pelos elementos e permutações forma um tipo de espaço profundo, de banco de dados ou de estoque, nos quais o tempo se acumula em seqüências irreversíveis que, por vezes, se desdobram seguindo determinados arranjos, permutações e combinações sempre diferentes: tudo isso constitui a física e a química do mundo e da vida.

A *vida liga o tempo reversível e o tempo irreversível*

Composto de corpo e germes, o ser vivo associa em si diversos ritmos fenotípicos, metabólicos e orgânicos que medem o tempo e as combinações aperiódicas, dobradas ou empilhadas, que ocultam e desvelam sua natureza: ritmos e duração, períodos e processual, reversível e irreversível, mensuração e natureza, memória e esquecimento. Uma carteira de identidade branca que se mistura a uma outra.

O que é a vida? A associação entre um banco universal de tempos e suas diversas reversibilidades que consomem a invisível moeda que ela representa. Por fragores e ocultações, o órgão emissor, microscópico e colossal, lança no visível essas estranhas massas que consomem um tempo que é esvaziado e destruído por seus diversos ritmos. Silenciosamente ampliado em suas diversas dobras, evoluindo em meio aos diferentes ritmos, o mesmo banco guarda esse tempo com zelo e ciúmes. A natureza do tempo produz seus próprios ritmos, sua mensuração, dispêndio e anulação. Por meio desse processo, nossas existências penetram em nichos comprimidos nos quais o nascimento e a morte do indivíduo, da família, da cidade, da era milenar e da espécie de milhões de anos se sucedem sob a aparência de uma cintilação quase infinitamente breve. O que entendemos por tempo e que nos faz lembrar da hora do trabalho, dos anos de formação, da vida fugidia e de suas ternuras sem esperança, dos séculos curtos e das civilizações rápidas, são períodos nos quais certos estados de coisas se inventam, florescem e morrem, um pensamento oculto, um amor secreto, uma obra modesta, uma exploração visível, um império sangrento, a agricultura tradicional, um casaco de peles mosqueado, a vida e a Terra reduzem-se, ao contrário, a aparições no espaço de alguns equilíbrios simétricos breves, de algumas reversibilidades fulgurantes.

Sim, a vida é breve, e por quê? Algumas vezes por amor — a seqüência oculta na qual o tempo espirala sobre si mesmo e projeta um avatar mensurável na queda entrópica mortal; enquanto isso, os batimentos circulares, os períodos, as medidas e os ciclos tentam frear tanto quanto possível essa trajetória em direção à desordem total; por trás dos pilares de uma ponte, uma sucessão de turbilhões retornam sobre si mesmos e, através da corrente flamejante, criam formas quase estáveis, como se a água desviasse seu curso, como se as turbulências retardassem o inevitável; o *clinamen* aparece na chuva atômica e, ainda durante a queda, cria sobre ela movimentos ritmados, mesmo que em menor quantidade. Essas espirais, a mensuração do tempo, os ritmos da música e a língua retardam a morte. O tempo da vida que é esquecido no intervalo dos retornos e dos ciclos retarda, bloqueia, impede, freia, desacelera, afasta e faz recuar a derrota da entropia. Em nossa trajetória em direção ao vale da morte, agarramos os apoios das mãos e dos pés, um de cada vez, patinamos, hesitamos, solicitamos adiamento, ziguezagueando como uma bala de revolver que ricocheteia entre os lados de dois muros, no espaço de dois anos ou dois bilhões, de dois batimentos cardíacos ou de um piscar de olhos. A vida nos fornece um apoio alternado como se estivéssemos diante das duas faces de um diedro, graças às quais deixamos de escorregar. Essa compressão compassada retarda nossa morte. O emprego do tempo alonga a vida tanto quanto a devasta. Ao destruí-la, ele a retarda.

O que é a vida? Essas medidas ritmadas que emanam de um abismo sempre presente de onde surge um arquejo aperiódico e privado de qualquer sentido. O que é a minha vida? Um texto racional, formado por livros, frases e palavras que começam e terminam, que se constroem a partir de um alfabeto que foi lançado desordenadamente no interior do poço da existência. Sim, minha vida é uma dessas linhas que, como leitor, você lê, é essa música imperceptível que você vai esquecer e esse pensamento que me ata ao local de meu nascimento e faz com que eu retorne a ele; um dia, essa mesma vida me abandonará. Quem somos nós, o que é a nossa vida? Uma música surpreendente que segue em direção ao silêncio, mas que se sobressai de forma irresistível, ritmada, melodiosa, alegre, rápida, lenta e triste, em meio a um ırrepreensível ruído de fundo.

A eternidade frágil e estável surge, então, como num raio de gigantesca e fenomenal cintilação, como uma nota musical que se prolonga numa canção: com ela surgem a beleza, o conhecimento intuitivo dos tempos primordiais, o touro e o jaguar, o galo e os pessegueiros rosados, os pedregulhos de granito que no passado eu sabia quebrar e que continuam a rolar na turbulência do rio Garonne, algumas frases esparsas, indivíduos, variedades projetadas nas estrofes, no minuto, no dia, no ano, no século e nas eras. Enquanto isso, o tempo dorme encaracolado, dobrado, embrionado nos conjuntos aperiódicos de elementos, assim como os genes e átomos nas profundezas de nossos corpos. Ao negligenciar esse tempo que passa e que fica acumulado secretamente nesses bancos, vivemos a eternidade de uma forma concisa. Plenos de felicidade, vivenciamos essa eternidade dançando e nos movimentando segundo seus ritmos e dimensões, no equilíbrio transitório de nossos corações, de nosso corpo físico, do mundo e, por vezes, até mesmo na simetria de um nome palíndromo.

Hábil em realizar combinações, Deus manipula o tempo contingente com a ajuda de um par de dados numerados. Fulgurantes de eternidade e sorridentes, remexemos esses dados em nossos bolsos de forma cadenciada.

Novamente a Grande Narrativa

Da capo: aos nossos olhos, o tronco comum da Grande Narrativa iniciou seu crescimento a partir do momento em que o *big-bang*, se é que ele existiu, começou a construir os primeiros átomos que compõem as coisas inertes e os seres vivos; desde que os planetas se resfriaram e que nossa Terra transformou-se num reservatório de matérias ainda mais pesadas que compõem nossos tecidos e ossos; desde que, há quatro bilhões de anos, uma surpreendente molécula de ácido começou a se replicar para, em seguida, transformar-se em mutante; desde que os primeiros seres vivos começaram a colonizar a face da Terra numa evolução constante, deixando atrás de si muito mais espécies fósseis do que se possa imaginar; desde o momento em que uma jovem denominada Lucy surgiu nas savanas do leste africano e que, sem o saber, prometeu para a próxima humanidade a realização de viagens explosivas na totalidade dos continentes emergentes, em culturas e línguas contingentes e divergentes; desde que algumas tribos da América do Sul e do Oriente Médio inventaram o cultivo do milho e do trigo, sem esquecer da dignidade do patriarca que plantava o vinhedo ou do herói indígena que fermentava a cerveja, domesticando pela primeira vez seres vivos tão minúsculos quanto uma levedura; desde que foram articulados os primeiros sinais da escrita e que certas tribos passaram a fazer versos nas línguas gregas e itálicas. Foi nesse exato momento que o tronco comum da maior narrativa de todos os tempos começou a crescer numa densidade duradoura, inesperada, real e comum a um humanismo enfim digno desse nome, do qual, afinal, podem participar todas as línguas e culturas que se originaram dele. Ele é único e universal porque foi escrito na língua enciclopédica de todas as ciências que pode ser traduzida em cada língua vernacular, sem particularismos nem imperialismos.

O *mosaico das culturas*

Entendo vocês: nada nessa longa epopéia pode nos consolar nem nos proteger do fato de não nos entendermos, pois não falamos as mesmas línguas, de nos odiarmos por não praticarmos as mesmas religiões, de nos explorarmos porque os que não vivem nos mesmos níveis econômicos encontram-se indefesos, de nos perseguirmos, porque não dispomos das mesmas formas de governo. Nada pode evitar que nos assassinemos uns aos outros por todas essas razões. Eu lhe ouço e você tem razão. Pior ainda, a antiga cultura pela qual alguns choram, embora fundada sobre os horrores da guerra de Tróia ou a interdição do sacrifício humano sob o punho de Abraão, pai dos monoteísmos, jamais nos livrou das violências infernais do cotidiano da história, dos massacres dos gauleses, dos índios, dos cátaros ou dos aborígines, nem de Auschwitz ou de Hiroshima. As ciências não ditam o sentido, somente as culturas podem evocá-lo.

Nós escritores, por vezes humanistas em todos os sentidos, felizmente não dispomos de poder político, de exércitos ou de dinheiro. Não faríamos melhor uso deles do que qualquer pessoa, nem de que todo o mundo, já demonstramos isso uma dezena de vezes. Quão pequeno é o número de homens considerados cultos que sabem que a verdadeira cultura universal poderia ser reconhecida pelo fato de permitir a um homem de cultura não anular ninguém sob o ônus de sua própria cultura? Só dispomos da linguagem e, por vezes, do ensino. Só podemos trabalhar a longo prazo. Precisamente no tempo da Grande Narrativa. Como responder com nossos meios específicos a essas dolorosas e sempre repetidas questões acerca do problema do mal, em razão do qual permanecemos inconsoláveis? Como trabalhar pela paz, o mais elevado de todos os bens coletivos? Como inventar uma outra cultura? Não apenas pensar e falar sobre ela, não apenas nos reunirmos em colóquios sempre inúteis, mas realmente contribuir para ela?

O que proponho é uma ação efetiva a ser mais uma vez retirada da Grande Narrativa.

Solicitação às universidades em prol de um saber comum

Um tronco comum de caráter pedagógico que reunisse todos os homens, a começar pelos estudantes, poderia favorecer o avanço da paz. Pode-se imaginar que as universidades do mundo todo consagrem o primeiro ano de ensino a um programa que permitisse aos estudantes de todas as disciplinas e de todos os países adquirir um mesmo horizonte de saber e de cultura? Por sua vez, eles se incumbiriam de propagá-lo.

Esse pressuposto geral foi inspirado nos seguintes pontos:

— Como uma configuração cartográfica branca, as ciências duras já atingem a universalidade; elas seguem a evolução da cronopedia.

— As culturas formam uma configuração de formas e cores diversas em forma de mosaico. A pedagogia assimila o conjunto dessas diferenças.

Esse pressuposto se divide em três partes das quais uma foi reservada à especialidade dos estudos adotados (medicina, direito, ciências e humanidades) e as outras duas ao programa comum que se segue.

Programa comum para o primeiro ano das universidades

I. *O programa comum da especialidade*

II. *A Grande Narrativa unitária de todas as ciências*

Elementos de física e de astrofísica: a formação do Universo, do *big-bang* ao resfriamento dos planetas.

Elementos de geofísica, de química e de biologia: do nascimento da Terra ao surgimento da vida e à evolução das espécies.

Elementos de antropologia geral: emergência e difusão do gênero humano.

Elementos de agronomia, de medicina e passagem à cultura: o relacionamento dos homens com a Terra, com a vida e com a própria humanidade.

III. *O mosaico das culturas humanas*

Elementos de lingüística geral; geografia e história das famílias das línguas.

As linguagens de comunicação: sua evolução.

Elementos da história das religiões: politeísmos, monoteísmos, panteísmos, ateísmos.

Elementos de ciências políticas: os diversos tipos de governo. Elementos de economia: a divisão de riquezas no mundo.

Obras-primas escolhidas entre as belas-artes e as sabedorias. Sites: o patrimônio da humanidade, segundo a Unesco.

Impresso no Brasil pelo
Sistema Cameron da Divisão Gráfica da
DISTRIBUIDORA RECORD DE SERVIÇOS DE IMPRENSA S.A.
Rua Argentina 171 – Rio de Janeiro, RJ – 20921-380 – Tel.: 2585-2000